山东省社科规划重点项目研究成果(项目批准号

翻译理论与实践:认知与文化视角

张 艳 郭 印 李华颖 著

中国海洋大学出版社

·青岛·

图书在版编目(CIP)数据

翻译理论与实践:认知与文化视角 / 张艳,郭印,
李华颖著 . -- 青岛:中国海洋大学出版社,2023.11
ISBN 978-7-5670-3682-6

Ⅰ. ①翻⋯ Ⅱ. ①张⋯ ②郭⋯ ③李⋯ Ⅲ. ①翻译理
论 Ⅳ. ①H059

中国国家版本馆 CIP 数据核字(2023)第 212413 号

FANYI LILUN YU SHIJIAN: RENZHI YU WENHUA SHIJIAO

出版发行	中国海洋大学出版社
社 址	青岛市香港东路 23 号　　邮政编码　266071
出 版 人	刘文菁
网 址	http://pub.ouc.edu.cn
订购电话	0532-82032573(传真)
责任编辑	林婷婷　　　　　　电　话　0532-85901092
印 制	青岛国彩印刷股份有限公司
版 次	2023 年 11 月第 1 版
印 次	2023 年 11 月第 1 次印刷
成品尺寸	170 mm×240 mm
印 张	13.25
字 数	246 千
印 数	1～1 000
定 价	59.00 元

前 言

　　21世纪初,翻译研究呈现出"回归语言学"的大趋势,并形成了新的"认知转向",认知语言学作为语言学研究的主流学派对翻译研究产生了重大影响。但是,对于一些重要概念,学界并未达成一致。比如,国内外学界对于认知翻译学(Cognitive Translatology)和认知翻译研究(Cognitive Translation Studies)这两个术语的内涵及边界认识不一。大致而言,在西方学界,认知翻译学更注重技术层面的研究,认知翻译研究更注重理论层面的探讨;而在国内学界,认知翻译学更强调学科层面,认知翻译研究更强调范式层面。再比如,国内学界近期出现认知翻译学与体认翻译学的分野。王寅(2020,2021)等学者倡导构建体认翻译学,以打通语言学与翻译学、后现代哲学、认知科学之间的通道,尝试解决传统认知语言学哲学基础不明确的问题——这一点似乎还没得到西方学界的太多回应。

　　相比于翻译与认知的接口研究,翻译与文化的结合似乎由来已久。20世纪60—70年代,西方掀起了解构主义运动的浪潮,为翻译研究带来了新的启发。翻译研究也开始在多元文化主义的推动下突破传统的研究主线,开始关注翻译在社会文化语境中的作用,主张从文化层面对翻译进行研究。自20世纪80年代,文化翻译学派迅速崛起。Bassnett和Lefevere在《翻译、历史与文化》(*Translation, History and Culture*)一书中正式提出"文化转向",强调翻译研究的文化路径。近年来,文化翻译研究不仅利用翻译学的理论和方法,还积极吸纳其他学科最新的科学理论成果,如文化学、跨文化交际学、文艺学、符号学、语言学各个分支的理论与方法,推动文化翻译研究融合各家之长,与时俱进,多元发展。

综合看来，认知翻译相关研究更注重从微观层面考察翻译过程，文化翻译相关研究更注重从宏观层面考察创作环境。然而，在翻译过程中，原作与译作中的思想概念、语言表达、文化现实构成了三角镜像关系。原作与译作中的文化现实越有隔膜，思想概念越有差异，语言表达就越呈现异化特征。这个三角相互支撑，缺一不可。因此，译者不必拘泥于宏观或微观、外部或内部翻译研究的束缚，而应摆脱认知与文化之间非此即彼、黑白二分的思维局限。适当模糊原来的二元边界，融合多元视角，更符合翻译活动事实和发展需求。

我们认为，翻译理论和实践研究既要强调翻译内容和功能的文化性，也要强调译者在翻译过程的心理认知机制，文化认知翻译观兼顾了社会学、文化学的宏观视角和语言学、心理学的微观视角。译者在操控翻译活动的过程中，既要关注微观文化素层面的认知识解、信息确认、信息转换整合等解码、解构、解析、编码、重构、整合过程，也要关注历史、生态、社会环境等宏观文化素的影响，翻译文本及形式既可表现为符合语言学规约的常规翻译，也可表现为受文本类型或外部环境等影响的非常规翻译。这背后的影响因素既包括显性的语言文化符号、语言转换规则、社会文化事实等，也包括隐性的文本文化心理，译者对文化素的心理认知机制、文化移植、代偿和构建的手段，译者的文化观、翻译观等，还包括外部环境对译者的操纵。

在这一背景下，进一步深化认知翻译的文化取向和文化翻译的认知取向，促进认知翻译和文化翻译的双向奔赴，构成了本书撰写的初衷和旨向。本书是三位著者的合作成果。其中张艳教授是本书的主要执笔人，负责选题设计、绪论及第一、二、三、四章的撰写，郭印教授负责纲要设计，部分第五章、第七章的撰写及全书统稿、修订和文字润色，李华颖老师负责部分第五章、第六章的撰写。

希望本书能起到抛砖引玉的作用，引发学界的进一步思考与研究。囿于著者水平和时间，疏漏舛误在所难免，敬请读者方家批评指正。

目 录

第七章

文化认知翻译观理论与应用　　　　　　　　　　　*163*

主要参考文献　　　　　　　　　　　　　　　　　*182*

绪　论

翻译之事，由来已久。翻译一直是人类文明发展进程中不可或缺的一项重要活动，意义重大，影响深远，任何一个民族的发展、文明的进步和文化的繁荣都离不开译介活动。翻译的历史一直伴随着人类的发展历史。它就和我们的语言一样，谁也说不清楚它到底有多古老了（王东风，2007），也如Gentzler（1993：1）所言，"翻译是与巴别塔故事一样古老的一项人类活动"。

何为翻译？宋代姑苏景德寺普润大师法云在《翻译名义集》中说："夫翻译者，谓翻梵天之语，转成汉地之言。音虽似别，义则大同。宋僧传云，如翻锦绣背面俱华，但左右不同耳，译之言易也。谓以所有，易其所无。故以此方之经，而显彼土之法。"可见古代便有学者认识到，翻译的过程包括对两种不同语言的对照和对等转换，翻译的目的是以译入语传达译出语中蕴含的意义。何为译者？周朝《礼记·王制》记载："五方之民，言语不通，嗜欲不同。达其志，通其欲，东方曰寄，南方曰象，西方曰狄鞮，北方曰译。"中国、夷、蛮、戎、狄的人民需要往来交流，但各地民族之间言语不通，风俗喜好不同。翻译官的职责便是使他们互通语言风俗，尽量实现他们的交流愿望。按《周礼》记载，当时负责语言文字转录的翻译人员各司其职，分别负责东、南、西、北方民族语言的翻译工作，而且称谓不一。负责东方的翻译人员叫寄，南方的叫象，西方的叫狄鞮，北方的叫译。我们至今仍用四者合称"象寄译鞮"泛指语言翻译，用"象寄之才"来称呼古代翻译人员。但为什么后世用"译"替代了其他三个翻译官名呢？据《翻译名义集》记载："今通西言而云译者，盖汉世多事北方，而译官兼善西语，故摩腾始至，而译四十二章，因称译也。"寄、象、狄鞮、译四种翻译官名一直沿用，但到了汉代,因为与北方各族政治、军事重要事务交往较多,东、南、西方与外族交往事务相对较少,负责北方的翻译官对来自西方的语言文字也比较擅长,"译"便逐渐突显出来,从东汉摩腾翻译《四十二章》,"译"开始取代了寄、象和狄鞮,成为语言文字转录工作的通称,也通指翻译人员。

翻译不可或缺,"因为翻译一直与人类的文明进程和交流沟通密切相关,可以说,一部文明史正是一部人与人、民族与民族之间相互交流的历史,大多民族的文化及其语言的发展和丰富都离不开翻译"(王寅,2021a:11)。Hatim(2001)认为翻译研究不仅在西方传统译学研究中,而且在全世界都处于高峰时刻。美国翻译理论家 Gentzler(1983)提出 20 世纪 90 年代以翻译理论的繁荣为特征。Bassnett(1980)认为,翻译是人类社会的基础活动并且扮演着重要角色。谢天振(1999:8)提出,"因为翻译研究具有跨文化性质,它在当前国际学术研究界的地位确实越来越重要"。刘宓庆(2005b)建议将翻译研究上升至"文化战略""救民族出危难""实业化"的高度。

翻译着实艰难。我国近代著名翻译家严复提出"译事三难:信、达、雅""一名之立,旬月踟蹰",充分道出了翻译的艰难程度。鲁迅先生称自己向来以为翻译比创作容易,因为至少无需构思,但真的一译,就会遇到难关。翻译家萧乾把翻译比作走钢丝,实在辛苦艰难。法国翻译家帕斯卡尔·德尔佩什认为翻译是知其不可为而为之的艰难工作,认为语言本身在翻译中很重要,但不是唯一重要的因素,文化背景、文化多样性也是相当重要的。翻译既要有对不同文化的理解,又要保持一种文化的独特性。郭沫若提及翻译的甘苦,认为翻译是创造性工作,好的翻译等同于,甚至可能超过创作,有时候翻译比创作还要困难,因为创作要有生活体验,而翻译却要体验别人所体验的生活。傅雷也曾谈到,"琢磨文字的那部分工作"尤其使他常年感到苦闷。

正是因为翻译重要和不易,人类的翻译活动和研究从未停歇,通过长期的翻译实践,人们一直探讨、思考翻译的本质与方法,形成各种翻译观和翻译理论,通过翻译过程、翻译产品、作者、译者、读者、社会环境、文化背景等多个层面视角的研究,不断总结经验,逐步发展建设起翻译学科。在 20 世纪中期之前,翻译研究主要集中在语言学和文艺美学两个层面,从而形成了翻译的语言学派和文艺学派。翻译的语言学派可以说是从古代的奥古斯丁一直延伸到 20 世纪的结构语言学派(谭载喜,1991)。翻译的语言学派认为,语言是翻译的首要因素,主张从语义、语法等语言使用技巧上进行理论研究;翻译过程就是一种语言到另一种语言的形变,而翻译旨在产生一种与原文语义对等的译文;离开语言,研究翻译就无从谈起。与语言学派不同,翻译的文艺学派则更强调翻译是一种文学艺术,译作应该与原作实现艺术上的对应,讲究译文风格与文学性,强调翻译的重点就是进行再创造(谭载喜,1991)。总体来讲,20世纪60年代之前的翻译研究是沿着这两条主线开展的。

20世纪下半叶以后,我国翻译理论主要借鉴西方理论,在本土语境进行应用验证。西方翻译研究开始从单一语言层面上的语言转换技术问题研究,突破到探究翻译行为本体的深层研究,关注翻译的微观分析、翻译的过程和目标,产出了围绕语音、语法、语义等多层面的一系列的等值论、等效论研究。一批西方学者,例如 Roman Jakobson、Eugen A. Nida、J.C. Catford、Peter Newmark,运用结构理论、转换生成理论、功能理论、话语理论、信息论等现代语言学理论,将翻译问题纳入语言学的研究领域,从比较语言学、应用语言学、社会语言学、语义学、符号学、交际学等视角,探索翻译方法,建构翻译理论,突破了传统翻译研究的范式,开拓了新的研究思路。

20世纪70年代,当代西方翻译学界一批学者主张从文化层面研究翻译,并逐渐形成了比较完整、系统的翻译研究文化派理论。主要代表人物有 James S. Holmes、Even Zohar、Gideon Toury、André Lefevere、Susan Bassnett、José Lambert 以及 R. van den Broeck 等。这些学者力图打破传统翻译研究的桎梏,建构新颖独特的文学翻译研究范式,探索综合的、普适的文学翻译理论及方法并应用于文学翻译研究与实践。

文化学派的翻译研究不再局限于翻译文本本身,而是超出文本,关注文本以外的影响因子,如赞助人、出版商等译作的发起者,翻译文本的操作者和接受者,不探讨译文与原文之间语言文字上的忠实与否、语言对等问题,而是借鉴接受美学、读者反应等理论,关注语言层面以外的问题,如译作在目的语文化语境里的传播与接受、翻译作为一种跨文化传播行为的最终目的和效果、译者在翻译过程中所起的作用等。翻译文化学派对翻译中的社会、文化、历史、政治、意识形态、诗学等影响因素及功能更感兴趣,更关注制约和决定翻译成果的因素、翻译在特定民族或国别文学内的地位和作用,以及翻译对文化交流建构的作用等。

翻译文化学派代表人物 Susan Bassnett 与 André Lefevere 在 1990 年合编的《翻译、历史与文化》(*Translation, History and Culture*)一书中,正式提出了翻译

的文化转向一说,特指文化研究(Cultural Studies)。文化翻译理论随着翻译研究进入文化转向时期应运而生。文化翻译可以从两个层面来理解:一是微观层面,指翻译过程中对具体文化因素的处理;二是宏观层面,指从文化层面来审视和阐释翻译。Bassnett 的文化翻译思想涵盖了以上两个层面的研究,前者主要体现在其文化功能对等论上,后者主要体现在操纵论、文化构建以及后殖民翻译观上。(彭桂芝,何世杰,2016)"巴斯奈特翻译思想中的一条重要原则是:翻译绝不是一个纯语言的行为,它深深根植于语言所处的文化之中。"(李文革,2004:220)《翻译、历史与文化》论述了文化翻译理论的四项具体内容:第一,翻译不应仅仅停留在语篇上,而应以文化作为翻译的单位;第二,翻译不仅仅是一个简单解码、编码的语码重组过程,更是一个文化交流过程;第三,翻译不应局限于对源语文本的描述,而应做到文化功能对等,即译文在目的语文化中的作用和源语在源语文化中的作用对等;第四,虽然翻译的原则和规范在不同的历史时期不尽相同,但是这些原则和规范都是为了满足同样的需要,也就是翻译应满足文化的需要和一定文化里不同群体的需要。

文化翻译理论认为,翻译的重心是文化交流,文化交流比信息交流更加重要。文化翻译理论的核心是实现文化功能对等(Cultural Functional Equivalence),要实现文化功能对等,则需要发挥译者的主观能动性。Bassnett(2011)指出,作为"文化诠释者"(Cultural Interpreter),译者的任务远远不止语言表述,还要努力预测言外之意。Nida(1993)在《语言,文化与翻译》(*Language, Culture and Translation*)一书中,从文化翻译学的角度对英汉两个民族的文化心理、观念和习俗进行了比较分析,探讨了语言、文化、翻译三者之间的关系,提出透过文化语境观察语言翻译,增强译者的文化意识,有助于提高译文的质量。Mark(1997)在《翻译研究词典》(*Dictionary of Translation Studies*)中指出,文化翻译指一种翻译类型,可作为"跨文化或人类学研究工具"。

可见,文化翻译理论的出现使翻译研究进入了一个新的历史发展阶段,翻译研究界也开始逐渐关注文化在翻译中的重要作用。但其研究范围主要集中在欧美国家语言之间的翻译,对东方语言翻译的研究非常有限,亦有待开发。翻译研究文化学派的文化翻译思想与前期语言学派的翻译思想相比较,具有明显的宏观性,突破了传统语言学微观研究的樊篱,但是,过于关注宏观视角的超文本研究,也可能导致翻译研究偏离翻译本体研究,即文本研究,毕竟任何形式的翻译都不能脱离口头的、书面的、符号的、肢体的等各类"语言"而独立完成。

　　综上所述,自20世纪以来,翻译研究经历了从语言到文化,再到以语言为中心的数次"转向",或者"取向",但是无论视角、出发点或重点如何变换更迭,有一点毋庸置疑,在所有翻译研究中,语言和文化始终是不能忽略的翻译核心问题。因此,翻译研究大致可以归为语言学派和文化学派两类,当然,实际上两者互有交集,不可能完全独立。语言是文化的重要载体,二者并不对立,而是休戚与共、同生共荣的关系。因此,将研究视角深入延展到语言文化融合层面的翻译研究将更有助于未来翻译研究的发展。

　　当代翻译研究一个新的发展趋势是将翻译与科学紧密联系。自20世纪末,翻译研究呈现跨学科研究的鲜明特点,以科学为依据是翻译研究摆脱主观主义、经验主义诟病的利器,认知翻译学正是在这一背景下应运而生,可以视作翻译与认知的界面研究,主要探索翻译与认知的互动关系及翻译中的认知机制。"以认知科学的理论和方法,探索口笔译转换过程、译者行为、译者能力及其相关问题,聚焦译者心智、行为与活动中的认知特点,主要目标在于揭示这一特殊双语活动的本质、内在机制以及外部因素的影响。"(文旭,肖开荣,2019:2)当前认知翻译学主要包括三个视角的研究:语言认知视角、翻译认知过程视角和社会认知视角。

　　当代翻译研究的一个重要突破在于把翻译放到多元的文化背景、社会语境、历史规约中来审视,除了语言学科,翻译研究中的其他学科因素也开始受到研究者的关注。研究者们既认识到翻译研究可作为一门独立学科,又注意到了翻译研究这门学科的多元形式,它与语言学、文艺学、哲学、社会学、心理学、历史学、政治学、文化学等学科都有密不可分的关系。翻译不仅不再局限于微观层面的文本研究,还延伸到宏观层面的超文本研究。但是翻译研究作为一种跨语言文化行为,最终关注的核心内容应该仍是语言的转换和文化的传递,不能忽视文本在跨文化交际和传播中所涉及的一系列文化问题,诸如文化误读、文化缺失、文化转换、文化霸权、文化重构以及译者的主体行为及其背后动因、社会历史因素影响等问题。

第一章

中国翻译理论与实践概览

纵观中国的翻译实践和翻译研究,迄今已经历了五次高峰时期:两汉至唐宋的佛经翻译时期、明末清初的科技翻译时期、鸦片战争至五四运动时期的西学翻译时期、五四运动至中华人民共和国成立前的文学翻译时期、中华人民共和国成立至今翻译全面蓬勃发展时期(包括 21 世纪中国文化"走出去"中译外繁盛时期)。

1.1 佛经翻译

从两汉至唐宋时期,佛教传入中国,这一时期的翻译活动主要是以传播宗教为目的的佛经翻译。一些著名译者对翻译方法的主张是我国早期翻译理论的雏形,例如支谦、道安主张"案本而传",分别提出"因循本旨,不加文饰""五失本三不易"等译论,认为译文只需调整原文的词序,内容不增不减,注重"求信",忠实于原文,倾向于直译的译法;鸠摩罗什提倡"依实出华"的译论,认为应在不违背原文大意的前提下进行删减、添词、改写等,以适应当时目的语语境下辞藻华丽的文体风格和诗学规范,倾向于意译的译法;唐朝玄奘摆脱旧译俗套,提出"五不翻"原则 ①,将"意译直译,圆满调和,斯道之极轨也"的译论,融

---

① "五不翻"原则最早记载于南宋法云《翻译名义序》第一卷〈十种通号〉第一"婆伽婆"条,原文如下。"唐奘法师明五种不翻:一、秘密故不翻,陀罗尼是。二、多含故不翻,如'薄伽梵'含六义故。三、此无故不翻,如阎浮树。四、顺古故不翻,如'阿耨菩提',实可翻之。但摩腾已来存梵音故。五、生善故不翻,如"般若"尊重,智慧轻浅。令人生敬,是故不翻。"需要说明的是,此处"不翻"并不是指不翻译,而是说不取意译,而取音译。

合直译和意译，应用于佛经翻译。钱锺书认为，清代严复在《天演论》中提出的"译事三难：信、达、雅"与这一时期的翻译方法论说亦有关联，可见这些译论及观点为中国翻译理论和实践的发展奠定了基础，并产生了深远的影响。这一时期的佛经翻译也为中国传统文化注入了新鲜血液，促进了中国本土文化的发展。

1.2　科技翻译

明末清初是中国科技翻译史上的重要时期，也被称为科技翻译时期。在这个时期，中国开始引进欧洲的科学技术和知识，对中国的现代化进程产生了深远的影响。

以利玛窦、汤若望、南怀仁等人为代表的西方传教士为了推进天主教在中国的传播，采取"科学传教"的手段，有选择性地推进西方科技著作在中国的翻译，当时一批忧国忧民的中国士大夫徐光启、李之藻、杨廷筠等出于"科学救国"的目的与西方传教士合作翻译，产出了大量介绍西方近代先进科技的翻译书籍文献，内容包罗万象，涵盖天文、物理、数学、军事、医学、机械工程、生物、地理学等各领域。但是，翻译主体以西方传教士为主，以中国士大夫为辅，西方传教士以有利于传教为标准，选择翻译哪些书籍。当时的科技翻译方式主要是"由外国人口授，而由中国知识分子笔录成文"（杜石然，1982：251）。无论是经中国人"笔之"还是"润色之"的译著，都"必经西士寓目审考"（徐泽宗，1949：11）。在此过程中，西方传教士起主导作用，中国士大夫则始终处于被动和次要的地位，不能自主决定翻译的选材和方法。例如，利玛窦与徐光启合作翻译了欧几里得《几何原本》前六卷之后，认为已达到了科学传教的目的，便拒绝了徐光启继续翻译剩余其他九卷的要求。虽然翻译的形式是合作翻译，但西方传教士与中国士大夫的关注点截然不同，当时的翻译活动实际上具有明显的服务于西方国家传教的功利主义和实用目的，因此这一时期的翻译活动虽然对中国科技进步和译学发展颇有贡献，但并没有出现系统的翻译理论。

1.3　西学翻译

鸦片战争至五四运动的西学翻译时期拉开了中国近代翻译的序幕。西学翻译是指中国在近代史上引进、翻译和传播西方文化、知识、科技等方面所进行的翻译活动。

　　这一时期，西方帝国列强的入侵和霸权压迫令不少中国有识之士意识到"师夷长技以制夷"的重要性和紧迫性，由此，大量旨在学习引进西方先进文明的外译中翻译著作问世，如林则徐编译的《四洲志》、徐继畲编纂的《瀛寰志略》以及魏源编写的《海国图志》。以恭亲王奕䜣、李鸿章、张之洞、曾国藩、左宗棠等为代表的洋务派继承了魏源"师夷长技以制夷"的主张，奉行"中学为体，西学为用"的核心理念，认识到引进西洋科技、培养翻译和外语人才的重要性，开设创办了外国语言学校"京师同文馆"、官办西书翻译机构"江南制造局翻译馆"，并向海外派遣留学生，广泛学习翻译西方自然科学和应用科学，但缺乏对"哲学理法"等西方社会科学类典籍的介绍。（李永兰，陈艳红，2020）以康有为、梁启超等为代表的维新派人士认识到，汲取新式西学、开展新兴资产阶级斗争是救亡图存的有效途径，以"开启民智""教育救国"为价值取向，主张引入西方社会制度、思想文化以及教育体系的翻译思潮登上历史舞台，开启全面系统地翻译西方社会、思想、文化等领域著作的活动。（李伟，2005）这一时期后段，翻译活动的译介重点由西方实用科学典籍转向西方社会科学和人文科学领域的文献，并且强调文学作品译介对教育民众的重要性，同时涌现出一批关于翻译方法标准的论说。

　　林纾是这一时期志在以翻译启迪民智、保国保种的代表性翻译家之一。林纾不懂西文，翻译工作需与人合作，通过合作者口述，自己笔述完成，但其译文优美程度甚至胜过原著，他提出以"神会、步境、怡神"为内涵的"存旨"论，立下"存其旨而易其辞，本意不亡失"的翻译标准和原则。他坚持要求合作者"逐字逐句口译而出"，首先做到"形似""二人口述神会"，然后以传神达意之笔带入"意境"，创造出"怡神"之境界和"存旨"之功效。据称，作为中国正式翻译西方小说第一人，林纾翻译了 180 余部西方文学作品，虽对原作删减改写，但充分把握原作基本内容和风格特点，译文文体风格符合目的语读者的文化环境和阅读习惯，译作可读性强。其翻译活动成功地向中国读者介绍了西方文学，提高了国人对小说这种文学体裁的认知，并对中国文学创作产生重要影响。

　　语言学家马建忠 1894 年在其《拟设翻译书院议》中提出了"善译"的翻译论说，要求译者对原作"所有相当之实义，委屈推究"，必须审视其"音声之高下"，观察"字句之简繁"，清楚其"文体之变态，义理"，"确知其意旨之所在"，模仿作者神情语气，"心悟神解"之后才可"振笔而书"，已成之文"适如其所译而止，……使阅者所得之益，与观原文无异"（罗新璋，2009：5）。他对译者从原文语音、语义、文体、作者心理、情感、思想各个细节提出要求，并对译文质量和读者接受度进行了探讨。认为译者必须精通原文和译文，比较异同，掌握两种语言的规律，以西方现代语言学为基础提出培养翻译人才的标准与方法，并使之成为中国近代翻译方法理论的重要发展基础（李富鹏，2019）。

严复是中国思想史上第一个系统介绍西方学术的启蒙思想家，主张"鼓民力、开民智、新民德"，认为要救中国于危亡，改变国家贫穷落后面貌，必须启发民智，将西方先进的学术思想介绍给社会各个阶层，向国人介绍西方进步思想，因此其译作多为西方社会伦理学、政治、法律、哲学、经济学等众多西方人文社会科学方面的著作。1898 年，他在《天演论·译例言》中指出"译事三难"并由此提出了"信、达、雅"的翻译标准，介绍西方新学的同时，无意中开创了近代翻译学说这门"新学"（罗新璋，2009：6），至今仍极具译学研究价值。严复认为"信"是第一要义，要求译文意义"不倍原文"。

与明末清初西方传教士为翻译主体不同，这一时期西学翻译活动中的翻译主体主要是中国译者群，他们不仅具有外语能力，而且了解在中国目的语环境中，读者的需求、审美期待、文化背景等。译者本身的文化社会身份多元化，因此在选择翻译材料和使用翻译策略方面呈现出自主性和多样化的特点。但是，译者的首要翻译动机是译介西学、传播西方先进思想以救亡图存，翻译目的是"开启民智""中体西用"。受到这些意识的影响，译者对源文本的选择并非源自对西方文学本体的自觉关注，而是为了发挥其教化启蒙的社会文化功能。因此，无论是在理论上还是实践中，这一时期译者对域外小说的解读往往反映出这些意识形态诉求，译者主体性比较突显。"他们在翻译过程中大多选用意译策略，以归化的方式在翻译中进行有意的增与删，以期符合中国传统文学的诗学规范和主流价值观念；在译本序跋中，译者往往强调所译作品的社会教化作用，引导读者的价值观念。"（马涛，2019：1）但是总体而言，这一时期的西学翻译不仅深化了西方先进科学技术的翻译引介，同时也开启了我国对域外文学作品，尤其西方小说的翻译活动，丰富了我国人文社会科学研究内容，对我国翻译理论与实践的研究与发展意义重大。

1.4 新文化双向译介

在五四运动至中华人民共和国成立前这一时期，中国译坛涌现一大批杰出译家，如陈望道、鲁迅、胡适、梁实秋、林语堂、茅盾、钱锺书、瞿秋白、朱生豪、朱光潜。

　　马列主义经典和世界文学名著通过翻译活动在我国迅速传播,如陈望道翻译马列主义经典《共产党宣言》,李达翻译马克思的《政治经济学批判》,梁实秋、朱生豪翻译莎士比亚戏剧作品,鲁迅翻译苏联文学作品《死魂灵》和《毁灭》等,瞿秋白不仅翻译托尔斯泰、高尔基等苏俄作家的文学著作,还大量翻译马列主义的文艺理论和政治方面的著作。与多数译者将外国作品翻译成中文有所不同,林语堂更加关注中译外,"对西讲中""两脚踏东西文化,一心评宇宙文章",将中国古文小品等经典作品翻译成英文,并用英语创作了长篇小说《京华烟云》、散文集《吾国吾民》等多部文学文化作品,在海外取得很好的传播效果,成功地向西方世界介绍了中华优秀传统文化。

　　五四新文学运动时期,翻译研究"百花齐放,百家争鸣",译文中的语言也打破旧制的樊篱,出现了新变化,开始以白话文代替文言文,翻译理论翻译方法的相关论述也极其丰富,涵盖了语言学、哲学、美学和心理学等范畴。

　　1932年,林语堂在长篇译论《论翻译》中,从忠实标准、通顺标准、美的标准三个层面讨论了译者对原文方面的问题、译者对中文方面的问题、翻译与艺术的问题,从译者资格和责任角度看,就是译者的外语水平、国文水平和翻译艺术素养问题。译者只有透彻解读外语原作及原作者,为中国读者传递清澈畅达的国文,经历全面的翻译训练,具备文字、文化、美学等全面艺术素养,才能拥有真正的译家资格。他认为用"直译"和"意译"这两个词表达译者的翻译态度不合适,容易使译者误解,译事有两重同时可行的标准,会误导译者走入依字直译的"死译"或自由意译的"胡译"两个极端。他提出一个与"直译""意译"平行的讨论话题:"字译"和"句译",探讨"译者解释文字之方法态度",认为"以字解字及以字译字"的"字译"方法是错误的,"以集中的句义为全句命脉"的"句译"方法是正确的。句译者注意到字义的多义灵活性,关注句子的总意义,"先把原文整句的意义,明白准确的体会,然后依此总意义,据本国语言之语法习惯重新表示出来"。因此,忠实的第一义是"达意",译者对原文"有字字了解,而无字字译出之责任",译者所应忠实的,"不是原文的零字,乃零字所组者的语意"。忠实的第二义是"传神","译者不但须求达意,并且须以传神为目的;译文须忠实于原文之神气与言外之意""语言之用处实不止所以表示意象,亦所以互通情感,不但只求一意之明达,亦必求使读者有动于中"。忠实的第三义是"绝对忠实之不可能",因为"凡文字有声音之美,有意义之美,有传神之美,有文气文体形式之美,绝不可能将这些同时译出,译者所能求的只是比较的、非绝对的成功"。语言文字都有其神采,翻译足代原文难以做到,因此译者只能达到比较忠实。

在通顺标准层面,林语堂认为译者应为本国语读者担起责任,从心理视角对译者提出两条翻译过程要求。第一,行文之心理。他认为"寻常作文之心理程序,必是分析的而非组合的,先有总意义而后裂为一句之各部,非先有零碎之辞字,由此辞字而后组成一句之总意义;译文若求通顺之目的,亦必以句义为先,字义为后"。翻译上的通顺基于译者行文之心理,翻译过程和寻常创作过程之心理程序相似,都是先整体分析构思而后组合文字,即以句为本位,先有总意义,而后考虑句子的各个组成部分。由此,他首次提出了一个重要的翻译方法论——"句译法"。他认为译者心理要与行文相同须采用"句译"的方法,即"译者必将原文全部意义详细准确地体会出来,吸收心中,然后将此全句意义依中文语法译出。"第二,中文心理。译者"行文时须完全根据中文心理",译文符合中文语法句法,跟从中习惯才能通顺。同时,林语堂认为,保守原文句法、"语体欧化"的"字字对译"是错误的,他明确反对以"欧化"为名掩盖的译文"非中国话"翻译现象,认为"欧化"之大部分工作在于词汇,若语法乃极不易欧化,因为无论何种语体未经"国化"都是不通的。可见,林语堂并非反对新词汇的引进,而是反对外国语法替代中国语体,在其不能本土化之前不易生搬硬套,为蹩脚的"硬译"作掩护。这一观点对我国语言学界关注当前汉语语言西化现象具有警醒启示意义。早在近一百年前,林语堂已经提出这一警示,中国语言可以吸收新内容,但不能被外国语言语体替代而全盘西化,这与林语堂内心深处的中国传统文化荣耀感不无关系。

除了文字方面的立论要求译文必信必达之外,翻译还有艺术的、美学的方面须考究。林语堂认为,理想的翻译家应"将其工作看作一种艺术(translation as a fine art)",翻译诗文小说等西洋艺术作品时,"不可不注意于文字之美的问题",并且要以原文之风格与其内容并重,"凡译艺术文的人,须先把其所译作者之风度格调预先认明,于译时复极力摹仿,才是尽译艺术文之义务"。译者在开始翻译之前,必须先真正领会原文的文学神趣、内外体裁,即作者的写作风格和个性、文本句子的长短繁简,才能动手翻译,若不能做到如此则不译。翻译艺术文也是艺术创作过程,译文须传神,译者不但须求达意,并且须以传神为目的。如诗文是字字凝聚的精华,凡字必有神采,传神即是让读者体会到一字之逻辑意义以外所夹带的情感上之色彩，即一字之暗示力。

朱光潜与林语堂在翻译论述方面有很多相通之处，涉及译者语言能力、美学与艺术素养方面。朱光潜通晓多种外语，包括英语、法语和德语，翻译了黑格尔的《美学》、克罗齐的《美学原理》、爱克曼的《歌德谈话录》、路易哈拉普的《艺术的社会根源》和《柏拉图文艺对话集》、莱辛的《拉奥孔》等多部美学与文艺理论著作。此外，他也对马克思主义经典著作《关于费尔巴哈的提纲》《资本论》《自然辩证法》进行了系统仔细的研究，并针对相关的翻译作品提出建设性的修改意见。1947 年 5 月 4 日，朱光潜在《北平日报》刊登《"五四"以后的翻译文学》一文，对翻译人才的培养提出要求，指出译者应具备三个基本条件：精通外国文，精通本国文，具有文学修养。具备这三个条件的人很少，爱好文艺的青年，应把外国文、本国文弄好（朱光潜，1947）。

朱光潜主张翻译应忠实原文，他认为译文对原文的忠实不仅仅是字面的忠实，对情感、思想、声音节奏等同样需要忠实。翻译不应拘泥于字面，还应注意到上下文语境关联，还要了解作者的思想意识和语言习惯。可见，朱光潜对翻译忠实标准的解读超出了单纯的文本，考虑到超文本的文化、意识形态、美学等层面的因素。在翻译方法方面，朱光潜既反对直译，也反对意译。1955 年秋，朱光潜校读老舍翻译的《苹果车》译稿。同年 10 月 10 日，在给老舍的信中，他说："我因此不免要窥探你的翻译的原则。我所猜想到的不外两种：一种是小心地追随原文亦步亦趋，寸步不离；一种是大胆地尝试新文体，要吸收西文的词汇和语法，来丰富中文。无论是哪一种，我都以为是不很明智的。"（朱光潜，1992：437）对于直译意译之争他也表达了自己的见解，认为直译和意译不应存在根本差异，不可能纯粹独立存在，二者在实际的翻译活动中互相渗透融合，共存共生，忠实的翻译应顾及中西文化之间的差异，尽量保持原文的意蕴与风格，译文仍应该是读着通顺的中文。以中国语文习惯代替西方语句习惯，同时保持原文的意义与韵味，可视为理想的"文从字顺"的翻译方法。对于艺术文的可译性，朱光潜认为诗的音节难于表现，所以诗最难翻译。1933 年秋天，朱光潜到北京大学西洋语言文学系任教伊始，评价过时任北京大学文学院院长胡适的《白话文学史》。他提出，诗不可译为散文，也不可译为外国文，因为诗中的音不可译。1948 年，朱光潜写《现代中国文学》时谈到，"诗最难译，徐志摩、朱湘、梁遇春、梁家岱、卞之琳、冯至等人各有尝试，但都限于零篇断简"（朱光潜，1992：324）。对于文学创作与文学翻译的关系，朱光潜认为译书比写书更难，只有文学家才能胜任文学翻译。"因为文学作品以语文表达情感思想,情感思想的佳妙处必从语文中见出,作者须费一番苦心才能使思想情感凝定于语文,语文妥帖了,作品才算成就。译者也必须经过同样的过程。第一步须设身处在作者的地位,透入作者的心窍,和他同样感,同样想,和他同样地努力使所感所想凝定于语文。所不同者作者是用他的本国语言去凝定他的思想感情,而译者除着了解欣赏这思想情感语文的融贯体以外,还要把它移植于另一国语文,使所用的另一国语文和那思想情感融成一个新的作品。因为这个缘故,翻译比自著较难;也因为这个缘故,只有文学家才能胜任翻译文学作品。"(朱光潜,1988:301)

新文化运动激发了国人基于主观意识的强烈创造欲,但也在一定程度上阻碍了翻译文本间语言与文字本身的传播。赵景深提出"与其信而不顺,不如顺而不信",鲁迅则针锋相对地提出"宁信而不顺"的翻译主张、"易解"和"风姿"翻译双要求、"移情"和"益智"翻译双功能。鲁迅认为,凡是翻译,必须兼顾"顺"和"信"两个方面,译文要达到通顺当然须力求其"易解",要保持诚信必然需要保存原作的"丰姿"。也就是既要通顺,又要忠实。通顺就是通俗顺畅易懂;忠实即全面保持原作的内容和形式,包括原作的一切构成要素,如语言要、文化、艺术。"移情"和"益智"是鲁迅提出的翻译双功能。鲁迅在《且介亭杂文二集》中说:"只求易懂,不如创作,或者改作,将事改为中国事,人也化为中国人。如果还是翻译,那么,首先的目的,就在博览外国的作品,不但移情,也要益智,至少是知道何时何地,有这等事,和旅行外国,是很相像的:它必须有异国情调,就是所谓的洋气。""移情"是通过译介外国思想与文艺精神,"转移性情,改造社会",让译者和读者走向原作和作者,通过广泛阅读感受原作的主客观世界,同时又能体会作品的精神内涵,包括主旨思想、文体风格、文化背景、审美等方面。译者通过与作者和作品的互动,在翻译中能把原文的形式、内容和精神原原本本地传达出来,向读者传递异域风情、外国情调,包括另一民族的心理特点、异地风光、特殊事物等,使译文起到"益智"的功效,使读者"于不知不觉中,获一斑之智识,破遗传之迷信,改良思想,补助文明",即开发启迪读者的智慧,输入新思想、新知识、新文化,以促进思想革新和文明进步。

鲁迅"宁信而不顺"的翻译主张具体表现为,在"信"和"顺"不能两全时,宁可译文不"顺"也要保持"信",即忠实于原文,采用直译方法,决不能欺骗读者。在具体翻译实践中,"宁信而不顺"就是要求译文尽最大可能再现原文的内容、风格、语言及意蕴,哪怕采取逐字翻译的方法。1909 年,鲁迅与周作人合作编译的《域外小说集》便是直译的典型代表，其内容和文风均与晚清翻译界"宁顺不信"的风气针锋相对，令译界学者大跌眼镜，多年来为不少人所诟病。中国译学界大多从翻译的层面对其进行研究并得出消极评论。然而我们可以超越翻译层面，以"拿来主义"视角从语言创新、文化引进等层面看待鲁迅的主张。鲁迅的直译并非与意译相对，而是与歪译对立，是融合了意译的直译，也被称作正译，他的直译并非舍弃行文的通顺，而是在"信"与"顺"两难选择时以忠于原文语言文字为准，目的是使翻译活动不仅能介绍外国思想，以供国人借鉴，而且能通过译文改造我们的语言，将外国的词汇语法翻译进来，补充中国语言文化的新鲜血液，促进中国新文化运动的发展。鲁迅认为"中国原有的语法是不够的"，中国人不但要从外语输入新字词，还要输入新语法，要通过翻译，让汉语"装进异样的句法""一面尽量地输入，一面尽量地消化，吸收，可用地传下去，渣滓就听他剩落在过去里"。这些外语词汇语法与文化通过直译进入汉语语言文化体系，在中国语境下使用传播，久而久之会自然而然地优胜劣汰，这有利于中国语言文化的更新与发展。此外，鲁迅创新性地提出，选择何种译法需要依据读者类型而定。他将大众分为甲乙丙三类人群，甲类是受过教育的，乙类是略微识字的，丙类是识字无几的。直译主张正是针对甲类读者，对乙类读者则需要采用改作或创作性翻译策略，而丙类不能称为"读者"，只能以图画、戏剧、电影等予以启发了。由此可见，"宁信而不顺"不仅仅是一种翻译主张，而且也是一种理性的文化主张，通过翻译西方文学输入西方语言文化的精华，去其糟粕，是鲁迅为中国的新文化建设做出的贡献，充实了中国语言学体系，扩大了中国文化范畴，也为翻译学研究提供了译者、作者、读者、原作、译作多重互动的多元研究体系，开拓了中国翻译理论与实践新视野。

茅盾主要的翻译活动发生在新中国成立之前。新中国成立之后，他在自己丰富的翻译实践基础上总结概括出重要翻译理论，在1954年全国文学翻译工作会议上总结了20世纪上半叶中国传统翻译思想，在所作报告《为发展文学翻译事业和提高翻译质量而奋斗》中提出"艺术创造性翻译论"，即"意境论"，认为"传达原作的艺术境界"是文学翻译的根本任务。"意境"是我国古典美学体系中特有的审美概念，"指的是通过形象性的情景交融的艺术描写，能够把读者引入一个想象的空间的艺术境界。意境的基本构成在情景交融，它包含着两个方面，即生活形象的客观反映方面和作家情感理想的主观创造方面，前者叫做'境的方面'，后者叫做'意的方面'，这两个方面有机统一浑然交融而形成意境"（赵则成，1985:640）。茅盾将其应用于文学翻译，使"意境论"成为我国文学翻译中具有本土风格的理论。茅盾认为"文学翻译的主要任务，既然在于把原作的精神、面貌忠实地复制出来，那么，这种艺术创造性翻译就完全是必要的。世界文学翻译中的许多卓越的范例，就证明了这是可能的"（王秉钦，2004:222）。他对文学翻译的要求高于对一般作品翻译忠实原文、语句畅达的要求：文学作品是用语言创造的艺术，我们要求于文学作品的，不单单是事物的概念和情节的记叙，而是在这些以外，更具有能够吸引读者的艺术意境，即通过艺术的形象，使读者对书中人物的思想和行为发生强烈的感情。文学翻译是用另一种语言把原作的艺术意境传达出来，使读者在读译文的时候能够读原作时一样得到启发、感动和美的感受(茅盾，1984)。茅盾的"意境论"是对"神韵说"的深化与发展，更加深刻认识到原作思想内容和风格是原作的精髓，若译文能够通过传达"意境"，使同一文本的原文读者和译文读者产生等效的心理感受，则是理想的艺术创造性翻译的最高境界。他提出文学翻译是一个艺术再创作的过程，翻译与创作须并重。

要达到"艺术创造性翻译"的最高境界，译者需要满足三个条件。第一，译者须具备丰富的生活经验。艺术源于生活，文学作品也基于生活，译者也需要有客观世界体验才能领会作者的创作目的。译者的生活经历与客观体验愈丰富，就越能体会感悟原作的创作背景、作者的创作意图、传递的意境。第二，译者必须将"译介与研究"相结合。翻译应该以译者对原作的研究为基础展开。译者在翻译一部作品之前，必须首先对原作进行科学的研究，要全面正确地研究分析作品所反映的时代、社会和生活环境，以及作者的思想和写作风格。第三，必须强调译者的语言运用能力。优秀的译者能够阅读外国文字并以本国语言进行思考和构想，这样才能使译文不受原文句法、语法和词汇与本国语言差异性的影响，使译文既忠实地传达原作内容，又能以纯粹的本国语言通顺展示原作风格。

概言之，五四运动至中华人民共和国成立之前，以鲁迅、林语堂、朱光潜、茅盾等为代表的翻译家，同时也是文学家，在翻译与创作方面皆成就斐然，他们大多认可严复提出的"信、达、雅"翻译标准并对其进行了批判与深化，多以信为主、达雅从属。这一时期激烈的翻译理论争鸣与丰硕的翻译实践成果对中国引进传播先进的外国思想文化做出了重要贡献，深刻影响了中国新思想、新文化、新语言的变革与发展，为我国翻译理论的系统化和科学化奠定了良好的基础。

1.5　现代翻译发展

1.5.1　十七年期间

在 1949 至 1966 的十七年期间,我国翻译活动的主要宗旨是服务社会主义国家建设,相关翻译部门和翻译工作者遵循党的思想文化文艺方针政策,有组织、有计划、系统性地翻译了《马克思恩格斯全集》和《毛泽东选集》,将外国的文化和现代先进科学技术引介进中国,同时把新中国的文化和现代发展及国情传播至国外。这一时期我国翻译事业的发展与成就都取得了新的突破,翻译水平大大提高,学界对翻译的标准也基本达成共识,产出了丰硕的翻译理论研究成果。"虽然这一段时期所译作品的数量远远比不上今天,但由于组织得力,狠抓了计划译书和提高翻译质量两个环节,因而译文质量普遍较高,涌现出一大批名著名译。"(孙致礼,1999:2)

这一时期的文学翻译主要译介苏联等社会主义国家和亚非拉国家的作品,范围涵盖了俄国古典文学、批判现实主义文学、苏联现当代文学的重要作家作品,著名作家的作品几乎被完全译介,包括普希金、列夫•托尔斯泰、高尔基、奥斯特洛夫斯基、法捷耶夫等。由于国际政治形式等因素,西方欧美国家的作品不是译介活动的重点,但也有不少译作问世,各译家在各个领域颇有建树。对于英国文学著作,卞之琳翻译了莎士比亚悲剧《哈姆雷特》,张若谷翻译了哈代的小说,朱维之翻译了弥尔顿的《失乐园》,查良铮翻译了雪莱的《云雀》、拜伦的《唐璜》等。对于法国文学著作,傅雷翻译了巴尔扎克的多卷本巨著《人间喜剧》,赵少侯重点翻译了莫里哀的喜剧,罗玉君翻译了司汤达和乔治•桑的小说。对于德国文学,冯至翻译了很多重要德国诗人的作品,如歌德、席勒、海涅等,文风严谨、技艺高超。

这一时期文学翻译的代表性学说有傅雷的"神似说"和钱锺书的"化境论"。

傅雷基于自己常年译事经验提出"神似"的翻译观点,认为"翻译应当像临画一样,所求的不在形似,而在神似"。他在 1951 年《高老头》的重译本序言中明确指出:"以效果而论,翻译应当像临画一样,所求的不在形似而在神似……各种文学各有特色,各有无可模仿的优点,各有无法补救的缺陷,同时又各有不能侵犯的戒律。像英、法,英、德那样接近的语言,尚且有许多难以互译的地方;中西文字的扞格远过于此,要求传神达意,铢两悉称,自非死抓字典,按照原文句法拼凑堆砌所能济事。"十二年后,他在给罗新璋的信中,再次明确"重神似不重形似"的译事看法。在此需要注意,傅雷并非将神似与形似对立,而是在"以效果而论"的标准之下更强调神似的重要性。罗新璋认为傅雷所谓的"重神似不重形似",是指神似形似不可兼得的情况下倚重倚轻、孰取孰弃的问题,不是说可以置形似于不顾,更不是主张不要形似。傅雷自己也强调形似的重要性,他在同时期给宋奇的信中提到,自己并非说原文的句法可以绝对不管,而应在最大限度内保持原文的句法。可见,傅雷的翻译观主张更贴切的意思是"重神似高于重形似",认为翻译的核心思想是"传神"且神形兼备,这一译论引起了学者们的高度重视,对中国现代翻译理论发展产生了重要影响,成为中国文学翻译领域中的核心理念之一。当然,关于文学翻译的"神似"问题,其他学者也进行过探讨。20世纪20年代,茅盾曾探讨过翻译过程中"神韵"与"形貌"不能两全时该如何应对,认为与其保"形貌"而失"神韵",不如保留"神韵"而让"形貌"有所差异。陈西滢、曾虚白在阐释"信、达、雅"时以临画与翻译作比,提出过"注重神似"的观点。20世纪30年代林语堂提出翻译标准"忠实、通顺、美",论及"绝对的忠实之不可能",提及文字有声音之美、意义之美、传神之美、文气文体形式之美,译者或顾其义而忘其神,或顾其神而忘其体,无法做到绝对忠实于原著。然而傅雷的"传神"译论有其独特之处并逐渐形成了一派学说。

傅雷"神似说"的独特之处主要在于,从文艺美学的视角阐释文学翻译,将翻译活动纳入美学范畴进行研究。在美学范畴内谈到"神似",必不能脱离"形似",而中国古典美学早就提出了"神似"与"形似"这一对范畴。中国古典美学对审美对象从"神"与"形"两方面进行考察,"神"指内在因素,如精神、内容或事物的发展变化;"形"指外部因素,如形体、形质。"形似与神似,中国古代美学的一对范畴。形似,指艺术形象逼真地反映出客观事物的外部形貌;神似,指艺术形象生动地传达出事物的内在精神。"(朱立元,2014:153)中国古典美学具有"尚情""尚意"的审美倾向,受其影响,我国诗文理论中"神似"逐渐重于"形似",注重传神亦逐渐成为诗美学的主流。傅雷早年研究过艺术史,熟知中国古典美学和绘画诗文书法等领域中的"形神论",并且有二十多年的法国文学翻译实践,因此能跨学科思考,创新性地引入"形神论"来讨论文学翻译问题。对于他提出的"重神似不重形似"观点应当全面看待,不能失之偏颇。在翻译实践过程中,神形统一是完美理想的境界,但却难以实现,因为不同民族的思维模式、美学原则、语言文字有所差异。傅雷通过长期的法国文学翻译实践，总结出法语和汉语之间的具体差异，包括词类差异、句法构造差异、文法与习惯差异、修辞格律差异、反映民族思想方式的俗语差异、观点角度差异、风俗传统信仰差异、社会背景差异、表现方法差异等。他认为外文都是分析的、散文的，中文都是综合的、诗的，不同的美学原则使中外词汇不容易凑合；在思维方式上中西方距离较远，西方喜欢抽象，长于分析，我们喜欢具体，长于综合。因此，综合来看，他认为翻译需要在精神上彻底融合，若是仅仅按照字面意思生搬硬套过来，不但原文完全丧失了美感，而且连意义都晦涩难懂，使读者莫名其妙。同时他也深切地体会到，译文与原作文字规则上皆存差异，各有特色，也各有无可模仿的优点和无法补救的缺陷，同时又各有不能侵犯的戒律，这无疑给翻译工作设置了重重障碍。在此背景下，所谓"重神似不重形似"在翻译实践中具有重要的策略指导意义，突显出文学翻译审美理想。针对译者自缚于字句或语言形式而不能自拔的困境，译者应转向"神似"，力求"传神"，集中力量于神韵的传递，而非文字的形式。

因此，我们在翻译实践过程中，不能机械对待这一主张，将"神似"与"形似"割裂开来。事实上，形是神的载体，神是形的灵魂，二者相互依存、不能分割。神形兼备是翻译追求的完美境界，最精彩的"神似"也需要一定程度的"形似"作依托，完全脱离形貌，神韵将不复存在。只有在两者不可调和的情况下才作出重神似轻形似的抉择，这也是傅雷提出"重神似不重形似"主张的前提，并非要完全否认形似。但是应当注意，在具体翻译过程中，"神似"与"形似"不分先后，二者是统一整体中的两个平行侧面。傅雷的"神似说"对于文学翻译实践具有重要的指导意义，鼓励译者在翻译过程中发挥他们的创造性，培养译者的审美意识，提高"传神"的翻译技术。

根据傅雷的观点，要做到传神，首先应该潜心领会原文。他认为在翻译任何作品之前，译者应首先精读作品四五遍，将原作连同思想、感情、气氛、情调等化为己有，之后方能谈到移译。众所周知，理解是动笔翻译之前的必做功课，也贯穿整个翻译过程。文学翻译富含人文情怀，若要成功翻译，更是需要译者首先反复熟读原作，仔细推敲，充分准确地解读原作，并根据原作作者及创作背景等透彻领悟作品内涵意义，捕捉作品的灵魂和神韵，之后才开始文字转换工作，翻译作品才有可能做到"传神"。译者充当媒人和中介的角色，联系着原作者和读者、原作和译作。成功的翻译能让读者体会原作者的感受和情怀，让译作再现原作的形貌和声音,这首先取决于译者能真正领会和深刻感受原作者及其作品。其次,要做到传神,语言表达也很重要。傅雷认为传达原作的字句声色是传神的关键。他在长期的翻译工作中,为了保留原作的神韵,非常注重语言表达,反复斟酌原文字句,并在译作中会尽量保留,力求形似,但并不束缚于形似。他强调理想的译文读起来应仿佛是原作者的中文原创,这样,原作的意义与精神、译文的流畅与完整,都可以兼筹并顾,不至于再有以辞害意,或以意害辞的弊病。他同时也强调,译文应超越对具体形式和表达的模仿,传递原作的风格与精神特质,从而赋予译者一定的自由。总之,文学翻译者需兼具文学解读能力、艺术审美能力和语言表现力,合格的译者要能够透过原作的字句声色领会原文之精妙,感受其言外之意和弦外之响,并通过文字转换传递原作的神与形。

钱锺书 1964 年在《林纾的翻译》一文中详细分析、述评"林译小说",并提出了翻译观点"诱媒作用论""避讹论""化境论"。如今,学界习惯将这三者综合论述,称为"化境论",主要核心体现在"诱""讹""化"三个字。

钱锺书以"诱"或"媒"描述翻译的性质及在文化交流里所起到的功能与作用,强调翻译的媒介作用和目的。"诱"或"媒"字非常生动形象地说明,好的译文可能引发读者对原文产生更浓厚的兴趣,从而勾起读者读原著、了解原作文化的冲动,进而起到促进原作文化对外传播的作用。

钱锺书以"讹"指代译文相对于原文的失真和走样,在意义和形式上违背或不尽贴合原文,这也是翻译中难以避免的问题。结合自身的翻译实践,他指出"讹"的原因主要是三种"距离"或差异,即不同文字之间的距离、译者的理解和文风跟原作内容和形式之间的距离、不同译者的体会和表达能力之间的距离。但是钱锺书肯定为"化"而"讹"的做法,认为这是译者为了使读者更好地理解原文而对原作进行的创造性改造,具有审美意义。

"化"是"化境论"的核心,钱锺书认为"化"是文学翻译的最高标准,也是译者追求的最高目标,但是彻底和全部的"化"是不可实现的理想。"化"强调了两方面的内容:第一,当把作品从一国文字转变成另一国文字,即翻译的时候,不能因语言文字习惯的差异而露出生硬牵强的痕迹,如果译文显得生硬牵强,那就得"化"它一化了;第二,在化的过程中,虽然"躯壳换了一个",还得"保存原有的风味""精神姿致依然故我"。显然,这里"躯壳"指语言文字,"风味""精神""姿致"指风格、神韵与形态。如果翻译既能润物细无声地转换语言文字的躯壳，又能换汤不换药地完全保存原有的风味，使读者获得读译文好似读原文的体验，那就算得入于"化境"。可见，钱锺书将原作和译作视为一个可以自然转换、浑然不分的有机整体，成功的翻译是一个毫无穿凿痕迹的"化"的过程。要做到"无痕"和"存味"，译者既要正确理解原作，又不拘泥于原作，既通过语言转换改变原作躯壳，又使原作的精神姿致在译作中依然故我。但钱锺书同时也提醒，"化"使译文与原文"不隔"，而"讹"则会造成译文与原文间的"隔"。但是在翻译实践中，"化"是一个非常灵活的概念，当译者迫不得已做出某些改变时，其译作仍然可以达到"化"的境地，如林纾的翻译，虽有些许"讹"，却不影响其作品的"化境"。而某些方面、一定程度的"讹"难以避免，所以彻底全面的"化"是可望而不可即的理想。换言之，有"化"必有"讹"，"化"中包含"讹"，而某些创造性的"讹"实为更高境界的"化"，二者在具体的翻译实践过程中对立统一，共生共存。

由此，"化境论"的核心含义有四点。其一，"化境"可使翻译实现"诱""媒"的作用和功能，吸引读者关注原作文化；其二，在语言文字角度，"化境"的状态或境界表现为译文不因语文习惯的差异而露出生硬牵强的痕迹；其三，在艺术审美的角度，意象的"化境"使译文给读者带来美的感受和体验；其四，"化"与"讹"二者相生共存，"化"中带"讹"，"讹"中有"化"。

"化境论"对译者提出了更高要求。首先，译者要有强烈的责任感，在源语和目的语、作者与读者之间搭起一座桥梁，要积极地解读并创造，激发读者的阅读兴趣，从而使翻译超越语言转化，促发文化的传递与交流。其次，译者要有严谨的翻译态度，遇到困难不能敷衍或选择逃避，而要努力避免误译、漏译之"讹"，这是译者应当具备的心态与素养。再次，译者要掌握并能熟练运用各种翻译技巧，有能力掌控有"讹"之"化"。翻译过程中，译者发挥主观能动性，通过审美与认知，深入思考原文，正确理解原文的语言意义和艺术意象，再通过目的语精确重构新的文本，在这期间译者尽量避免误译、漏译等"讹"，但可以包容为"化"而"讹"，如创造性翻译，力求译文与原文审美效果的不隔，使译文入于"化境"。

钱锺书提出的"化境论"，突破了严复"信、达、雅"翻译标准的拘囿，丰富并发展了中国传统翻译思想，不管对翻译理论，还是对翻译实践都有着积极的指导意义。严复的"信、达、雅"、傅雷的"神似说"以及钱锺书的"化境论"，即"求信—神似—化境"，构成中国传统翻译思想的主体，而且将翻译引入文艺美学的范畴,推动了中国传统翻译思想的发展。罗新璋(2009:20)认为:"案本—求信—神似—化境,这四个概念,既是各自独立,又是相互联系,渐次发展,构成一个整体的,而这个整体,当为我国翻译理论体系里的重要组成部分。"

1.5.2 20世纪70年代至今翻译蓬勃发展时期

20世纪70年代至今,我国翻译活动蓬勃发展,方兴未艾。无论在翻译规模、翻译范围、译文质量水平,还是翻译工作对中国社会发展的影响方面,都超过20世纪50年代。在这一时期,我国翻译工作者的队伍增长迅速,人数已经由数以千计扩展到数以万计甚至更多,翻译工作所覆盖的领域更加广泛,除了传统的文学翻译,还覆盖了人文社科、科技、外交、军事、法律、文教、贸易、卫生等各个领域。我国翻译事业的蓬勃兴旺源自时代的进步与社会的发展,全球信息技术、科学技术的迅猛发展给各个国家和民族之间提供更多的交流契机,也给翻译提供了更多的展示舞台;我国改革开放等经济政策和对外交流活动开阔了国民的视野,也提出了更高要求,如建设现代化强国,在经济、技术、科学、文化等领域学习西方先进科技及管理经验,加强文化和学术交流与合作,促进我国自身发展等。在此环境下,翻译的重要性更加突显,翻译是沟通语言与传播文化的桥梁,在各个中外交流领域不可或缺。在此段时期,大量的翻译实践促生我国更多翻译家和学者,同时推进翻译思想和翻译理论的发展,以下我们着重介绍许渊冲、王佐良、杨宪益的翻译理论与实践。

翻译家许渊冲译作涵盖中、英、法等语种,通过多年的翻译实践,特别是中国古诗词英译实践,形成了韵体译诗的方法与理论。他认为"美"是译诗的出发点,译者应将原诗的意境、音韵和形式统一起来,尽可能地译出古诗的独特韵味。许渊冲在《文学与翻译》中曾提到他将鲁迅的"三美说"应用到翻译上来,形成针对诗词翻译的"三美论",即意美、音美、形美,指从意境、音韵和形式入手,尽力重现原诗词的思想、韵律和文体。所谓意美,就是在翻译时体现出原作的内容美;音美要求译文押韵、顺口、好听;形美则要求诗的行数长短整齐,句子对仗工整。"三美论"是在"信、达、雅"等理论的基础上,对传统翻译标准的具体化。实际上,"三美"也是人们对诗词的全身心体验或认知。所谓意美,是指心对诗歌内容、情感与意境等的体验;所谓音美,是指耳朵对诗歌节奏、平仄与韵律的体验;所谓形美,是指眼睛对诗句工整、对仗与协调等的体验。换言之,要使翻译达到"三美"标准,译者应发挥主观能动性,首先能融入原诗,运用细腻的情感、聪灵的耳朵和敏锐的眼睛来准确地认知体验文化,之后精确地运用语言转换技巧，明确地展现诗词意韵悠长、抑扬顿挫、对仗工整之"美"，这对译者提出了更高的要求。

关于具体的翻译方法，许渊冲非常重视根据翻译生态环境作适度的选择和调整。许渊冲先生提出"三化论"是关于诗词翻译的方法论问题，他认为翻译是把一种语言化为另一种语言的艺术，至少有三种化法：一是"等化"，二是"浅化"，三是"深化"。等化主要用于当两种语言的优势不相上下时，可以通过词形、词性的转换、句型转换、灵活对等、正话反说等方法来实现；深化指译文比原文意味更加深刻、具体，具体方法包括加词、具体化、特殊化等；浅化则指译文与原文相比意味更一般化、更抽象，具体方法包括减词、化难为简、合译等。这些方法尤其适用于难以翻译的文化现象。

根据许渊冲的翻译思想，翻译方法受到目的语语言环境、目的语读者需求等因素的影响。他认为在多数情况下应采取目的语的表达方式，充分发挥目的语优势以达到更好的翻译效果和阅读体验，使读者对译文知之、好之、乐之。同一个原作如果是翻译给不同层次的读者，译者应根据读者的文化层次和具体需求来选择翻译方法。总的来说，许渊冲在翻译时倾向于归化策略，以目的语阅读环境和读者需求为重要依据，力求最佳翻译效果和阅读体验。"三美论"亦是许渊冲认为的最佳翻译效果，目的语读者读到译作时，能感受到原作的意、音、形美。正因为如此，许渊冲在具体的翻译实践中大胆求真务实，非常强调"再创作式"的翻译，业界对此褒贬不一，有人责难其译作"不忠实"。对此许渊冲曾解释说，西方文字之间的翻译讲究字与字对等，因为它们主要文字的词汇大多数是对等的，而中文与它们差异巨大。他认为对等虽然不违背文字客观规律，却无法发挥译者、读者的主观能动性。翻译的重点是要在不歪曲原作者意图的前提下，把这种文字所代表民族文化的味道、精髓、灵魂体现出来，也就是许渊冲先生所说的翻译的"三美"理想状态。朱光潜曾提到"从心所欲，不逾矩"是一切艺术的成熟境界。许渊冲认为翻译也如此，"不逾矩"求的是真，"从心所欲"求的是美，翻译实践中便是在求真的前提下尽量求美。此外，在许渊冲看来，要做到诗词翻译的"三美"，文化自信是译者必备的基本素质。

许渊冲认为最好是通过实践解决理论的问题，他的翻译理论也来自大量的翻译实践，其主要译作包括法语译著《唐宋词选一百首》（1987）、《中国古诗词三百首》（1999）；英语译著《西厢记》（1992）、《诗经》（1993）、《宋词三百首》（1993）、《楚辞》（1994）、《中国古诗词六百首》（1994）、《汉魏六朝诗一百五十首》(1995)、《元明清诗一百五十首》(1997)、《唐诗三百首》(2008)和《新编千家诗》(2000)等；中文译著《红与黑》《包法利夫人》《追忆似水年华》等。

下面以许渊冲翻译唐代杜牧的诗《清明》为例，来看他是如何在翻译时做到"从心所欲不逾矩"，体现意美、音美和形美的。原文及译文如下：

清明

清明时节雨纷纷,路上行人欲断魂。

借问酒家何处有? 牧童遥指杏花村。

The Mourning Day

A drizzling rain falls like tears on the Mourning Day;

The mourner's heart is going to break on his way.

Where can a wineshop be found to drown his sad hours?

A cowherd points to a cot amid apricot flowers.

（许渊冲，2008:45）

关于本诗题目"清明"和第一句中的"清明时节"，许渊冲根据对诗歌语篇的理解，认为它们并非强调二十四节气之一清明，所以没有按字面等化翻译成"the Pure Brightness Day"，而是突显我国清明节祭祖扫墓、怀念已故亲人的传统，将其意境翻出，译为"the Mourning Day"。"雨纷纷"既写实景雨，又写情绪。诗人清明节漂泊在外，又逢细雨纷纷，平添一层愁绪，几"欲断魂"。若将"雨纷纷"仅仅译为下雨，则传达不出原文诗人凄凉纷乱的心情。结合全诗的氛围，以及与下文的"欲断魂"相对应，把雨水比作眼泪能体现诗中人物在清明时节的悲伤之情或是远离家乡漂泊在外的愁绪，因此进行深化处理，具体增译为"a drizzling rain falls like tears"。"路上行人"在此未必指一般行旅之人，也可能特指在家乡祭祖扫墓的人，还可以理解为漂泊在外的诗人本人，所以浅化处理，抽象翻译为"a mourner"。不论是去上坟扫墓，还是漂泊在外无法还乡祭奠，在这个传统时刻，人们的心情都是"欲断魂"，等化处理为"心痛"，将第二句译成"the mourner's heart is going to break on his way"。许渊冲以诗人视角还原古诗意境，而非局限于翻译技巧，呈现出情在景中的意韵之美。

第三句的译文保留了原诗的疑问句形式。"借问酒家何处有"是为了排解心中忧愁，所以"酒家"不能直接译为"public house"，因为这样的酒吧太热闹，不适合原诗氛围，而译为"wineshop"又可能指卖酒而不喝酒的酒店，所以深化处理，增译为"a wineshop to drown his sad hours"。有人说"to drown his sad hours"是无中生有、画蛇添足，实际上，这部分增译与首句译文增译的"falls like tears"一样，既渲染气氛，体现意韵，又承接上文，保持形态平衡，恰到好处，有锦上添花之妙。第四句中，"杏花村"是酒家的名字，还是村庄的名字，我们不得而知，因此许渊冲浅化处理，省略了"村"的翻译，转译为"a cot amid apricot flowers"（一片杏花中的小屋）。

从意韵上看，许渊冲灵活运用各种翻译方法精确传递了原诗的意境和诗人的情感；从音韵上看，一二句尾"day"和"way"，三四句尾"hours"和"flowers"都做到了押韵、顺口；从形式上看，译文保留了原文的陈述句和疑问句形式，并且行数长短整齐，句子对仗工整。可见该诗翻译充分体现了许渊冲的"三美论"。

王佐良是这一段历史时期的翻译实践和翻译理论研究的代表性学者。王佐良的翻译实践活动从他在西南联大任教时开始，最早的翻译作品是英译曹禺的代表作《雷雨》。虽然这是他的第一次翻译尝试，但是却显现出了他在翻译方面的不俗才华。在英汉翻译方面，王佐良偏爱诗和散文的翻译，尤其是英国作家的作品，主要有《彭斯诗选》《苏格兰诗选》《英国诗文选译集》等诗歌，以及英国散文家科贝特的《骑马乡行记》和培根的《随笔》等散文。以下选取流传较广的《论读书》中的两段：

Studies serve for delight, for ornament, and for ability. Their chief use for delight is in privateness and retiring; for ornament, is in discourse; and for ability, is in the judgment and disposition of business.

读书足以怡情，足以博采，足以长才。其怡情也，最见于独处幽居之时；其博采也，最见于高谈阔论之中；其长才也，最见于处世判事之际。

Reading makes a full man; conference a ready man; and writing an exact man. And therefore, if a man write little, he had need have a great memory; if he confer little, he had need have a present wit; and if he read little, he had need have much cunning, to seem to know, that he doth not. Histories make men wise; poets witty; the mathematics subtle; natural philosophy deep; moral grave; logic and rhetoric able to contend. Abeunt studia in mores: Studies pass into the character.

读书使人充实；讨论使人机智，笔记使人准确。因此不常做笔记者须记忆特强，不常讨论者须天生聪颖，不常读书者须欺世有术，始能无知而显有知。读史使人明智，读诗使人灵秀，数学使人周密，科学使人深刻，伦理学使人庄重，逻辑修辞之学使人善辩：凡有所学，皆成性格。

王佐良关于翻译的理论思考主要集中在《新时期的翻译观》《中国的翻译标准》《译诗与写诗之间》《论诗歌翻译》《文学与文学之间：翻译的繁荣》《翻译中的文化比较》《词义·文体·翻译》《翻译与文化繁荣》等一系列论文中，主要收录在《翻译：思考与试笔》（外语教学与研究出版社，1989 年 8 月第 1 版，1997 年 7 月再版）和《论新开端：文学与翻译研究集》（1991 年）中。他从诗歌翻译、翻译标准、文化翻译以及译者等角度对翻译进行了概括性总结。他认为，诗歌翻译还需要诗人来做，而且诗歌翻译也有利于译者作为诗人自己进行创作；虽然，在诗歌翻译的过程中，"诗的韵、行、词、字数、句式和速度等在语言转换时有不少困惑"（王佐良，1997：57），但是诗歌总归是可译的，而且从文化、文学等角度都是相互增益的。在提到翻译的标准时，他提出两个主要方面，即"可靠"和"可读"。"可靠"指的就是译作要忠实于原文，译者要对原文以及原作者负第一责任。"可读"就是翻译作品要符合目的语语言特点，能被目的语读者所接受。在谈到翻译与文化时，王佐良（1984：2）指出，"翻译者必须是一个真正意义的文化人"。翻译不是简单的语言文字的翻译，而是两种不同文化之间的交流。所以一个好的译者必须既熟知自己民族的文化，同时又要了解源语文化，包括其历史、经济、科技、习俗、文学、思想、生活方式等等。王佐良在进行诗歌翻译的时候一贯主张注重形似、意境和整体效果，但若有文化理解差异，便进行一定的文化取舍，进行意译。例如王佐良翻译彭斯的诗 "A Red Red Rose"（《一朵红红的玫瑰》）时，充分考虑到这首诗是由苏格兰民歌改编的，而且通俗易懂、朗朗上口，所以在翻译的时候也采用了亲切自然通俗易懂的语言，做到与原文在风格、意境、节奏等方面都保持相似，与《论读书》的译文风格截然不同。

A Red Red Rose

O, my Luve's like a red, red rose,

That's newly sprung in June.

O, my Luve's like the melodie,

That's sweetly play'd in tune.

As fair art thou, my bonnie lass,

So deep in luve am I,

And I will luve thee still, my dear,

Till a' the seas gang dry!

Till a' the seas gang dry, my dear,

And the rocks melt wi' the sun!

I will luve thee still, my dear,

While the sands o' life shall run.

And fare thee weel, my only Luve!

And fare thee weel, a while!

And I will come again, my Luve,

Tho' it were ten thousand mile!（Robert Burns）

我的爱人像朵红红的玫瑰

呵,我的爱人像朵红红的玫瑰,

六月里迎风初开;

呵,我的爱人像支甜甜的曲子,

奏得合拍又和谐。

我的好姑娘,多么美丽的人儿!

请看我,多么深挚的爱情!

亲爱的,我永远爱你,

纵使大海干涸水流尽。

纵使大海干涸水流尽,

太阳将岩石烧作灰尘,

亲爱的,我永远爱你,

只要我一息犹存。

珍重吧,我唯一的爱人,

珍重吧,让我们暂时别离!

但我定要回来,

哪怕千里万里!

（王佐良译）

　　译文形式上力求接近原诗,大体上保持字数相当,保留脚韵以表现彭斯诗歌的音乐性,多用"红红""甜甜"等叠词表现民歌语言的通俗性。王佐良认为意象是诗歌语言最重要的成分,所以译诗必须高度忠实原诗中的意象。然而,翻译实践中,语言文化差异导致对等的文字形式不一定激发对等的读者认知反应。例如本诗中的意象"the seas gang dry""the rocks melt wi' the sun"在西方语言文化环境里激发的是新鲜、具有表现力的意象。而在汉语文化中,其对等字面表达"海枯石烂"已成为语言学界所谓的"死隐喻",缺乏新鲜感。所以王佐良为了保留原诗的风格,没有替换成这一汉语成语,而直接按字母译成"大海干涸水流尽""太阳将岩石烧作灰尘",反而能保持原诗的生动意象。

原诗歌中还有一处 "And I will love thee still, my dear, While the sands o'life shall run." 其中含有一个英语语境文化现象,"the sands" 指用于计量时间的沙漏,此处喻指时间。由于当时的汉语语境中没有沙漏这个事物,汉语读者缺乏对此隐喻的文化意象图式,如果直译会导致理解困难,所以王佐良在翻译的时候进行了变通,将 "While the sands o'life shall run" 意译成 "只要我一息犹存",既保留了原文"时间、生命延续"的隐含意义,又充分尊重了文化之间的差异,增强了"可读"性。

总的来说,王佐良的翻译主张主要体现在以下几个方面(黎昌抱,2008:13):① 要采用辩证的观点,该直译则直译,该意译则意译,任何成功的翻译都是直译与意译的结合;② 翻译者必须是一个真正意义上的文化人;③ 译者只应该翻译与自己风格相近的作品,如果无所不译,势必会导致劣译;④ 一切照原作,雅俗如之,深浅如之,口气如之,文体如之;⑤ 译作词语要生动活泼锤炼。

在这一段时期,杨宪益和戴乃迭夫妇在翻译实践方面有着突出的贡献。两人联手将一千多万字的中国古典文学和现代文学著作翻译成了英语,主要包括全本《红楼梦》、全本《儒林外史》及《资治通鉴》《魏晋南北朝小说选》《唐代传奇选》《聊斋选》《离骚》等传统典籍名著,也翻译了《芙蓉镇》《鲁迅全集》等现当代经典著作,涵盖了先秦古文、唐诗宋词、宋明评话、清代小说、戏剧杂文等各种文体。他们还精通拉丁文、古希腊文、古法文等,将多部西方古文名著译成中文,例如希腊文的荷马史诗、拉丁文的古罗马诗,丰富了国内的外国文学研究。

尽管杨宪益、戴乃迭并没有系统性地阐述过自己的翻译思想或者翻译理论,但是他们所秉承的翻译思想,尤其是关于文学和文化翻译的翻译思想,仍能在其大量的翻译实践、访谈、译作的前后序中有所体现。尤其是对于翻译中最经常讨论的可译性,杨宪益给出的回答是一切文学作品都是可以翻译的。而这种可译性首先取决于译者是否能读懂原文。他指出:"要是原本你懂了,你翻译成外文都没错。"(杨宪益,2010:36)而这种可译性的自信很大程度上是源于其深厚的双语功底。例如《红楼梦》中有很多蕴含中国文化的、特别的语言形式,如隐喻、伏笔或者暗示,他的处理方法是先找到英语的对应表达,如果没有,则会采用补偿性翻译或注释等手法进行阐释。当然，杨宪益也承认，不同文化中会有一些文化意象由于文化差异而导致理解差异，所以具有不可译性，但是这种不可译性可能更多指的是语言层面上的不对等。

在大量的翻译实践中，杨宪益遵循的"忠实"的翻译原则显而易见。他认为"翻译必须非常忠实于原文"（杨宪益，2010：6）。译者的职责就是要尽量忠实于原作，尽量不增不减，更不要夸张。尤其是在翻译中国经典文学作品时，他总是尽量保留中文中特有的语言文化意象，以此向西方读者介绍中国文化。《红楼梦》是中国古典文学的代表之一，包罗万象，文化和文学典故或意象比比皆是。在翻译《红楼梦》时，杨宪益采用的是以直译为主的翻译策略。例如《红楼梦》中有"谋事在人，成事在天"这句话。我们自然会想到"Man proposes, God disposes"作为英文的翻译，但是杨宪益却译为"Man proposes, Heaven disposes"，更好地保留了《红楼梦》中的佛教和道教宗教意识，而"God"则是基督教中的意象。再如，原文"薛文龙悔娶河东狮"一句，杨宪益将其进行了直译为"Xue Pan marries a fierce lioness and repents too late"。很多西方读者最初可能无法理解"河东狮"这个意象，但是杨宪益还是采用了直译，因为这更好地传达了原文的风貌，而且相信读者结合全文也会理解并且慢慢了解到这个词所包含的文化意象。总之，直译翻译策略的选取是杨宪益在翻译《红楼梦》时的刻意为之，是他"高度的文化自觉和肩负着的文化使命"的体现。（辛红娟，马孝幸，吴迪龙，2017）

文化是一个民族和国家的重要标识。在漫长的发展进程中，世界各族人民创造出了属于自己的、多姿多彩的优秀民族文化。中华民族更是在五千多年源远流长的历史中不断发展和丰富自己的文化。在以翻译为主要沟通渠道的文化交流中，如何保留自身文化特色是每一名翻译人员所应该考虑和衡量的重要问题。进入21世纪以来，我国的翻译活动出现了新的重点和方向。"中国文学文化走出去""对西讲中""讲好中国故事""提高国家传播能力和软实力"等文化建设战略为我国的中译外翻译事业创造了良好的生长环境，中译外也逐渐成为我国翻译界理论与实践研究的热点之一。我国的翻译活动从20世纪翻译西方文学文献为主，逐步转向21世纪对外翻译中国的文献为主。

纵观我国的翻译历史可以发现，我国的翻译活动具有悠久的文化传播历史，众多文人墨客、语言学家、翻译家始终致力于在不同国家与民族间交流文化、促进理解、取长补短、互通共荣，对国家发展和文化繁荣做出积极的贡献。

文化历来是国家竞争力的重要组成部分之一,拥有强大的文化"软实力"有助于我国在国际交流与竞争中赢得主动。不同国家、民族与文化都希望使文化冲破国界和地域的限制,在全球范围广泛传播。通过表达自己的文化观念与价值取向,促进与其他民族的融通理解和共同进步,文化才变为真正的软实力。文化的力量不仅取决于其自身的价值大小,而且取决于它能否被传播,以及被传播的深度和广度。翻译是文化对外传播的重要工具,如何通过翻译助力国家发展和文化振兴是翻译研究者应该关注的重点之一,也是外语工作者应该主动担起的社会责任和时代使命。

1.6　小结

翻译是一种跨语言和跨文化交流的关键工具,是人类文明发展进程中不可或缺的一项重要活动,在促进不同国家和地区之间政治、文化、商业等方面的交流中发挥着至关重要的作用。在所有翻译研究中,语言和文化始终是不能忽略的翻译核心问题。中国的翻译事业迄今已经历了五次高峰时期:两汉至唐宋的佛经翻译时期、明末清初的科技翻译时期、鸦片战争至五四运动时期的西学翻译时期、五四运动以后新文化双向译介时期、中华人民共和国建立至今现代翻译全面发展时期。进入 21 世纪以来,我国的翻译活动出现了新的重点和方向,从 20 世纪翻译西方文学文献为主,逐步转向对外翻译中国的文献为主,多个文化建设战略为我国的中译外翻译事业创造了良好的生长环境,中译外逐渐成为我国翻译界理论与实践研究的热点之一。当代翻译研究的一个重要突破在于把翻译放到多元的文化背景、社会语境、历史规约中来审视,除了语言学科外,翻译研究中的其他学科因素也开始受到研究者的关注。

第二章

语言学与翻译的
互动演变

　　语言学与翻译之间的关系可以追溯到古代的翻译活动。在古代,翻译的主要目的是传播宗教、文化和政治信息,以及促进跨文化交流和贸易。这些早期的翻译活动为语言学的发展提供了材料和启发。后来语言学和翻译各自发展为独立的学科领域,语言学家致力于研究语言的结构、用法、分布、演化等方面,翻译家则专注于将一种语言的信息转化为另一种语言,以满足跨文化交流和信息传递的需要。

　　翻译和语言学之间一直保持着竞争共生的关系。一方面,它们之间相互依赖、共存共生。翻译学者在语言学著作中寻找适合翻译研究的概念和原则,语言学家在翻译中发现可用于语言教学和语言对比研究的范例,将其视为优秀的语料库。另一方面,这种相互依存有时也会化作竞争而导致相互轻视。一些持有偏见的语言学家将翻译视为二等的语言活动,不能作为一种正规的语言教学方法,而且翻译活动过于复杂,完全复制源语信息的可信度受到质疑。与此同时,一些翻译研究者则指出,语言学研究无法解释翻译中的文化和认知方面的问题。相较于翻译界和语言学界的观点对撞,更明显的趋势是融通发展。语言学的一些分支,如对比语言学、语义学、语用学,为翻译提供了重要的理论基础和工具。翻译也为语言学研究提供了大量的语料和实践经验。随着机器翻译技术的发展,语言学和翻译之间的关系变得更加紧密。

　　20 世纪 70 年代以来,语言学界一直致力于将语言结构与认知联系起来,在词汇语义、句法、音韵、话语研究等研究领域,发展丰富了与认知相关的语言学理论,如构式语法、概念隐喻和概念整合、概念结构(如转喻、框架语义学、象似性)、认知识解。研究者尝试将语言研究与心理研究联系起来,拉近了语言学与心理学、社会学、体验哲学和认知科学等其他学科的距离。在这一过程中,语言学与翻译研究的双向奔赴也就水到渠成了。

在下文中,我们通过梳理翻译和语言学的关系,尝试阐明认知语言学理论可以为语言学和翻译提供一个合适的融汇点,缩小语言学和翻译之间的差异,促使二者交叉融合形成一种语言和翻译的认知理论。

2.1　等值与意义

瑞士语言学家 Saussure 是现代语言学的奠基人之一,他的理论贡献对翻译研究产生了重要影响。首先,Saussure 提出了符号学的概念,认为语言是一种符号系统。语言理论的核心是能指(Signifier)和所指(Signified)之间的关系。能指对应话语和文字符号,所指对应该符号所指向的概念,能指与所指共同创造了语言符号,该符号具有任意性(Saussure,1916/1983)。符号可以有不同的含义,同样的符号在不同的上下文中可能会有不同的解释。意义是在接收者和符号之间产生的,不同的接收者可能会对同一个符号产生不同的理解。Saussure 的符号理论为翻译研究的科学化和系统化发展提供了理论依据。符号是语言和文化的产物,而翻译不仅是语言的转换,更是文化的传递。在翻译中,需要考虑语言的多义性,要注意上下文的作用,以便准确地传递源语的意义。译者需要适应不同的受众,发挥语言创造性功能,传达源语的意义。其次,Saussure 强调语言结构的重要性,即语言中的各个要素之间的相互关系和互动,使翻译研究更加注重对源语和目的语的语言结构和语法规则的分析和研究。再次,Saussure 区分了共时研究和历时研究,强调了语言的动态性,认为语言符号的意义随着时间、语境的变化而发生变化。这对翻译研究有很多启发,使翻译研究更加重视源语和目的语的历史演变和变体分布,以适应不同的目标域读者的阅读感受。

20 世纪中期,现代语言学进入了更加多元化发展的阶段。出现了结构主义语言学、功能语言学、转换生成语法等主要语言学流派,在比较语言学、计算语言学、语义学、语用学等宏观及微观语言研究方面都有较大发展,这些都给翻译研究带来了重要的发展契机。翻译研究通过吸纳借用语言学的理论、概念与方法而进入了黄金发展期。"等值"和"意义"是这一段时期翻译研究讨论较多的两个语言学话题。

　　首先看关于"等值翻译"的讨论。

　　Roman Jakobson 在 1959 年发表的《论翻译的语言学方面》一文，详细论述了语言学对翻译研究的重要影响（Jakobson，1959）。Jakobson（1959）根据源语与目的语关系，把翻译划分为语内翻译（Intralingual Translation）、语际翻译（Interlingual Translation）、符际翻译（Intersemiotic Translation）三种类型。语内翻译指在同一种语言内部的释义，通常使用近义词或迂回表达法，典型的例子是古代语言的现代语释义。语际翻译指的是两种不同语言的书写系统之间的转换，使用目的语的完整新信息取代源语信息，这样才能完整再现源语符号信息，以达到对等。语际翻译也是翻译研究的主要阵地。符际翻译指语言符号与非语言符号之间的意义阐释，或称为跨符号系统之间的转换，为后来的多模态话语分析开辟了思路。

　　Jakobson 的翻译理论对后世翻译理论家影响很大。美国翻译理论家 Eugene Nida 发展了他的等值理论，提出了系列特色翻译理论，如语言共性论（Language Universality）、翻译信息论（Message of Translation）、读者反应论（Theory of Readers' Response）、动态对等论（Dynamic Equivalence）。Nida（1964）基于翻译研究关于句法结构和字词意义的讨论，总结出"对应原则"。具体包括两种不同的等值类型：形式等值和动态等值。形式等值翻译以目的语文本为取向，目的是尽可能地传达原文信息的形式和内容，包括语法单位、字词用法的一致性、基于源语语境的意义。动态等值翻译则是与源语信息最接近的自然等值。动态等值翻译的首要关注点是读者反应的等值而非文本形式上的等值，Nida 在其后来的研究中把"动态等值"一词替换为"功能等值"（Waard & Nida，1986），但内容并无实质改动。John Catford（1965）则提出"语篇等值"和"形式对应"这两种等值类型。语篇等值指任何目的语语篇或部分语篇作为一个既定的源语语篇或部分源语语篇的等值。翻译规则是语篇翻译等值的概率价值的推理，可以作为操作指引应用到机器翻译中。形式对应指"任何目的语范畴（单位、词性、结构、结构要素等），在目的语的组织结构允许下，与特定的源语范畴在源语中所处的位置尽量'相同'"（Catford，1965：27）。

　　其次看关于"意义翻译"的讨论。

　　语言学家和翻译学家都意识到了意义的重要性。Nida（1964：57）把意义分为三类，分别是"语言学意义（语法建构意义）、指称意义（字典意义）、表情意义（内涵意义）"。Nida（1982）指出"翻译即译意"。Newmark（1981）把意义分为语法意义和词汇意义。语法意义通常指句子、小句、词群等语法单位。Catford(1965:35)提出:"意义是语言的一种属性,是任何语言形式——语篇、词语、结构、结构成分、类别、系统中的语言单位之间关系所构建的整体网络。"

总之,翻译研究的语言学派认为翻译是一种特殊的语言运用形式,研究重点在于源语与目的语之间的异同及言内关系,把翻译过程视为两种文字材料之间的转换,即在保持内容不变的前提下不同语言表达结果之间转换的过程,因此,翻译研究的重点对象是转换规则,翻译研究的核心是对等或等值。Neubert和Shreve(1992:19)认为:"语言学模式调查研究词与语言结构的转换潜势,力图建立语际间的对等规则,认为语际间的对等可在不同的语言层面得到实现。"

2.2 语篇分析与翻译

在20世纪70年代末、80年代初,翻译研究从传统的规定性方法转向描述性方法。最早的语言学研究范式重点关注语言系统的对比,而忽略了与语言使用相关的问题。从Vinay和Darbelnet(1958)的《法英比较文体学》(*Stylistique Comparée du Français et de l'Anglais*)开始,语言学成为将翻译研究系统化的主要分析工具。语言学分析工具采取从词汇层面出发"自下而上"的方法,涵盖不同的语言层面,建立了一套翻译程式以避免翻译错误。这些翻译程式随翻译研究中语言学视角的不同而有变化,如Vinay和Darbelnet(1958)的经典结构主义视角,Catford(1965)的韩礼德系统功能语法视角,Vazquez-Ayora(1977)的生成语法视角,Garcia Yebra(1982)的传统对比语言学视角。以上语言学视角都采用了以单词或句子层面的等值为核心问题的对比方法,所涉及的翻译程式也因脱离语境、忽视交际因素而多遭诟病。

20世纪70年代中期,随着从对比语言学到语篇语言学的发展,以及《圣经》翻译对读者作用的认识(Nida, 1964; Nida & Taber, 1969),无论是语言学研究还是翻译研究,研究的焦点都从语言系统转移到语言使用,从个体符号转移到整体文本。这些基于语篇语言学的研究方法将翻译定义为一种对整体文本的操作,因此文本成为翻译过程中的中心因素。基于语篇的翻译方法各有不同(例如Neubert, 1985; Neubert & Shreve, 1992; Wilss, 1982; Baker, 1992; Hatim & Mason, 1990),但是都强调了语境、话语和语用因素在翻译过程中的重要作用。

翻译研究的语篇语言学范式是传统语言学方法的发展,它关注的焦点是语篇分析和语用意义,其研究对象不仅是源语和目的语两种语言体系,还有语言体系以外的各种制约因素，如情景语境（context of situation）和文化语境（context of culture）（张美芳，黄国文，2002）。这种方法认为文本的意义取决于整个语篇的语言表现形式和交际功能，而非语言内部固定的一个个词句的结构；翻译重在传递原文的语言含义和语言交际功能。根据 Neubert 和 Shreve（1992）的观点，与传统语言学方法不同，语篇语言学方法把翻译视为一个自上而下（Top-down）的过程，即先设定译文在目的语文化中的属性或类型，及其交际功能，再通过具体的语言结构体现预先设定的语篇。具体的翻译活动是重构一个适用于目的语环境的语篇，不会拘泥于表层结构的转换（如句子之间的对等），而是自上而下地、有目的地选择语言资源，对整个语篇进行重写。

比较发现，以传统语言学切入的翻译研究的研究对象是语言，研究重点是词和句子，把翻译对等的概念建立在词、句层面上，认为词和句子决定了意义，是翻译活动的重点。而语篇语言学切入的翻译研究的研究对象是语言和语篇，不仅包括语言系统和语言内部因素，而且还有情景语境和文化语境等语言外部因素，研究的重点是语篇，认为意义通过整体的语言结构来体现，翻译对等建立在语篇和交际功能层面上。

然而，从语篇的角度重新强调语境和语用的重要性，仍然不足以说明它们在翻译过程中的重要作用。在语篇研究中，语境和受众仍然被认为是文本约束下的次要问题，其主要功能是帮助消除歧义和确定它们在文本中的功能。这种对文本的主要依赖仍然低估了文化语境在文学翻译中的主要作用，未能认识到译文对特定受众的影响与译者的决定之间的相关性。为了弥补这些差距，翻译研究的社会文化和功能模式在 20 世纪 80—90 年代发展起来，被称为翻译研究的文化转向。

2.3 交际、文化与翻译

20 世纪 80—90 年代的翻译研究更加注重交际和社会文化因素与翻译的关系。

基于功能主义理论的翻译研究模式以研究特定情境下的文本为出发点，强调受众（译文的目标接受者）的作用以及特定受众接受译文时所处的交际情境。他们扩展了 Nida 的动态对等概念，使其关注的焦点从语言单位的对等转变为文本的交际功能的对等，这是建立在文本与受众的关系上的。这类模式中比较激进的有 Vermeer（1989）的翻译目的论和 Holz-Mänttäri（1984）的翻译行为论。

他们摆脱了原文中心论的束缚，Vermeer 认为翻译是以原文为基础的有目的和有结果的行为，Holz-Mänttäri 认为翻译是受目的驱使，以翻译结果为导向的人与人之间的相互作用。翻译这一行为必须经过协商来完成，必须遵循一系列法则，其中"目的法则"居于首位。他们认为"目的法则"是翻译中的最高法则，翻译的目的决定了翻译采取的策略和方法。任何翻译活动都是有目的的行为，译者要以译文的目标受众为基础，结合参与交际情景的其他因素，确定译文的目的。此外，翻译还须遵循"语内连贯法则"，即译文必须内部连贯，对译文目标受众来说是可理解的，在目的语文化和交际语境中有意义。"语际连贯法则"即译文与原文之间也应该有连贯性，类似于忠实性，但连贯忠实的程度和形式取决于译文的目的和译者对原文的理解。因为译文取决于翻译的目的，所以译文的功能可能与原文的功能不同，因为它们的产生过程不同，因而具有不同的交际目的。

如果源语和目的语的交际语境存在本质上的差异，那么等值（Equivalence）就不再被作为评价译文质量的标准，取而代之的是充分性（Adequacy），以实现译文在目的语语境中预期达到的交际功能或目的。在目的论理论框架下，充分性是一个与翻译行为相关的动态概念，指译文要符合翻译目的的要求，译者在翻译过程中以目标为基础选择实现翻译目的的符号，来满足译文在目的语语境中预期必须达到的功能或目的。例如译者在翻译影片名称时，往往会做很大的改动，译文与原片名字面形式相去甚远甚至脱离，因为译者认为这个翻译任务的最终目标是帮助目的语国家和文化的观众了解影片的主要内容，主要功能是使译文符合受众的接受能力、审美情趣并激发其观看欲望，对原文本进行充分的修改能够满足这个目标，激发这个功能。例如，《大话西游之月光宝盒》被译为"A Chinese Odyssey Part One：Pandora's Box"（中国的"奥德赛"：潘多拉魔盒），《大话西游之仙履奇缘》被译为"A Chinese Odyssey Part Two：Cinderella"（中国的"奥德赛"：灰姑娘），译文字面形式与原文截然不同，但是对文化符号的选择却令人拍案叫绝。西游与奥德赛，月光宝盒与潘多拉魔盒，仙履奇缘与灰姑娘，每一组译文都在文化意义上都有异曲同工之妙，实现了交际功能的对等。译者舍弃了文字形式的等值，以目的语情境受众熟悉的文化符号替代原文本中的符号。两类符号在源语和目的语文化中分别引起相似的认知体验，发挥了相似的交际功能。这两部影片的英文译文既向西方观众传递了影片蕴含的成长、奇幻、爱情等意义，又结合西方文化语境勾起了观众的好奇，实现了译文在英语世界预计达到的交际功能目标,是非常成功的翻译案例。可见,在以"目的法则"为最高准则的功能翻译理论框架下,译者被赋予了极大的权利,译者有权判断翻译的目的,决定翻译任务的执行时间、实施手段等。也就是说,译者应该根据不同的翻译目的采用相应的翻译策略,而且有权根据翻译目的决定原文的哪些内容可以保留,哪些需要删减、增加或修改。

功能主义模型中比较温和的例子有 House(1977)和 Nord(1991,1997),她们采用了不太激进的方法,在功能主义和忠实于原文之间寻求折中。House 主张评估翻译结果需要用两套标准:一是根据原作文本与所属文化标准进行评估;二是根据目的语所属文化的标准进行评估。第一个标准强调忠实于原作的内容、形式、功能和目的,以及风格;第二个标准考虑译文是否符合目的语及其所属文化的相应规范、符合的程度,以及文本在这个文化中应该具有的功能实现的程度(仲伟合,2001)。Nord 于 1997 年在《翻译中的语篇分析》(*Text Analysis in Translation*)一书中首次提出了功能加忠实(Function Plus Loyalty)原则,"希望解决翻译中的激进功能主义问题"(转引自张美芳,2005:61)。在 Nord 看来,文本的功能一方面取决于接受者决定赋予它的功能,另一方面也取决于作者的意图。在特定语境下,译者必须在满足译文接受者需求的基础上,忠实于原文作者、译文接受者和发起人等多方关系,平衡多方利益。

翻译的社会文化研究范式关注语言和文化之间的关系,认为翻译是一种跨文化交际,强调翻译的社会和文化因素,包括语境、文化差异和翻译目的等,具有更明显的文学倾向。该范式代表性理论有 Toury(1980,1985)的"多元系统理论"和 Hermans(1985)的"操纵学派"。这一时期采用类似研究方法的研究者有 Lambert 和 van Gorp(1985)、Delabastita(1989)、Rabadan(1991)、van Leuven-Zwart 和 Naaijkens(1991)。

在这些模式中,翻译被定义为一种受社会文化规范控制的活动。Holmes 是翻译研究学派,特别是功能主义翻译学派的创始人之一。他在 1972 年提出了翻译研究学科框架,把翻译学分为纯翻译研究和应用翻译研究两大方面,纯翻译研究又分为描写翻译研究和理论翻译研究两个分支。但历来翻译研究一般都集中在理论翻译研究或应用研究领域,描写研究没有得到应有的重视。Toury(1980,1985)对 Holmes 的翻译学框架进行了阐释,认为描写翻译研究是翻译作为一门学科的关键,有必要建立一个描述性的、系统的研究分支,从而终结语言学研究方法对翻译的规定性倾向。他们采用 Holmes(1972,1988)的翻译研究学科框架作为这一新描写翻译学分支学科的基本路线。主张原文本不是翻译过程中唯一的中心,翻译是众多变量因素综合作用的结果。译者、读者、社会、历史、文化等诸多因素都对翻译有着重大的影响。因此他们摒弃了在语言层面上寻找不变的意义对等物,而是提出在每一个源语文本和其目的语文本之间,建立一个功能和关系上的对等概念,这一概念具有动态和历史的主要特征,将特定社会文化背景视为翻译的基础。描写翻译研究主张采用描写研究的方法来探讨翻译现象及功能,以包括翻译行为与翻译作品在内的实际发生的翻译现象为研究对象,并对大量的具体翻译个案进行客观描写与分析,而且将每个具体个案置于历史、社会、文化等语境中,充分考虑翻译的语境因素,如翻译行为模式、历史文化背景,探究译者的翻译目的及采取的翻译策略,探讨译本在目的语文化中的作用和功能,并归纳出特定历史阶段与文化背景中制约影响翻译的因素,产出对翻译实践具有指导或启示作用的研究结果。

这些模式中的另一关键概念是规范。规范被定义为特定的翻译行为模式,它是存在于语言、文化以及翻译实践中的一种客观现象,它决定了在特定的历史和文化背景下什么样的翻译过程可以被接受。在翻译实践中,特定文化背景或文本系统中被优先并普遍采用的翻译策略即为规范。在每个历史时期,翻译都遵循着普遍的规范,而这些规范最终是由翻译所处的环境因素决定的,译者行为也受到这些因素的操纵。Toury(1980, 1985)认为,规范影响着翻译过程及翻译产品,如译者在翻译前必须考虑目标文化系统在政策、政治、文化等方面对翻译的各种限制,不同语言文化系统中翻译普遍特征的差异,关于对等概念的不同理解,以及翻译文学在文学多元系统中所处的不同位置等。译者在翻译过程中受到文本中语言材料的分布模式(结构规范)、文本的表述方式(文本规范)等影响,译者可能遵循源语规范,强调"充分翻译",或遵循目的语规范,侧重目的语文本的可接受性。从各个层面的"规范"视角探讨翻译源语文本和目的语文本的关系,可以改善传统翻译观的规定性对等概念与翻译实践之间的矛盾。

这些模式有助于研究翻译规范并描述其在特定系统或社会中的实践。但从教学的角度来看,还需要一种更详细阐述的描述性方法,使我们能够对源语文本和目的语文本进行系统的比较。van Leuven-Zwart(1989:154)为此进行了一次有益的尝试,旨在提出一个更动态的等效概念,创建了一个转换分析模式系统,"意在描述小说文本的整体翻译",并将其应用于描述分析译本,旨在将"比较"系统化,并建立超越句子层次的话语结构。这个系统中包含一个比较模式和一个描述模式。首先在微观结构层面（单词、短语和句子）对源语文本和目的语文本之间的转换进行分析，然后在宏观结构层面（人物、事实、时间等）描述转换的结果，最后对它们进行分类，可以反映译者采用的翻译规范。

这类模式虽然明确了历史文化背景对翻译的影响，具有经验价值，但是以文学翻译研究为导向的，进而加剧了文学翻译和非文学翻译研究之间的差距。

2.4　语境、认知与翻译

进入 20 世纪 90 年代，人们已经充分认识到语境和交际功能的重要性，但是翻译方法仍面临着一系列亟待解决的重要问题。最重要的问题之一便是语境概念的地位问题。语境概念在文学翻译中仍然处于次要地位，它既与文本分析密切相关，也与接受状况密切相关。意义和等价的概念也存在类似的情况。对意义不变性的探索强调了语言学方法中的对等概念，这是一种"客观主义"的观点，认为意义存在于说话者的思想之外而存在于文本之中，可以被理解并转换为另一种语言。同样，翻译规范的概念虽然以社会文化方法为前提，但是仍然可以被解释为一种规范主义倾向，尚未完全摆脱翻译方法的规约。此外，即使这些规范的最终目的是描述性的，仍然可以说，翻译方法侧重于语用和社会文化因素，但难以解释翻译与一般交流和话语能力相关的复杂性。最重要的是，语言学和文学方法之间的缺口仍然有待填补，所谓的文化转向将翻译方法的注意力转移到了文化语境上，但要使这两种方法结合在一起，仍然需要采用一个普适的语境概念。

20 世纪 90 年代，一些翻译学者逐渐从认知语言学理论中得到启发，尝试归纳出翻译方法，并尝试回答上述问题。认知语言学与翻译的相关性主要源于认知主义者提出的"体验"意义概念，该概念摒弃了传统的意义指称论，强调人类体验和理解的中心作用。这种基于体验的方法使我们能够在说话人的认知环境中将思想、语言和文化结合起来。从这种认知的角度来看，翻译虽然是参与者心理活动的一部分，但仍然被认作一个交际过程。描述性方法强调的所有语用和社会文化因素都可以作为对话者认知语境的一部分纳入认知模型。这样，语境这一概念就可以不再是一个次要概念，而成为翻译过程中的重要因素。此外，认知翻译方法具有足够的解释能力，可以说明人类认知能力在语言和翻译问题中发挥的作用，比如感知、推理、信息处理和其他认知机制。

在这方面，Gutt（1991）阐释了 Sperber 和 Wilson（1995）的关联原则对翻

译的有效性,尽管从严格意义上讲,关联原则不属于认知语言学,但其与认知语言学的假设有直接关系。Snell-Hornby(1988,1995)指出了在翻译中应用原型概念的益处:将不同类型的文本和翻译情境置于一个从直译到意译的连续体中,可以加强不同类型翻译之间的联系,有助于拉近文学翻译和非文学翻译之间的距离。Tabakowska(1993)建议利用认知语法概念分析文学翻译,特别是Langacker(1987)的意象概念,这种认知方法介于文学和语言学方法之间,有助于弱化文学翻译与非文学翻译的区分,她认为认知语法为语义学和文体学提供了合适的交汇点,因为它们都专注于研究认知识解,即说话者选择以不同的方式来概念化既定的情境。从这个意义上说,意象是一种日常语言的功能,也是作家对现有资源的创造性组合利用,两者之间并没有明确的界限。Kussmaul(1995)和Rojo(2002a,2002b)阐述了Fillmore的"框架语义学"在翻译上的适用性。Kussmaul(1995)认为Fillmore(1982,1985)关于"场景"的最初概念具有可塑性或图象性,特别有助于理解抽象术语,找到合适的翻译。他还阐述了语义特征的"前景化"和"压制"原则对意义复杂的术语翻译的有效性。这两个原则解释了这样一个事实:在理解过程中,只有那些与特定语境相关的语义特征才会被激活。Kussmaul(1995)将这些原则应用到翻译中,指出译者必须保留或前景化那些与特定语境相关的特征,而压制或背景化那些与特定语境无关的特征。同样,Rojo(2002a,2002b)也阐述了框架语义学在翻译文化术语和幽默时的有效性,提出了基于激活相似框架的对等概念,该概念设想译者的目标是引导目的语文本读者走向与源语文本读者类似的认知或概念路线。

20世纪90年代的认知研究方法将传统研究成果与当前的认知概念和真实数据分析相结合,为翻译研究提供了新的视角。认知研究方法说明,翻译研究普遍转向了更具实验性的方法,即从对翻译产品的描述转向对翻译过程的研究。基于认知心理学的翻译研究也是一种对经验-实验方法的探究,目的是通过真实的数据分析来了解翻译过程(例如Séguinot 1989,1991;Lörscher,1991a,1991b;Tirkkonen-Condit,1991)。这种类型的方法主要描述一系列翻译策略,这些翻译策略有助于更好地理解翻译过程,也是很好的翻译教学工具。他们起初采用"回顾"的方法,在比较源语文本和目的语文本的基础上归纳翻译策略。后来,他们采取了"内省"的研究路线,旨在研究包含译者心理移情过程的"黑匣子"。为了打开这个盲盒,他们开发了一种来自认知心理学的方法,被命名为"有声思考法"(Think Aloud Protocol,TAP),即译者一边翻译,一边将头脑中所思考的内容全部汇报出来。研究者对整个翻译过程进行录音录像，然后通过对结果的数据进行转写，分析译者的认知思维活动以及语言加工机制。这种方法受到许多学者的批评（Toury, 1991：59；Hatim, 2001：157-161），他们质疑录音的有效性，认为它不能真实反映译者的心理过程，毕竟通过录音所获得的数据是间接的，并可能在翻译过程中受到某种影响，因为心理认知和语言表达并不是同时进行的过程，这种方法可能对译者的思考过程和翻译速度等产生干扰。为克服这一缺陷，研究者后来开发出"键盘记录"（Key Logging）技术，记录译者在翻译过程中的输入、停顿、修改等行为，综合利用"眼动追踪"（Eye Tracking）技术拍摄译者的眼球运动和瞳孔扩张、注视点和时长等，以这些行为数据辅助推断译者在翻译过程中的心理活动。

2.5　语料库、机器翻译与翻译实验

自 20 世纪 90 年代以来，翻译研究继续强调翻译学的文化转向（Bassnett & Lefevere, 1998；Bassnett & Bush, 2006；Bielsa & Bassnett, 2008；Pym, 2004；Pym, Schlesinger & Simeoni, 2008；Tymoczko, 2007）以及基于实际使用数据的经验和实验方法的必要性（Hansen, Chesterman & Gerzymisch-Arbogast, 2009；Olohan, 2004；Baker, 2003, 2004）。翻译学者的注意力转移到基于语料库的方法上，这些方法被用于调查翻译的特定过程（Olohan, 2004），验证理论原则（Charteris-Black & Ennis, 2001；Stefanowitsch, 2004）以及教学（Zanettin, Bernardini & Stewart, 2003）。

在这一时期，语料库语言学和计算语言学得到较快发展，给翻译理论研究和翻译实践带来较大冲击。

语料库语言学是一种通过构建、分析和利用语言语料库来研究语言的方法。在翻译领域中，语料库语言学可以用来支持翻译的各个环节，包括翻译记忆库的建立和管理、语言特征分析和翻译自动化等。首先，可以通过构建大规模的语言语料库，提取和组织其中的翻译数据，从而建立翻译记忆库。翻译记忆库可以帮助译者提高翻译效率和准确度，也可以帮助翻译机器人进行自动化翻译。其次，通过分析语言语料库中的语言特征，如词汇、语法、语用，可以深入理解不同语言之间的差异和共性，从而指导翻译策略的选择和实践。再次，语料库语言学可以为机器翻译提供大量的翻译数据和语言特征，有助于提升自动翻译的准确度。

计算语言学是一种利用计算机技术来处理和分析语言数据的学科。在翻

译领域中,计算语言学可以用来支持机器翻译、翻译质量评估和翻译记忆库的构建等方面。首先,计算语言学可以支持机器翻译。计算语言学可以提供自然语言处理技术,如词法分析、句法分析和语义分析,从而帮助机器翻译程序理解和翻译不同语言之间的关系。其次,计算语言学可以提供自动评估翻译质量的方法。

在机器翻译领域,研究人员通常使用计算语言学技术来建立模型,这些模型可以处理大量的语言数据,并在语言之间进行自动翻译。机器翻译技术可以使人们更容易理解不同语言的文化和思想,因此被广泛应用于企业、政府和学术机构等领域。机器翻译研究常用的实验方法有以下几种。① 思维记录法:让译员在翻译过程中使用思维导图、笔记本等记录思维活动,以此来了解译员在翻译过程中所采取的策略和思考方式。② 眼动追踪法:使用眼动仪记录译员在翻译过程中的注视点和注视时间,以此来研究译员在翻译过程中的视觉加工和认知过程。③ 记录回放法:让译员在翻译过程中使用录音或录像设备记录下来,然后再回放,以此来了解译员在翻译过程中的思维活动和行为特征。④ 语言反应时间法:使用计算机实验软件记录译员在翻译过程中的反应时间,以了解译员在翻译过程中的加工速度和认知负荷。⑤ 思维实验法:在实验室中设置特定的翻译任务,让译员在实验室中完成翻译,以此来了解译员在翻译过程中的认知加工方式。

例如,计算机程序 Translog 允许研究人员记录译者的打字过程,即记录所有的按键操作,包括所有的更改、删除、添加、剪切和粘贴操作和光标移动。键盘记录工具全方位记录键盘活动,还能为所有的键盘活动标注精确的时间。这种方法允许研究人员通过测量速度和停顿来定位翻译过程中的问题(Sullivan & Lindgren, 2006),使翻译过程研究更加客观细致,为其提供了强有力的科学支撑。再如,ERP 技术可以用来研究翻译过程中的不同认知过程,例如语言理解、语言选择、执行、注意和工作记忆。ERP 是一种脑电信号,记录大脑在接受、加工和反应刺激时产生的电位变化。通过记录 ERP 信号,可以获取与不同认知过程相关的时间和空间信息。在翻译研究中,通过记录 ERP 信号,可以获取译者在不同翻译阶段的脑电活动,从而探究译者在不同翻译任务中的认知加工方式和策略选择。例如,一些 ERP 研究表明,在翻译任务中,当译者遇到语言障碍时,会出现较大的 N400 波形,表明语言理解过程受到了影响。同时,当译者在执行任务时需要进行注意分配时,会出现较大的 P300 波形,表明注意力受到了调节。又如，利用大型语言模型 ChatGPT 可以进行自动翻译。ChatGPT 还可以用于语义分析和情感分析，从而帮助研究人员更好地理解语言的内在含义和情感色彩。

翻译研究进入新世纪，我们需要重新思考和定义过去的一些概念，需要进一步发展翻译思想，迎接未来的挑战。首先是大数据、数字化、云计算、网络技术等方面的发展给翻译研究带来了新的挑战。数字化时代的到来使得翻译和语言学研究变得更加复杂。自然语言处理技术的快速发展使得人们可以更好地理解和处理语言。这也提出了新的问题，例如如何在自然语言处理中解决多义性和模糊性等问题。随着机器翻译技术的不断发展，人类翻译面临着新的竞争。如何在机器翻译和人类翻译之间找到平衡点，使它们相互补充，而不是相互排斥，是一个新的挑战。其次是全球化的发展带来的挑战。在全球化的背景下，如何在不同语言和文化之间进行有效的沟通，以及如何翻译文化特定的语言和习惯成为研究和应用的重点。翻译学者目前的研究加强了翻译研究的文化转向，并开始寻找基于真实使用数据的新的实证方法，但在努力赋予文化方法权力的同时，也将语言学模型融入研究背景之下。再次，过去产生的一些中心问题在翻译研究中仍然很重要，例如等效的实用概念或文化和认知问题，如何在新的背景下重新审视与定义这些问题。以解释翻译作为一种具有明显文化特征的交际过程的复杂性和动态性，是研究者遇到的又一挑战。未来的翻译研究有必要完成以下五个任务：重新定义对等概念和意义建构过程；重新审视语境和文化概念以弥合语言学和文学研究之间的鸿沟；揭示在意义再造过程中指导翻译策略使用的概念操作机制；重新审视研究方法以探究新的实证方法；确定译者的双语或多语能力对翻译产品的影响。

2.6　认知语言学与翻译

认知语言学是一种基于认识论和本体论基础的语言框架，包含不同类型的理论和研究目标，其中概念隐喻、转喻、框架语义学和整合理论等主要关注语义问题，认知语法和构式语法等主要关注形义一体的问题（Evans & Green, 2006; Geeraerts & Cuyckens, 2007; Ibarretxe-Antunano & Valenzuela, 2012）。上述研究范式和路径尽管关注点和观点不同，但有着相同或相近的认识论基础和方法论原则，这对翻译理论非常有用，下面进行简要总结。

认知语言学最基本的原则也许是假设语言是认知的一个组成部分，是一般认知能力的产物。一般认知过程并非独立于语言结构和规则。尽管认知语言学的理论和流派众多，但认知语言学家普遍认为，不同层次的语言分析不会形成独立的模块，但所有的语言原则必须与其他心理能力（如记忆、注意力或推理）联系起来进行研究。这被称为"认知承诺"，即"对人类语言现象进行解释的机制必须契合我们关于心智和大脑的知识，不管这种知识是源自其他学科还是认知语言学本身"（Lakoff，1990:40）。

认知语言学另一个关键原则认为，人类语言在本质上是象征性的，因为它产生于语音表征和语义表征之间的联系（Langacker，1987）。Langacker 的认知语法认为，语言由一系列开放的语言符号构成，每一个语音表征和语义表征相互联系，语音单位和语义单位的配对构成一个象征单位。象征单位的范围很广，几乎包括词素、词、短语、固定搭配、句子、句子结构、词类等所有语言表达。认知语言学的语言的象征性本质可以追溯到 Saussure 的语言学理论，他提出语言是由符号组成的、共时的整体系统。但这两种方法之间有一个根本的区别。虽然认知语言学在一定程度上承认形式和意义之间的联系有些随意，但它并不认为语言的结构完全是随意的。恰恰相反，认知语言学的另一个基本原则是，语言的动机和基础或多或少与我们的身体、物质、社会和文化经验直接相关。换言之，我们在具身的约束下，通过文化的筛选，在我们具体经验的基础上创造了我们的心理和语言范畴。简而言之，语言是具身化的（embodied）（Johnson，1987）。

认知语言学中另一个假设也是至关重要的：语言基于使用。这个假设有两个补充解释。一方面，它表明语言的结构属性从使用中产生，也就是说，语言是一个由语言使用塑造的系统（Barlow & Kemmer，2000）；另一方面，每一个理论假设都必须基于真实的实质性经验数据。

这些基本原则对认知语言学如何处理语言结构有影响。首先，传统语言学中的二分法研究受到了摈弃，变成了群组式对比研究。例如，语义学和语用学的区别、语言和言语的区别、语言能力和语言表现的区别、语言意义和百科意义的区别。语言产生和使用的基础是我们作为人类在这个世界、文化和社会中的体验，因此，我们所有关于语言系统的知识必然来自我们的经验。意义反映了我们在与世界的互动中创造的心理范畴，我们的概念结构在语言使用和理解中被调用。语言和经验之间的这种关系鼓励认知语言学家研究语言中反映的概念结构或模型，并因此提出一些分析工具，例如认知域，即关于我们周围世界组织的知识结构和心理表征（Langacker，1987）等，是用于描写语义单位的语境；认知语言学家也提出一些类似的模型或方法，如"理想化的认知模型"（Lakoff，1987）、"心智空间"（Fauconnier，1994，1997）和"框架"（Fillmore，1982，1985）。

认知语言学家认为我们的认知能力将语言整合，一些认知能力可以准确地帮助我们组织心理和语言结构，其中之一便是人类的范畴化能力，即判断一个特定实体是不是一个特定范畴的实例的能力。Rosch等学者（Mervis & Rosch，1981；Rosch，1973，1977，1978，1983）对原型范畴模型的研究认为，概念主要是以原型（Prototype），即它的最佳实例表征出来的，我们在理解一个概念时，主要是通过能最好地说明该概念的实例来理解。认知语言学基于原型说，围绕一个原型，即一个范畴中最好的、最突出的、最典型的成员，组织语言结构。这个范畴中的其他成员也围绕着这个原型，根据与原型的相似度以及与这个范畴中的最佳例子有多少相同特征被组织起来（Taylor，2003）。这种原型组织已经应用于语言学不同领域的研究，即音韵学（Mompeán，2006；Nathan，2008）、认知构式语法（Goldberg，1995，2006）和语义学（Lakoff，1987；Valenzuela，Ibarretxe-Antuñano & Hilferty，2012）。

人类的另一种认知能力是想象力，是一种创造意义和理性的基本机制。想象力通过隐喻和转喻的方式，帮助我们在熟悉的经验基础上理解不太直接的经验。在认知语言学中，隐喻和转喻不仅仅是修辞手法，它们也是思想的形态，塑造了我们语言的概念结构。隐喻是一种基本的想象手段，通常从具体的源认知域到目标的抽象认知域建立映射或投射（Lakoff，1993；Kövecses，2010）。同样，转喻也建立了映射，但是是在相同的经验域内（Barcelona，2003；Kövecses & Radden，1998；Panther，Thomburg & Barcelona，2009）。

以上简要概述有助于读者预见译者的类型、翻译产品和翻译过程、认知语言学支持的翻译理论。认知语言学对认知方面的强调突出了译者的作用，译者不再仅仅被认为是源语和目的语的专家，而是两种或多种语言之间的跨文化中介。翻译作为一种产品应该被理解为一种操作，一种在中介人的指导下对源语文本的再文本化，中介人知道怎样的翻译能在目的语中发挥最合适的功能，而不是从源语到目的语的刻板的所谓忠实和正确的转移。翻译作为一个过程应被理解为一个交际过程和认知过程，在这个过程中，语言和概念两个方面完美地结合在一起，而不是两个语言系统之间机械的等效转换。从认知语言学的角度看，翻译行为包括激活和选择性使用经过译者认知过程过滤的几种特定知识,寻找对等不再是寻找可识别的语言特征,而是在译者的头脑中寻找一组复杂的联系,翻译理论的目的是解释这些联系如何被认知表征或认知处理等问题。因此,借鉴了认知语言学认知假设的翻译理论将支持所有这些特征,并提供一个依赖于语言和认知关系以及语言体验特征的、坚实的认识论基础。

认知翻译理论在翻译研究中正处于起步阶段,还需要一些时间和研究才能形成一个成熟的理论形式。在建构认知翻译研究理论框架以及认知翻译实践中,许多翻译理论研究和实证研究中的问题都需要进一步探讨。

2.7　小结

语言学与翻译之间的关系可以追溯到古代的翻译活动。两者之间长期保持着竞争共生的关系,相较于翻译界和语言学界的观点对撞,更明显的趋势是融通发展。

20 世纪中期,现代语言学进入了更加多元化发展的阶段,给翻译研究带来了重要的发展契机。"等值"和"意义"是这一段时期翻译研究讨论较多的两个语言学话题。Jakobson 根据源语与目的语的关系,把翻译划分为语内翻译、语际翻译、符际翻译三种类型。Nida 提出了动态等值翻译理论,认为首要关注点是读者反应的等值而非文本形式上的等值。Catford 则提出"语篇等值"和"形式对应"这两种等值类型。在 20 世纪 70 年代末、80 年代初,翻译研究从传统的规定性方法转向描述性方法。最早的语言学研究范式重点关注语言系统的对比,而忽略了与语言使用相关的问题。20 世纪 70 年代以来,语言学界一直致力于将语言结构与认知联系起来,在词汇语义、句法、音韵、话语研究等研究领域,发展丰富了与认知相关的语言学理论。20 世纪 80—90 年代的翻译研究更加注重交际和社会文化因素与翻译的关系。基于功能主义理论的翻译研究模式以研究特定情境下的文本为出发点,强调受众的作用以及特定受众接受译文时所处的交际情境。翻译的社会文化研究范式关注语言和文化之间的关系,认为翻译是一种跨文化交际,并将其定义为一种受社会文化规范控制的活动。在翻译实践中,特定文化背景或文本系统中被优先并普遍采用的翻译策略即为规范。20 世纪 90 年代,一些翻译学者逐渐从认知语言学理论中得到启发,认知语言学与翻译的相关性主要源于认知主义者提出的"体验"意义概念,强调人类体验和理解的中心作用。自 20 世纪 90 年代以来,语料库语言学和计算语言学得到较快发展,给翻译理论研究和翻译实践带来了较大冲击。翻译研究进入 21 世纪,我们需要重新思考和定义过去的一些概念,需要进一步发展翻译思想,迎接未来的挑战。

第三章

认知翻译学理论发展

3.1 认知翻译学理论基础

20 世纪 50—60 年代,认知革命在西方兴起,认知科学的发展极大地促进了人类对人类大脑和思维运作方式的探索,同时也给其他学科带来深远的影响。1972 年,James Holmes 在第三届应用语言学年会上宣读了论文《翻译研究名与实》("The Name and Nature of Translation Studies"),提出翻译研究图谱,将翻译研究内容划分为三大类,即描述翻译研究、理论翻译研究和应用翻译研究,并确定了描述翻译研究在翻译研究中的核心地位。描述翻译学描述现实生活中翻译这一特殊现象,主要包括三方面的研究:第一是面向翻译产品,以译作为出发点,以译作品为中心进行实际翻译描述;第二是面向功能的研究,要表明文化因素对译者和读者接受的影响;第三是面向过程的研究,以过程为出发点,着重研究译者在翻译过程中的思维发展情况,可被视作认知翻译研究的雏形。Holmes 也提出,翻译理论若要真正具有科学性和综合性,应该涉及多领域专家的合作,如文本研究、心理语言学、社会语言学、心理学、社会学、文学。

20 世纪 60—80 年代,翻译研究受到认知科学的影响扩大研究范围,跨学科引进了认知语言学、认知心理学等学科理论知识,开拓了研究思路,认知翻译研究由此开始发展,翻译研究出现了认知取向[①]。翻译研究的重点逐渐从翻译

---

① 有学者使用"认知转向",笔者更倾向于使用"认知取向"或"认知方向",以避免引起歧义。笔者认为翻译研究向单一方向转向意味着其他方向研究已经过时或者停滞,而翻译的目的和对象各不相同,翻译研究的各种方向也各有其理论和应用价值,学术研究本就应是百家争鸣、百花齐放,多元化方向发展更有利于提高科学研究的应用服务价值。

产品转向翻译过程,从翻译分析转向译者的认知心理探究。学者们逐渐打破传统翻译理论的壁垒,从认知的视角重新审视各种翻译现象,探讨其本质。法国学者提出翻译释义理论,Krings(1986)运用有声思维法进行口笔译过程研究。

20世纪90年代初期,认知翻译理论逐渐发展,翻译理论研究者们基于心理学、语言学、社会学等学科的理论,构建用于翻译过程研究的理论模式,包括信息加工模式(Bell,1991)、关联理论模式(Gutted,1991)、社会-认知模式(Kiraly,1995)、认知努力模式(Gile,1995)、翻译决策模式(Wilss,1996)。这些模式都是在与翻译有关的理论基础上提出的,并且以理论假设为重点。20世纪90年代后期,认知翻译研究随着实证技术的发展进入快速增长期。此后,随着研究技术的更新和研究方法的成熟,认知翻译这一跨学科研究的深度和广度进一步加深和拓宽,产出大批研究成果。21世纪初,认知翻译学研究成果斐然,包括 *Meta* 和 *Across Language and Cultures* 等知名期刊出版的相关专刊及关于翻译能力、翻译专长的翻译研究、综合论文集和专著等。

认知翻译学的发展主要建立在认知语言学、心理学、认知心理学、认识神经科学、社会认知等学科理论的基础之上,研究的方法也借自这些认知科学分支学科,并受到研究对象形式的影响,如研究的是口译还是笔译,是翻译过程还是翻译结果。

认知语言学是认知翻译研究初期主要的理论基础,用于指导研究者探讨翻译活动的认知基础与转换机制。认知语言学的理论基础是认知科学和体验哲学,认为语言的形成离不开人类与现实世界进行的互动体验和认知识解。而翻译活动作为一种双语的语言文化交流活动,必然受到人类认知能力和识解结果的影响。认知语言学框架下的多种理论对人类语言活动具有广泛的阐释能力,如认知语法、认知语义、关联理论、图式理论,这些理论为翻译活动中的双语表征、转换机制以及其他认知操作提供了丰富的研究视角和阐释方式。

由于翻译心理活动既有认知心理的特征,又有审美心理和文化心理的特征,所以翻译心理学的研究方法在分类上既有思辨性的定性研究,又有实证性的定量研究。这里的定性研究是指对翻译现象作心理学上的定性分析,如对译者的审美心理和文化心理进行定性研究。而定量研究则主要是对译者的翻译过程进行实证性描述研究,具体做法是采用统计分析和有声思维分析法(TAPs)(卢卫中,王福祥,2013)。在分析译者的认知心理活动时,定量研究重在分析译者在翻译过程中所采用的加工模式和策略;在分析译者的文化心理时,定量研究强调文化对译者的操控,在具体研究方法上,强调运用非语境化的问卷法和实验法(颜林海,2008)。

认知心理学是心理学的一个分支,对认知翻译学的影响最大。认知心理学关注探究人类大脑的奥秘。以认知心理学为主要理论基础的翻译研究认为,翻译行为可被视为译者对信息进行认知加工的过程,研究重点是探索译者大脑的工作机制及其影响因素。基于该理论,研究者开展了大量的翻译过程研究,探索对象主要集中在双语转换过程中的注意力分布、工作记忆、认知负荷、加工模式等方面。此外,认知心理学与神经科学相结合的认知神经科学,借助现代认知神经科学的实验技术,研究翻译状态下译者大脑的神经机制,有助于研究者从生理基础的角度探究翻译认知过程,更好地理解大脑、认知、行为三者之间的关系。

近年来,社会认知理论逐渐成为认知翻译研究者关注的一个新的研究视角。情境社会认知理论认为,人类的思维是在个人与他人及外部环境交互的过程中形成的,译者在翻译过程中所处的环境对其思维始终产生影响,并塑造和制约着他们的翻译活动。因此,翻译认知研究除了对翻译活动的认知心理机制进行探索,还应将译者的工作环境、个人经历、情绪体验等多重社会因素纳入研究范围,研究内容包括译者工作方式、译者态度、社会评价等,注重特定社会语境和工作场所中的译者的群体行为活动。该理论拓展了认知翻译学的研究范畴,为翻译研究提供了全新的学科视角。此外,随着技术的广泛应用,机器翻译中的译者工作方式和翻译中的人机互动等研究成为该领域的新话题。

3.2 认知翻译学学科内涵

关于认知翻译学研究领域,学者们进行了不同的界定,使用了不同的名称。译学界研究者们指涉认知翻译学研究领域时,主要有以下几种称谓。认知翻译研究(Cognitive Translation Studies)、翻译认知研究(Cognitive Translation & Interpreting Studies)、翻译过程研究(Translation Process Research,简称 TPR),以上三种名称中的"翻译"都包括笔译和口译;还有一些学者选择将笔译和口译进行区分,将过程研究分成翻译认知过程研究(Cognitive Processes of Translation,简称 CPT)和口译认知过程研究(Cognitive Processes of Interpreting,简称 CPI)。笔者认为,这些名称指称的研究领域覆盖的范围有差异,研究内容的侧重点不同,研究方法也有所差异。

　　Ricardo Muñoz Martín 是翻译认知研究领域颇具影响力的领军学者,他最早提出术语"认知翻译学"并创办了国际翻译学期刊《翻译、认知与行为》。在接受王钧松的访谈时,Martín 阐释了认知翻译学领域研究者们使用的名称不统一的问题。他指出,翻译认知研究也被称作口笔译认知研究,是翻译学的一个分支学科。它研究的重点在于认知与交际的界面研究,旨在探索"多元介导交际"(Multilectal Mediated Communication)中所有参与者的认知思维活动。翻译认知研究的对象既包括交际活动的参与者,如作者、讲话者、读者、听众,也包括口笔译、视译、字幕翻译、译后编辑、译后修订等交际任务的介导者。人们在交际活动中不论使用双语、多语还是单语及其方言变体,他们的认知思维活动都属于翻译认知研究的范畴。Martín 认为,20 世纪 80 年代中期,翻译研究者打破翻译长期只重视文本研究的传统,热衷于使用有声思维法(TAPs)研究译者的认知思维过程,Séguinot、Kussmaul、Tirkkonen-Condit 等学者将这类研究称为翻译过程研究,而非翻译结果研究,以区别于传统的文本研究。翻译过程研究与 20 世纪 50 年代第一次认知革命带来的计算翻译学类似,使用"人脑像电脑""迁移""关联"等概念,当时研究者普遍认为大脑就像计算机,将大脑看作解决问题的工具,丹麦哥本哈根大学 Michael Carl 教授于 2013 年正式提出术语"计算翻译学"(Computational Translatology)。在 Martín 看来,翻译过程研究或计算翻译学是翻译学中最早的翻译认知研究学派,许多研究者只关注大脑的工作记忆、处理速度等类似于机器的性能或能力,却忽视了译者的主观性和能动性。事实上,翻译认知研究的内容远不止于探索译者的认知思维过程。当前翻译认知的研究对象已经延展到原作者、原作读者以及所有口笔译交际活动参与者的认知思维过程,研究范围已明显大于翻译过程本身。因此,不少研究者正在尝试使用其他概念。目前新的通用名称是"翻译认知研究"或者"口笔译认知研究"。此处的翻译是一个广义概念。

　　Martín(2022)认为翻译认知研究(Cognitive Translation & Interpreting Studies)是翻译学的重要组成部分,也是一个独立的研究领域。该领域经历了近六十年的发展,在参考框架和数据收集工具等方面变化颇多,但它始终保持认知心理哲学取向,依然是信息加工范式。源自第一次认知革命的计算翻译范式(Computational Translatology)和源自第二次认知革命的认知翻译范式(Cognitive Translatology)是翻译认知研究领域目前关于人类认知的两种研究范式,这两种研究范式均关注神经科学的进步,将时间视为一个有效的参数,在其研究设计中都能将量化与质化方法相结合。这两种研究范式既在研究基础方面有所重叠,又对一些翻译现象给出了不同的研究发现和解释,彼此存在竞争。值得注意的是,虽然计算翻译学研究始于 20 世纪 50 年代,但它并未过时,而且可能是当今翻译认知研究中最容易被接受的研究范式。Martín 等学者倡导的认知翻译学范式则强调从多元视角理解思维、意义、语言和交流,因为人类的任何思维始终都具有鲜明的个性化特征,即使使用科学技术手段分析,也不能完全得出具有绝对普遍适用性的结果。如果不更新我们的认知观,翻译认知研究可能无法再取得任何实质进展,还会加剧理论研究和实证研究脱节。(Martín,2022)

事实上,尽管很多学者的具体研究领域、兴趣和研究视角不尽相同,但是他们都认可并接受认知翻译学研究,并采取了认知翻译学的研究范式进行研究,例如,Sandra Halverson 研究交际中的语言层面,Hana Risku 尤其重点研究交际任务的完整过程,Sharon O'Brien 关注翻译过程中的人机互动,Maureen Ehrensberger-Dow 则更加关注翻译者在自然条件下的译者行为和表现。

文旭、肖开荣(2019)在《认知翻译学》一书中也探讨了认知翻译学的研究领域问题。文旭在此书序言中提到,近年来,越来越多的研究者认为,随着认知翻译学研究的持续发展,认知翻译学这个新的翻译学范式正在逐渐建构系统的研究体系和研究领域,但是目前仍需解决一些重要的问题,确立研究体系以及建构理论模式最为重要。Martín(2017:560)认为,认知翻译研究面临的最大挑战就是"对其研究主张和研究目标进行提炼归纳"。Shreve 和 Angelone(2010:12)认为,认知翻译研究"最主要的焦点就是建立一个有力而又普遍接受(或者数个可行而又彼此竞争)的翻译过程模式"。文旭(2019:2)提出,目前认知翻译学研究在学科属性、理论基础、研究目标、研究领域划分方面都还存在一些亟待解决的问题。他认为,认知翻译研究从研究领域来看呈现实证派、理论派和综合派三个学术流派之分。实证派将翻译过程研究视为认知翻译学研究的核心,主要关注译者的心智活动和认知过程,研究的话题主要包括翻译过程、译者能力和译者能力的培养。理论派的关注焦点在于构建认知翻译理论模型,特别是以认知语言学、认知心理学等学科理论为基础,构建翻译的认知理论。综合派的认知翻译观属于宏观层面,从翻译与认知的界面研究出发,研究翻译中各种译者行为与翻译活动涉及的认知诸方面,包括翻译的语言认知基础、翻译转换中的认知机制、双语认知特点、认知视角的译作研究、社会认知与译者社会行为研究以及技术条件下译者与技术的互动研究等。综合来看，认知翻译学从研究对象、研究话题和分支领域来看，已经得到极大拓展（文旭 2019：2）。

回顾以往研究我们可以看到，认知翻译研究较早期的研究与翻译过程研究几乎等同，因此有学者称之为翻译认知过程研究，而这只是认知翻译研究的分支领域之一（文旭，2019），应属于狭义的认知翻译学概念。谭业升（2020：5）也提出，"鉴于现有翻译过程实证研究（Translation Process Research，简称 TPR）专题领域的局限性，将 TPR 等同于认知翻译学的观点是狭隘的，它所应该涵盖的问题和方面应该更多，内涵范围也应更广"。

我们可依据认知语言学和认知翻译学中的主要承诺探讨认知翻译。根据 Lakoff（1990），将众多理论和研究方法整合于一体的认知语言学在解释语言现象时，秉持概括承诺（Generalization Commitment）和认知承诺（Cognitive Commitment）两个主要承诺（Primary Commitment），Martín（2013）提出认知翻译学的两个主要承诺是认知承诺和实证承诺（Empirical Commitment），后者可以使认知翻译学 "Cognitive Translatology" 这一术语中的 "Translatology"，即 "学"的称谓合理化，并有效吸纳包括实验方法等在内的各种科学研究方法。谭业升（2021）认为，概括承诺可以包含实证承诺，即以实证的方式进行有效的概括。我们认为，概括承诺强调认知翻译学的研究目标和研究结果，实证承诺强调认知翻译学的研究过程和研究方法。认知翻译学的研究目标是发现、概括翻译活动中各个方面具有的普遍性规律和原则，包括语言、文化、社会、心理等各方面，通过实证承诺下的科学的研究过程和方法，得出具有普遍意义且可应用于翻译理论与实践的研究结果。认知翻译研究涉及的不应仅仅是译者实时翻译过程的认知研究，还应该涉及更加广泛的范畴，包括通过比较不同或同一历史阶段同一原作不同的翻译文本产品，研究译者非实时性的翻译认知操作、历时背景、社会环境、文化意识等对翻译策略、译者风格、译者群体等的历时、共时影响，多层面、多角度、多范畴的翻译认知研究才能体现出认知翻译学的概括承诺的宗旨。

在认知语言学中，认知承诺认为语言反映了人类的一般认知能力，如注意、概念化和隐喻，而不仅仅是那些只适用于语言自身的特殊性原则。认知承诺要求研究者提出的每个语言结构原则都要与其他认知科学分支相关，例如哲学、心理学、人工智能和神经科学，必须反映对人类认知的已有认识。在认知翻译学中，"认知承诺是指认知翻译学对所有有关翻译的认识和原则的探讨，必须建立起与其他心智能力(比如记忆、注意或推理等)的关联,对于译者认知能力和认知过程的认识与现有认知科学有关大脑认知的一般认识相一致"(谭业升, 2021)。Lakoff(1990)指出,学科中的争论应该在共同承诺的基础上探讨要具体分析的问题。

基于认知承诺,认知翻译学需要重新审视其认知观。基于对认知科学和国内外翻译认知研究的回顾可以看到,以往认知翻译研究中有客观主义认知观、联结主义认知观和具身认知观三种认知观。客观主义认知观将人脑视作与计算机相同的加工操纵符号的形式系统,认知过程则是基于人们先天或后天获得的理性规则,以形式化的方式对大脑接收到的信息进行的处理和操作。认知从本质上讲就是计算,从理论上可以独立于包括大脑在内的身体,不依赖身体,在功能上是独立的,即所谓的"离身的"(Disembodied)认知或心智(Mind)。联结主义认知观认为大脑是由大量神经元相互联结构成的复杂信息处理系统。因此建构了"人工神经网络",力图探究认知是如何在复杂的联结和并行分布加工中涌现的。然而,不论两者研究风格如何不同,客观主义认知观和联结主义认知观在"认知的本质就是计算"方面是相同的,认知在功能上的独立性、离身性构成了二者理论预设的基础。认知翻译学采取具身认知观(也称涉身认知、体验认知),认为人的身体和外部环境是认知的基础。首先,身体的物理属性决定认知过程进行的方式和步骤。例如人的感知能力是由身体的物理属性决定的。其次,身体提供了认知的内容。人们对身体的主观感受和身体在活动中的体验为语言和思想提供了基础内容。认知就是在身体作用于物理、文化世界时发生的。我们的身体以及身体同世界的互动提供了我们认识世界的最原始概念。再次,认知是具身的,而身体又是嵌入(Embedded)环境的,认知、身体和环境构成一个动态连续统。所以,认知过程或认知状态可以扩展至认知者所处的环境,因为外部世界的信息与人的知觉、记忆、推理等过程息息相关。

可见,认知翻译学所持的具身认知观对传统认知观的"功能独立性""离身性""计算性本质"等观点提出疑问,认为人的生理和心理之间存在强烈的关联,心智锁在身体之中,始终占据一个特殊的空间,且面向一个具体的方向。这些事实形成了具身认知的部分基础。具身认知主张思维和认知在很大程度上是依赖和发端于身体的,身体的构造、神经的结构、感官和运动系统的活动方式决定了我们如何认识世界,决定了我们看世界的方式和思维风格。我们感知到的世界同我们身体的生理结构是紧密相关的,我们的知觉和运动系统在概念形成和理性推理中扮演了基础性的角色。因此。认知和心智的基础都是身体,如果离开了身体,认知和心智根本就不存在。可见,具身认知中的"认知"是一个广义的概念,除了涵盖推理、记忆、注意、情感、语言等各种心智运作或心智结构之外,至少还应包括促成人们的概念化和推理能力的身体感知运动系统,如视觉、听觉、嗅觉和动觉加工。

认知翻译学可以调和语言学和文学两大传统贡献学科在翻译研究认识论取向上的分歧(Lakoff & Johnson,1980;Johnson & Lakoff,2002;Halverson,2013)。

Martín(2017)以具身认知哲学为依据阐释了翻译、语言与4EA认知(Embodied,Embedded,Enactive,Extended,and Affective Cognition)的关联,并基于4EA框架提出认知翻译学。在4EA框架下,认知是具身体验的、环境内嵌的,是身体与环境互动生成的,是扩展的,是与情绪情感相关的。此框架扩展了翻译研究的范畴,例如,一些工具的使用有助于提高或拓展我们的思维方式,这就是认知"拓展性"(Extended),工具和技术极大地改变了翻译的工作方式,对于译者行为会产生显著的影响,比如借助翻译软件和机器翻译,译者可以将更多精力用于检查译文的质量、修正校订,这种新型的翻译工作方式值得研究。认知翻译学强调译者自身体验和外部环境对译者大脑思维的影响,认知表征与认知主体、认知环境之间的交互作用已经成为认知翻译学的重要课题。译后编辑、译者与翻译环境(包括工作环境、社会文化环境等)的互动等新内容已纳入认知翻译研究范畴。基于意象、意象图式、识解、隐喻和转喻、范畴的辐射结构、原型效应和框架等具身认知概念和理论,认知翻译学形成综合认知分析框架,将深化和细化翻译主体认知能力、认知结构和认知过程的研究。认知翻译学的概括承诺和认知承诺相辅相成,使其在整体上成为具有统合性的理论范式,概括的范围和层次依赖于拓展的认知概念,依赖于认知范畴在语言、文化不同层面的现象统合优势。一种认知机制(如识解、隐喻)可以存在于字、词、语篇等不同层面,表现为文字、图像、动作等不同模态,从而使认知翻译学有更加广义的翻译范畴,研究对象更加丰富,有了新的研究目标、研究对象和研究方法,将拓展和深化对译者乃至人类内在认知行为的认识,探索大脑黑箱更深层的秘密(谭业升,2021)。

Martín于2010年首次提出认知翻译学这一术语。认知翻译学基本上从情境(4EA)认知中汲取灵感,4EA框架阐明认知翻译学中认知的特性。首先,认知具有"具身性"(Embodied)、环境内嵌性(Embedded)。认知翻译学的具身认知观主张人类的心智功能根植于身体并通过想象进行构造,而身体处于环境之中,所以意义植根于人类与客观世界互动的经验或体验基础之上,身体和行为在认知构造过程中非常重要,直接影响到人类的思维方式,环境也对思维产生重要影响。其次,认知具有"互动生成性"(Enactive),研究者们已经认识到思维并非自发产生,而是人类行为活动的产物,是人类身体与外部环境互动共构而生成的结果。再次,认知具有"拓展性"(Extended),利用一些工具可以提高或者拓展我们的思维方式,例如翻译技术和工具的应用改变了译者的翻译工作方式。此外,情绪和情感也会对译者的翻译方式产生影响,某些情绪和情感甚至会超过理性思维,从而操纵译者的思维方式,进而影响译者的翻译行为。认知翻译学中将情绪和情感视为同义词,对应认知的"情感性"(Affective)。总而言之,人类的认知有具身性、环境内嵌性、互动生成性、拓展性和情感性。基于 4EA 框架建立的认知翻译学理论不同于以往翻译的客观主义研究路径和描述立场,反对以知识为基础的绝对客观,也区别于后现代主义、解构主义或主观主义的立场,反对过度的主观。情境认知理论(Situated Cognition)是继行为主义"刺激—反应"学习理论与认知心理学的"信息加工"学习理论后,与建构主义大约同时出现的又一个重要的研究取向。情境认知理论试图纠正认知的符号运算方法的失误,特别是完全依靠于规则与信息描述的认知,仅仅关注有意识的推理和思考的认知,忽视了文化和实体背景的认知。

Martín(2021)认为,当前认知翻译学领域研究最新的通用名称是"翻译认知研究"或者"口笔译认知研究",并且此处使用的"翻译"取其广义概念。他给出以下定义:"翻译认知研究也称口笔译认知研究,是翻译学的一个分支学科。它聚焦于认知与交际的界面研究,旨在探索'多元介导交际'(Multilectal Mediated Communication)中所有参与者的认知思维活动。翻译认知研究的对象既包括作者、讲话者、读者、听众等交际活动的参与者,也包括口笔译、视译、字幕翻译、译后编辑、译后修订等交际任务的介导者。换言之,无论人们在交际活动中使用的是不同的语言还是同一种语言的不同变体,他们的认知思维活动都可以纳入翻译认知研究的范畴内"(王均松,穆尼兹,2021:97)。

文旭(2019:2)如此界定广义的认知翻译学:"以认知科学的理论和方法,探索口笔译转换过程、译者行为、译者能力及其相关问题,聚焦译者心智、行为与活动中的认知特点,主要目标在于揭示翻译这一特殊双语活动的本质、内在机制以及外部因素的影响。这一界定可简要概括为翻译与认知的界面研究,即探索翻译与认知的互动关系以及翻译中的认知机制"。从这一界定出发,文旭将认知翻译学划分为三大研究领域:语言认知视角的翻译研究、翻译认知过程研究和社会认知视角的翻译研究。语言认知视角翻译研究的学科理论基础是认知语言学、双语理论、心理语言学、认知心理学和神经科学。从语言认知视角来看,翻译是一种跨语言认知活动,此类研究聚焦于探讨翻译活动中语言的认知基础和翻译中的认知转换,其主要目标是构建翻译过程理论模型,并且对不同文体、不同语言现象的翻译转换进行认知阐释。翻译认知过程研究主要以实证实验方法探究译者心智活动特点和译者能力的基本构成及培养。从社会认知视角展开的翻译研究关注社会语境下和工作场所中的译者行为。

谭业升(2021:79)提出:"认知翻译学作为研究翻译内在认知行为的新兴学科,目前可笼统地看作一个综合认知科学内的若干分支学科对翻译所涉及的认知能力、认知资源、认知过程和策略等进行研究的交叉学科。它以认知语言学、认知心理学、认知神经科学为主要理论基础,探讨译者的认知活动和心理行为,并结合认知社会学、(认知)文化语言学、认知文体学/诗学和认知叙事学等新的认知科学分支探讨译者的认知风格和社会文化认知特征。"

可见如今学界已达成共识,认知翻译学已发展成一个研究领域覆盖面广阔的跨学科研究体系,其中语言学视角的认知翻译研究起着重要的理论建构和理论阐释作用。House(2015)强烈呼吁构建翻译的语言—认知理论,研究译者在双语心智活动中如何实现理解语言和文本、如何选择决策、如何解决问题。语言认知翻译研究的基本假设认为,语言结构反映人的一般认知机制,而翻译作为一种涉及理解与表达的双语活动,必然涉及人理解语言时的认知、使用语言表达的认知以及从一种语言转换到另外一种语言的认知操作。语言认知翻译研究的一个取向是以认知语言学的理论为基础,探索翻译转换中的语言认知机制。在笔者看来,当下翻译认知研究过于依赖科学技术工具,追求以高精度仪器获得数据,但缺乏充分有效的数据解析,且忽视人脑思维的主观性和不可测性;过于关注译者实时翻译的认知加工的过程,忽视了非实时翻译成果(如经典文学作品的经典译本)的认知研究。此外,实时监控译者获取大脑工作数据的科学方法并不适用于耗时较长的翻译活动,一部小说或专著的翻译过程可以长达数年,全程跟踪实验难度较大。对于译者不在场、非实时的翻译过程和成果,研究者可以将文本作为研究的主要对象,透过语言学理论研究文本也能够科学揭示译者的认知风格、翻译策略等。认知语言学理论,例如意象、意象图式、范畴化、概念隐喻、概念转喻、多义性、象似性、主观性、框架、认知识解、概念整合、构式、关联理论等用于翻译认知研究,对解释分析人脑、思维、认知、语言的关系具有普适性。语言认知翻译涉及语言认知的不同侧面,语言认知理论可以对翻译现象背后的认知机制做出解释,也可构建翻译的认知模型,反映翻译转换的认知规律。因此,从认知语言学理论出发对翻译认知进行探索,具有基础性的、概括性的学术研究意义。

3.3 认知翻译研究范式与路径

认知科学路径下的翻译研究试图探究和解释译者的心理加工过程的内部运作机理,如译者对文本的重组过程、对翻译策略的选择和运用过程,文化背景和语言知识对译者思维过程、源语理解及目的语产出的影响,译者翻译能力的开发与评估。如今,认知翻译学已逐渐形成一个研究范围广泛的跨学科研究体系,学科定位逐渐清晰,研究对象持续延展,研究方法不断创新。总体而言,认知翻译学主要采取"实验实证"研究范式、"情境交际"研究范式、"语言认知"研究范式。

一、"实验实证"研究范式

在认知科学关照下,该范式主要将心理语言学、神经科学的实验方法应用于具体翻译过程研究,依据认知科学的思维模型,对译者的翻译行为和策略选择进行描写和解释。进入 21 世纪以来,在人工智能快速发展背景下,"实验实证"逐渐成为国内外翻译过程研究中的主要研究范式,其主要目的是弄清译者的思维活动,找到更有效的翻译培训方法,并将相关研究成果用于机器翻译开发。具体方法包括有声思维法、键盘记录法、屏幕录像法、眼动追踪法、三元数据分析法、事件相关电位法和功能磁共振成像法。在该范式下,研究者主要关注译者在实时翻译过程中的认知思维活动以及双语加工机制,采取实验实证的方法探究译者翻译过程中的心智活动、加工机制、翻译策略等。

20 世纪 70—80 年代,翻译过程研究主要采用"有声思维法"(Think Aloud Protocol, TAP),也称"口头报告法"(Verbal Reporting)。在实验中,被试需要一边翻译,一边将头脑中的思考内容全部口头汇报出来,研究者对整个翻译过程进行录音录像,然后对数据进行转写,进而分析译者的认知思维活动。然而,有声思维法要求译者一心二用，很可能会对译者的翻译过程产生干扰，例如延缓翻译速度或者打断译者的思维过程。为克服此缺陷，研究者在 20 世纪 90 年代改进开发新技术，在翻译过程研究中引入了"键盘记录"（Key Logging），可以记录被试在实时翻译过程中的输入、停顿、删除、修改等行为，"眼动追踪"（Eye Tracking）技术，可以追踪被试在实时翻译过程中的眼动轨迹、注视点、注视时长等。这些行为数据可以辅助研究者推断译者翻译过程中的注意力分布、认知负荷、加工模式等，同时又减少对译者翻译过程产生的干扰和影响。21 世纪初，翻译过程研究飞速发展，技术手段更加多样化。为进一步减少技术对译者思维的干扰，一些研究者尝试使用更加高精端的科技手段，如"脑电仪"（EEG）、"核磁共振"（fMRI）等技术设备，用以考察译者在实时翻译过程中大脑的活动情况，根据脑电波、血流量等生理指标探究译者大脑活动的神经生理机制。目前，为了减少研究结论的片面性，大多数研究者倾向于采取"三角验证"的方法，即多种研究方法相互研究验证的方式，通过不同的技术设备或工具收集实验数据并独立分析，然后对实验结果进行多角度验证，从而提高研究结论的准确性与可靠性，提高实验研究的信度和效度。

实验实证研究范式的翻译过程研究主要针对翻译教学、译员培训、翻译能力测评等翻译实践。为了产出有实际应用价值的研究成果，翻译研究者需要具备高度的合作能力和跨学科素养。例如在基于认知神经科学的实验中，翻译研究者提出的理论要确保从神经科学研究者的角度来看不荒谬或具有现实合理性；有时神经科学家会为翻译研究者提供一些非常有价值的建议或启示。协同合作、交叉创新是翻译过程研究的发展趋向。

二、社会情境研究范式

社会情境研究范式与实证实验研究范式不同，关注的焦点从实验室里译者实时翻译时的脑神经运作数据，转移到社会大环境下的译者群体行为和活动。

社会情境研究范式的翻译研究受到社会学、文化学的启发，该范式认为翻译是一项社会交际活动，此类翻译研究注重特定情境下的翻译行为和认知过程，强调译者认知与社会情境的交互关系，尤其关注外部因素，如社会语境、工作场所等对译者认知过程的影响。研究内容包括译者的工作方式、译者的态度、社会的评价等，具体包括译者群体构成、工作条件、组织形式、权力关系、参与角色、译者习惯、译者的工作态度、价值观、翻译观、意识形态、翻译汇报、职业发展等。

　　社会情境研究范式下的认知翻译研究方法主要采取质性的社会学研究方法，例如"民族志""参与式观察""田野调查"。研究者深入译者群体的工作现场，通过实地观察、访谈、参与合作等方式考察译者在真实社会情境下的认知翻译活动。研究视角聚焦翻译过程的社会性和情境性，例如，从互动性的角度考察翻译活动中各参与者之间的互动关系，从具身体验认知的角度考察译者的身体和心理状况对翻译行为和成果的影响，从人体工程学的角度探讨翻译环境、工作流程、软件工具使用对认知翻译过程的影响等。近年来，机器翻译、翻译软件等人工智能时代的科技产物逐渐改变了传统的翻译机制，机助人译、人机共译这些新模式逐渐普及开来。由此，技术辅助下的人机之间的互动、各种新技术对译者认知的影响等已经成为情境认知翻译研究探讨的新课题。社会情境范式下的认知翻译研究有助于拓宽认知翻译研究的宏观领域，体现了翻译认知活动的多元层次和维度。

三、"语言认知"研究范式

　　语言认知研究范式将翻译视作一种跨语言认知活动，基于认知语言学、心理语言学、双语理论、认知心理学及神经科学的主要理论，探讨语言的认知基础和翻译中的认知转换。认知语言学是语言认知研究范式的主要理论依据。"认知语言学坚持体验哲学观，从身体经验和认知出发，以概念结构和意义研究为中心，寻求语言事实背后的认知方式，并通过认知方式和知识结构等对语言作出统一解释。"（王寅，2007：11）认知语言学的两大责任，即概括承诺和认知承诺（Lakoff & Johnson，1999），保证了它在翻译研究中的适用性。普遍性责任要求描述适用于人类所有语言层面的普遍原则，为认知语言学统一描写和解释各层面的语言现象提供了理论基础。认知责任要求研究者提出的每个语言结构原则都必须反映其他认知科学分支（哲学、心理学、人工智能和神经科学）对人类认知的已有认识，保证了认知语言学视角翻译研究的科学性。

　　认知语言学认为"现实—认知—语言"三者之间存在辩证统一关系，认知的前提是人们与客观现实的互动体验，认知又是语言的基础，认知将客观现实世界和语言所代表的主观世界联系起来。无论语言以什么形态模式呈现，翻译的核心内容的都离不开语言及其蕴含的概念和意义，因此，语言认知范式可以对翻译这一跨语言认知交流活动作出统一性解释。具体来看，认知语言学的翻译观主张，翻译的背景是认知主体的现实体验，认知基础是认知主体参与的多重互动作用,译者本身也是原作的读者,在充分理解源语语篇所蕴含的概念意义的基础上,将其尽可能用目的语表达出来,在译文中尽力展示原作者所要刻画的现实世界和认识世界。

近20年来,认知语言学研究出现了社会转向和实证转向的新趋势。社会转向将社会文化、社会认知以及交际互动因素纳入研究视野,实证转向在分析具体语言现象时寻求多渠道证据的协同,包括语料库证据、心理实验证据、神经实验证据等。(束定芳,张立飞,2021)翻译研究的发展也同步进行,20世纪90年代,随着语料库技术的普及,有学者开始尝试利用语料库的研究方法,通过研究、分析翻译文本中的本源概念,如文化负载词、隐喻、转喻等翻译模式,尝试构建译者大脑在翻译过程中的双语转换机制。进入21世纪以来,随着翻译认知过程研究的发展,翻译研究者也加强了翻译过程社会学、文化学视角的研究:借用社会学和文化学的理论,重点探讨翻译作品形成过程中各种社会、政治、经济、文化、历史等影响因素;与基于实验和实证的研究路径形成有益的互补,比较全面地研究翻译的认知过程。

然而值得注意的是,实证研究因为涉及具体的统计数据,似乎比纯粹的理论探讨和思辨更加客观、科学,但研究者可能因此而过度依赖实证数据,从而导致"为了数据而数据"(Langakcer,2016:7)的倾向。以语料库研究方法为例,从本质上看,语料库数据是一种语言产出的结果,其过程涉及许多其他因素,因此"源自语料库的使用数据充其量只能看作是特定认知机制的必要条件,而不是充分条件,两者不存在直接的因果关系"(束定芳,张立飞,2021:427)。正如Bybee(2010:97-98)所言,"词项在语料库中的出现从来都不是随机的,每一个词项都是使用者在特定语境下为达到特定的目的而做出的选择"。所以,对翻译文本进行认知语言学分析时,要适度和谨慎地使用数据,在基于统计数据得出结论之前,应充分了解统计手段的认知理据及其可能的心理现实性。

自从引入术语"计算翻译学"(Carl,2010,2013)和"认知翻译学"(Martín,2010)以及认知翻译研究框架的基础知识以来,十几年已经过去了,在此期间,国内外对认知翻译研究(Cognitive Translation & Interpreting Studies,简称CTIS)的兴趣出现了爆炸式增长,这些研究涵盖了越来越多的现象。越来越多的研究人员已经开始在CTIS中聚合并充实这些基本研究范式。计算翻译学借鉴了认知心理学的信息加工理论,追溯到20世纪60—70年代莱比锡学派,该理论为大多数翻译和认知之间界面研究的传统方法提供了框架。认知翻译学基本上从情境(4EA)认知中汲取灵感,旨在能够替代这些传统方法(Risku & Rogl,2020;Martín, 2016, 2017)。

认知翻译学研究努力将哲学、交际学、语言学、心理语言学、心理学和神经科学的方法整合起来,以构建认知翻译学(CT)并促进其不断发展。认知工效学、人机交互、情感以及双语和多语言研究等领域现在越来越接近它们在CT中的应有地位。其他学科也有望融入其中,如生态心理学,还有一些研究,如自然语言处理(Natural Language Processing),在计算翻译学方面进展较好,但在CT领域仍然进展缓慢。(Martín & Fernández, 2021)

我们认为,当下认知翻译学研究可以大体分为两大类别。第一类是基于计算机科学、神经科学,针对译者的翻译实时认知过程的研究,属于狭义的认知翻译学研究。此类研究主要采用先进的计算机技术和科技手段,通过实验研究口译、笔译译者的认知过程,关注译者认知和译者能力,探究译者心智活动特点、译者能力基本构成、译者能力培养等问题。具体研究内容包括译者的翻译认知加工模式、加工单位、加工策略、记忆与认知资源、认知负担、认知努力、选择与决策、问题解决、意识与控制、翻译单位等译者认知问题,以及译者能力构成、专长、职业与非职业译者比较、口笔译能力比较、译员培训、译员资格认定等翻译能力和习得能力问题。(文旭,肖开荣,2019;徐然,李德凤,2021;Martín, 2020;Angelone & Shreve, 2010;Bell, 2001;康志峰, 2020;卢植, 2020;谭业升, 2020)第二类是基于心智哲学、心理语言学、认知心理学、认知语言学(或称语言与认知)、认知人类学(或称文化、进化与认知)、社会认知、文化认知等的认知翻译研究,属于广义的认知翻译学研究,其主要目标是构建翻译过程理论模型,探讨翻译中的认知转换。(王寅,2020;文旭,肖开容,2019;谭业升, 2016)在研究方法方面,前者更注重"科学方法",而后者更注重"人文方法",2010年正式提出术语"认知翻译学"的学者Martín,倡导将这两大类方法相结合的"科学-人文视野"。

本书研究的主要内容属于广义认知翻译学范畴,主要基于科学的认知语言学的方法进行认知翻译研究。笔者认为,认知语言学视角更适合对文学作品翻译过程和产品的描述性研究,例如对文学典籍及其翻译的研究。许多经典的文学文化典籍及其翻译作品对语言文化发展起到了重要的促进作用,但是作者和译者大都不在场,利用眼动跟踪技术和键盘记录法等实验手段探究译者的翻译过程自然不可能实现。而文学作品及其翻译作品、读者评论等文本是直观可获得的研究材料,在此情况下,必须寻求一种恰适的研究视角和科学的方法,构建翻译策略理论模型,探讨翻译过程中的认知转换、翻译产品中的认知表征,而非一味追随对设备器械过于依赖的科学实验方法。对作者、译者不在场的翻译作品研究,不便选用有声思维分析法、问卷法等心理学研究方法,功能性磁共振等神经成像技术的认知神经科学方法,影像观察法、计算机日志监控记录法、屏幕录像法、追溯式观察法等认知心理学方法,而可以选用认知语言学的方法以及文本与认知视角的译学研究模式。

Chesterman（1998）提出了比较模式、过程模式和因果模式三种译学研究模式,这一模式理论是以文本为内容的认知性研究,对国际翻译学研究产生广泛影响,世界各国翻译研究者开始撰文对此进行广泛讨论。Olohan 主编出版了一本以文本为研究对象的认知性研究论文集——《超越文化断裂——译学研究模式（Ⅰ）：文本与认知的译学研究》,收集了来自欧、美、澳及其他国家与地区译学研究者的以模式理论为核心的多元研究论文 16 篇。此文集关注译学内部研究,强调对翻译活动的认知性研究,具有很强的方法论意义,其中至少有两篇论文直接涉及翻译认知研究。Campbell（2000）探讨了翻译研究中的选择网络分析法,指出通过比较不同译者为同一原作提供的不同译文,可以推断出翻译的心理过程模式。Kussmaul（2000）讨论了创造性心理过程的认知框架问题,主张从认知角度来研究翻译过程和翻译策略运用的心理过程,认为 Fillmore 的场景（Scenes）和框架（Frames）、Langacker 的图形/背景连接（Figure/Ground Alignment）和焦点,Schank 的主位组织观（TOPs）等模式和概念可用来解释译者进行创造性翻译时的心理特点。"框架、场景、核心与模糊边缘、焦点以及图形/背景连接等认知模式对了解理解在翻译过程中所起的作用以及意义的创造具有一定启示意义。"（卢卫中,王福祥,2013：611）王寅（2012：18）认为："运用认知语言学的核心原则来对比两种语言之间的异同,并发现其背后的认知机制,有利于人们从认知的角度进行语言对比,从而更深刻地认识翻译过程。"

总体而言,我们将当下我国认知翻译学研究归纳为以下四类。

第一类是认知翻译理论本体、理论综述研究。王寅（2005）提出认知语言学的翻译观,认为基于经验论、唯理论和解释派哲学的翻译观分别聚焦于交际的作者、文本、读者各环节,有以偏概全之不足。Lakoff 和 Johnson 所倡导的体验哲学正好可以弥补这些理论的不足,而且也能对翻译作出较为全面的解释。王寅根据体验哲学和认知语言学的基本观点拟构了翻译的认知语言学模式,倡导和谐翻译,提出翻译的认知基础是认知主体以对现实世界体验为背景所参与的多重互动,译者在透彻理解源语语篇所表达出的各类意义的基础上,尽量将其在目的语中映射转述出来,在译文中应着力勾画出原作者所欲描写的现实世界和认知世界,须兼顾作者、文本、读者三个要素。刘艳春、胡显耀(2022)对国外翻译过程研究 30 年进行了理论模型回顾与展望。卢植、郑有耀(2022)从学理基础、方法论特色及研究焦点等维度展示认知翻译学 CTIS 实验范式和情境范式的发展脉络及学术特质,综合探讨和深入比较两种范式对认知翻译学理论创建和学科建构的意义与价值;强调两种范式在认知翻译学 CTIS 中应共轭并进,协同促进认知翻译学理论创建和学科建构。王寅(2017)认为,基于认知语言学(CL)建立起来的认知翻译学将翻译视作一种认知活动,可弥补将翻译仅视为"语言转换"这一传统观念的不足之处。认知语言学所分析出的认知过程同样适用于解释翻译过程。王寅在认知翻译学的理论框架中深入探索翻译过程所涉及的具体因素,基于认知过程的感觉、知觉、意象、意象图式、范畴、概念、意义、(理想化)认知模型、ECM、隐转喻等环节细述翻译过程,尝试为该研究提供一个全新的视角。谭业升(2021)认为,认知翻译学是立足内在认知机制,融合若干认知科学分支学科的研究范式,它的概括责任和认知责任使其具有现象统合优势,并可融合输入学科的概念和研究方法。他对传统翻译学核心理论和概念提出批判性认识,并探讨新时期翻译实践的未来研究路径。(文旭,肖开容,2019;李德凤,2017;金胜昔,林正军,2015;颜林海,2014;卢卫中,王福祥,2013)

第二类是基于认知心理学、认知神经科学等的翻译认知过程实验研究。随着科学技术应用的迅速发展,认知翻译学逐渐强调研究的客观性,运用技术手段研究、探索翻译过程的心理表征和认知加工的内部机制。如苏雯超、李德凤、曹洪文(2021)讨论口译认知负荷的眼动研究;卢植(2020)认为隐喻翻译是认知翻译学的核心研究主题,隐喻翻译研究聚焦于考察大脑在隐喻翻译过程中的认知加工。隐喻翻译过程的研究涉及人对隐喻语义的理解与对普通语言表达即字面义的理解有无差异的问题,也涉及隐喻翻译模型的结构和阐释,同时关注隐喻翻译中的策略选择。卢植提到,认知翻译学要搞清楚隐喻翻译的认知加工机制和认知神经过程,还需要运用先进科技进行多方面的实验实证研究。

第三类是基于认知语言学理论的实证研究。文旭、司卫国(2020)认为翻译是一项以范畴转换为基础的认知活动。以往研究在翻译范畴转换的模式、过程及策略等方面做了有益探索，取得了丰硕的阶段性成果，但对于范畴之间为什么可以转换，即翻译范畴转换的认知理据是什么，尚未交代清楚。他们基于具身认知、概念结构及象似性原则，通过英汉翻译实例，探讨源语范畴和目的语范畴为什么可以进行范畴转换这一根本性问题，挖掘翻译范畴转换背后的认知理据，阐释认知翻译学中的一些基本问题，丰富和完善了认知翻译学理论，进一步拓展和深化认知语言学的应用研究。基于认知语言学理论开展的代表性翻译研究涵盖了关联理论与翻译（赵彦春，1999；苗兴伟，1997；林克难，1994等）、顺应论与翻译（戈玲玲，2002；张美芳，2005等）、隐喻转喻与翻译（王斌，2002；常晖，2008等）。文旭、肖开荣等（2019）出版的专著《认知翻译学》，系统论述了认知语言学主要概念及其在翻译中的应用。王寅（2013）提出运用认知语言学"识解机制"研究翻译过程，并以唐诗为例进行详细阐释；姚振军（2014）在系统梳理王寅的认知翻译观的基础上，尝试完善玛格丽特•阿曼的认知翻译批评的五步模式，并且提出认知翻译批评是认知翻译学体系构建的重要分支之一，翻译批评中认知机制的引入能使其在翻译理论与实践之间的纽带作用更加突出。姚振军（2020）通过对比梳理艾柯的文艺阐释学理论和阿曼的翻译批评模式发现，该模式将翻译批评中关注的要素、认知语言学的框架—情境模式以及艾柯的文艺阐释学理论相融合，具有系统性和跨学科的特点；模式的评价步骤充分体现出艾柯的模范读者、文本意图和过度阐释等概念特征，因此可以视为借助文学批评理论构建翻译批评理论的经典案例。

第四类是认知翻译理论本土化创新研究。王寅是代表性学者，也是我国最早引入认知语言学的学者之一。近年来学者们对认知语言学以及基于认知语言学的认知翻译理论进行了坚持不懈的本土化创新改进。王寅（2014）尝试将国外的"认知语言学（CL）"本土化为"体认语言学（ECL）"，将认知语言学家Langacker的意义"概念化"修补为"体验性概念化"，提出了语言的体认性。王寅（2020）在将认知语言学本土化为体认语言学的基础上，将主流的"认知翻译学"修补为"体认翻译学"，以能进一步打通翻译学与马列主义、语言学、语言哲学、后现代哲学（含体验哲学）、认知科学等理论之间的通道，首次提出"体认翻译学"这一术语，出版专著《体认翻译学》（2021a）对这一新理论进行了系统论述。王寅（2021b）《体认翻译学的理论建构与实践应用》一文简述了体认翻译学这一本土化新兴跨学科的理论基础，尝试描述其权宜性定义，重点解读了其中最重要的关键词"体认"。提出可用"体"来解释翻译中的"同"和"模仿"，用"认"来解释翻译中的"异"和"创造",这既可为翻译研究提供一个更新的视角,也可为 CL、ECL 拓宽视野,为国内外语言学和翻译学开拓了一个新的边缘学科。

近年来翻译界学者对体认翻译学的研究逐渐展开。王寅对体认翻译学视野下的术语进行了具体论述和应用研究。王寅(2020a)论述了体认翻译学的两个关键术语"映射"和"创仿(创造性模仿的简称)",且结合体认原则简析翻译中"同"和"异"的心智机制。他从"两套核心原则、词语意象、语法意义"三个维度论述了"映射";尝试以"体"说明"仿",用"认"解释"创",为翻译做出一个较为合理的体认解释,既为翻译学提供一个研究新思路,也为体认语言学新开辟一个探索方向。王寅(2020b)对认知语言学家 Fauconnier 和 Turner 提出的"概念整合理论"(CBT)进行修补,认为当前翻译研究的重心已从结果转向过程,若仅用 CBT 来解释翻译过程仍显不足,为此他提出三点修补:第一,强调两个输入空间在映射入融合空间时权重的不平衡;第二,详述诸空间中要素之间的对应与空缺问题;第三,在 CBT 基础上提出"概念整合链"。据此可将翻译过程描述为"连续性整合运作",以利于更好地揭示翻译过程中的体认运作机制,可进一步丰富体认翻译学的研究内容和可操作性。

王寅(2021a)对翻译隐喻观进行了体认分析,他收集了英语文献中有关翻译活动的五百多条隐喻表达式,发现它们都是围绕概念隐喻"翻译即交际"及相关支隐喻建构而成的。他基于体认翻译学论述其中的"征服、约束、开启、吃"等支隐喻机制,以及我国古代学者有关翻译的语音隐喻表达式,认为它们都可用"体"和"认"这两大基本要素来解释。研究表明,概念隐喻和结构性隐喻不仅对这类表达式具有强大的解释力,有利于加深对翻译活动的理解,而且对人类理解、学科建构具有关键性统摄功能,拓展了体认语言学的研究范围。

体认翻译学强调语言形成和翻译过程中的两大要素,"体"即对现实的互动体验,"认"即基于体验之上的认知加工,提出了"语言具有体认性"和"翻译是一种体认活动"两个新观点。王寅(2021c)基于此重新解读译界两千多年的"直译与意译"翻译方法之争,认为这两种译法都涉及体认,前者所涉及的"体"要素较多,而后者涉及的"认"要素较多。胡安江、彭红艳(2022)对美国诗人 Peter Stambler 寒山诗英译进行了"体认"考察。研究发现,美国诗人 Peter Stambler 在透彻理解寒山诗所表达的有关现实世界和认知世界中各类意义的基础上,根据自身经验、现实语境、认知框架以及原文语篇的文本功能及语用意图,在译诗中注入各类背景知识、前景化手段、话语视角、语义逻辑和句法结构,并运用感觉知觉、意象图式、范畴化和概念化、概念整合、识解等体认方式,通过对应、筛选、增删、挪借、转喻、改写、置换等"映射"和"创仿"手段,创造性地输入了各种新创结构和新创信息,实现了充分且适宜的文本交际目的和译者的个人目的,体现了以译者为中心的能动性和译本的能动性,同时也保证了译诗与原诗在文体价值和美学效果上的潜在映射关系和体认象似性。

3.4 认知翻译研究发展趋势

随着翻译研究继续深入,认知翻译学将进一步拓展研究领域,同时也需要在研究范式、方法上有所突破。认知翻译学力图在研究方法上实现三种结合。

一、过程研究和产品研究的结合

认知翻译学的概括承诺要求产出更具广泛意义的翻译研究成果,也要求覆盖翻译过程和翻译产品的全面完整的研究。认知语言学、认知心理学和认知神经科学为认知翻译学研究提供了新的实证研究方法,研究者可以采用具有主体间性的实证研究方法,进行多维度的数据分析论证,促进过程研究和产品研究方法的结合,促进以主体为中心的研究和以文本为中心的研究的结合,弥补各自的不足。(谭业升 2021)

当前,以翻译产品为中心的研究大多属于个案研究,例如从不同维度对翻译文本进行独立分析、综合研究,以及针对嵌入文本和外围文本的副文本研究。自 20 世纪 90 年代,研究者借用语料库研究方法,有效扩展了翻译文本研究的范围和维度。以翻译过程为中心的研究大多使用心理语言学方法或认知心理学的研究方法和模式,包括由麻省理工学院 Ericcson 教授等首先倡导的"有声思维法"(Think Aloud Protocol,TAP)(Ericcson & Simon, 1980);键盘跟踪技术,尤其是 20 世纪 90 年代 Jakobsen 教授开发的翻译键盘录入软件"Translog"(Jakobsen, 2011),它可以记录实时翻译过程中译者在键盘上表现出的停顿、添加、删除、修正等行为,并据此分析译者的思维过程,特别是双语转换过程。研究者将"有声思维法"与键盘录入技术结合使用,或者单独使用键盘录入法,研究翻译过程并取得了丰硕的成果。之后许多研究者又尝试使用眼动仪开展翻译认知过程研究(Seeber & Kerzel, 2011)。利用眼动仪收集数据,可获得许多翻译过程中大脑运作的信息,例如考察译员译出与译入认知负荷、注意分配、努力程度等。但是此类研究要求被试坐在眼动仪的前面进行笔译或者口译。由于技术条件的限制,目前眼动仪比较适合用于口译研究,进行笔译研究则比较困难。还有一些研究者使用神经科学的方法,使用脑电、近红外光谱扫描仪、核磁共振等技术设备(如 Hervais-Adelman et al.,2014),进行翻译过程实证—实验研究,虽然设备和研究设计各不相同,但这类研究的共同点是直接关注被试的大脑,通过大脑中的脑电波,或者大脑中血红蛋白的变化情况,或者神经元活动所引发的血液动力的变化,了解译者大脑的活动和运作机制。(李德凤,2017)

此外,在翻译研究中,语料库分析定量方法和依托认知科技手段的实验方法可以很好地结合起来,这类研究主要有两种研究途径:一是以自然语言建立语料库,再辅以认知阐释(如 Schmied,1994;Setton,2011;Petite,2005);另一种途径是以过程实验中产生的翻译产品建成语料库,再与过程实验数据结合,研究译者在选择译文时的心理机制(Alves & Magalhães,2004),或者从认知心理科学的角度,阐释翻译过程中出现的特殊现象(李德凤,2017)。Halverson(2013)指出,将多维度的产品和过程研究有机结合,可更好地、更多地揭示译者的认知状态、认知能力构成和认知加工机制。"可以先从语料库方法确认相关变量,然后观察变量的在线属性,使得心理实验方法有明确的定位目标,避免实验设计中人为建构例证。"(谭业升 2021:81)

二、经验实证与人文解释方法的结合

Hansen(2010)指出,翻译的实验研究正努力达到科学研究范式所要求的严格标准,但是翻译过程研究不可避免要涉及高度定性的研究资料,其中包括对非常复杂的心理-社会事件的主观观察。如果仅仅在实验科学范式的框架内来考察翻译过程,或许是将如此复杂的人类翻译问题过于简单化了。在探索人类翻译的整体特性时,不应忽视广义的人文社会科学范式下的研究态度和方法,应该找到经验实证科学和人文社会科学研究相结合的方法和路径。考虑到翻译工作流程和翻译工作空间的变化,认知翻译学在以往翻译实证研究方法的基础上补充了若干研究方法,如情境调查法、问卷调查、访谈和小组焦点座谈、互联网介导调查法、广义思维报告法(谭业升,2020)。广义思维报告法具有人文解释性,它考察的中心是译者而非文本,关注辅助或边缘性资源,例如翻译文本的序、跋以及译者访谈、论著等,这些资源反映了译者的观点或思维报告,它们源自译者的回顾式感知体验,可供研究者展开认知研究参考。(谭业升,

2021)

三、量化研究与质性研究的结合

认知翻译研究从方法论的角度来看具有实证研究取向。根据具体研究需要,它既可以是量化研究,也可以是质性研究。如果要对所获得的数据进行概括并应用于其他情境,研究者需要采用量化手段。但是,鉴于翻译活动涉及很多复杂因素,当有些问题无法量化时,研究者只能采取质性手段。而且,在很多情况下,两者并不冲突并且互为补充,对质性研究的分析可以辅助解释量化数据研究的结果,量化数据的分析可以辅助验证质性分析的结果。

近年来随着科学技术和研究工具的不断发展与创新,科学实验工具仪器越来越普及,学界对"科学主义"的追求促使量化研究在翻译认知研究中逐渐占据主导地位,而质性研究作为"自然主义"的方法体现,却被逐渐弱化甚至贬低。对这一现象,Martín(转引自王钧松,穆尼兹,2021)表达了自己的看法,认为量化研究和质性研究可以相互结合,并且他本人更倾向于以量化为主、质性为辅的混合研究方法。通过量化研究,研究者可以对理论和知识进行比较客观的归纳和概括,从而提高翻译质量、促进翻译教学、改善翻译工作方式和条件等。然而不可否认,质性研究也有重要的价值,因为研究者只有基于质性研究,才能确定量化研究需要测量的对象。换言之,质性研究具有探索和引领作用,而且,在很多情况下,质性方法可以辅助量化数据分析和阐释。例如,研究者通过眼动追踪和键盘记录获得数据并进行分析之后,可以对被试进行回溯访谈,这种质性研究结果对于之前的量化研究结论能起到很好的支持和补充作用。

以上狭义的翻译过程实验研究通常让译员、学生作为被试,但是在大多数情况下,翻译研究的中心是翻译产品,如文学经典翻译作品、社会生活各个方面的翻译产品(如公示语、新闻、影视字幕、外交外宣等口笔译产品),译者无法作为被试参与实时实验,或因文本长度、翻译周期长等原因导致量化研究难以开展,在这种情况下,质性研究就更加具有可操作性,并能突显自身优势。比如,著作翻译通常要耗费几个月或更长的时间,开展量化研究不具备客观条件。质性研究在自然情境中采用历史文献收集分析、案例分析、社会调查、实地调查等质性方法收集非量化数据材料,进行分析、比较、归类,找出事物的规律和本质,既承认事物的客观存在,又强调在认识客观实在的过程中主观经验的重要性,突出人在自然情境中凭借主观体验对自然现象、社会现象的整体性和相关性作出的描述和阐释性理解。这既是认知翻译学研究翻译过程中译者人脑的客观反应，又与关注译者客观体验和主观识解的理念相契合，适用于认知翻译学针对翻译产品的研究。

质性研究通过大量的非量化材料数据收集探寻翻译认知的规律和本质，并进行概括归纳，同时以语料库等研究手段辅助。翻译产品往往是译者经过一系列认知加工后的成品。因此，"语料库是另一种有效推测翻译认知过程的研究方法"（宁静，李德凤，李丽青，2021：30）。基于语料库的翻译认知研究旨在通过对大量双语文本和译文的分析，利用语料库方法揭示翻译的心理机制和认知规律，有利于增强研究结果的信度和效度。基于语料库的翻译认知研究不仅改变了翻译认知的研究方法，而且拓宽了其研究范围，如翻译与隐喻、翻译认知过程、译者审美心理以及文化心理对译者影响等（胡开宝，李晓倩，2016）。

随着认知科学的进步，认知翻译学研究在过去 20 年获得了显著的发展，出现了大批优秀的学术研究团队和优秀的研究成果。但是学界研究者已经认识到，目前认知翻译研究仍处于探索阶段，在理论模式和研究方法等方面都有待进一步完善，具体包括继续深化完善理论模式研究、拓展研究内容和研究领域、改进研究方法。

首先，继续深化理论模式研究，构建科学完整的学科理论体系是认知翻译研究当前面临的首要任务之一。

认知翻译学覆盖语言学、心理学、认知科学、社会学等多学科，认知翻译研究是典型的跨学科研究，需要继续向其他学科借鉴学习，获取更多的理论和方法的支持，逐渐构建符合其两个首要承诺，即概括承诺和认知承诺，且与认知科学相融合的完整科学的知识体系。与此同时，认知翻译学还应该努力发展和有所超越，努力构建能被普遍接受、具有普遍意义、切实可行的理论模式和理论体系，从而不断提升自身的学科地位。目前，基于第二代认知科学范式共同原则，如情境认知、涉身认知、网络分布认知，认知翻译学正在发展理论框架。在 4EA 认知观下，认知是具身的、环境内嵌的，由身体与环境共构的、扩展的和与情感相关的认知。这相对于早期以人脑在线信息加工过程为核心的狭义认知翻译观已经有了很大突破，已将研究视野拓宽至实验室以外更广阔的空间。

此外，理论模式建构与实证研究应共同发展。学界当前一个基本共识是，认知翻译学研究尚未形成能被普遍认可的理论模式和理论假设（Shreve & Angelone，2010；O'Brien，2015；肖开荣，文旭，2012）。在未来，有关认知翻译学的理论模式可能不止一个，各位学者从不同的视角出发，从不同的侧面针对不同阶段的不同问题进行研究，就会提出不尽相同的理论模式，它们可以用作实证研究的理论假设、实证研究的设计出发点、证实或证伪的目标。同时，实证研究将成为认知翻译研究的主要形态，在理论模式指导下，实证研究的研究设计更有针对性，需要更加细化，得出更有普遍意义价值的研究结果，同时还要注意克服研究方法方面的缺陷，让实验环境更加自然，接近真实的翻译活动环境（文旭，肖开荣，2019）。

其次，扩展研究内容与研究领域是认知翻译学研究发展的必经之路。

谭业升（2020）提出，翻译认知过程研究在第二代认知科学研究范式下，有五大领域需要扩展，即情境化的翻译认知过程研究、翻译过程中的文化认知研究、翻译过程中的情感认知研究、翻译过程中的创造性认知研究、对翻译共性认知过程的研究。

在认知科学中，广义的认知不仅包括人脑对信息加工的过程，还包括人体内嵌的情境化行为（Contextualized Action），即社会文化语境中的情境认知，它源自人与社会、物质环境之间不断的相互作用，是由行动者和符号产品网络编织而成的一种网络分布式的高度自适应过程。认知翻译学据此扩展了翻译过程研究的对象并发展了新方法，其中对翻译工作场所的研究有所增加。如真实工作环境下的翻译认知过程研究、口译认知过程中的多模态认知加工实证研究、翻译技术革新导致的翻译人力组织及其内部关系、细化分工的翻译工作团队链条等都值得深入探究（谭业升，2020）。

翻译过程中的文化认知研究应从已有框架中吸取经验，设计一些让文化具有可操作性的模式，让译者用来实施不同的文化认知翻译任务。研究者可以基于文化语言学的成果，从语言的不同层面寻找两种或多种语言文化在翻译过程中的认知差异和分歧，用图式、范畴、隐喻和脚本等概念化经验的认知工具系统地解释这些差异以及翻译转换过程（谭业升，2020）。

关于翻译过程中的情感认知研究，研究者逐渐开始在实验范式下对情感在翻译过程中的真实作用展开实证研究，但仍有很多问题等待解答。例如译者如何传达情感？如何选择传达情感的方式？传达同一情感时有哪些困难？译者和读者对不同语言中不同类型的情感表达的反应如何？是否一致以及与已有的社会化的文化情感经验规则有何关联？这些或者更多此类问题都为将来的实证研究设计提供新的内容，值得进一步探究。

翻译过程中的创造性认知是需要深入探讨和拓展的研究课题。在第二代认知科学范式下,研究者强调认知的具身性、施为者与环境的相互作用以及文本意义的认知建构。因此,翻译过程的创造性自然成为研究者关注的焦点,可以通过经验和实验方法对创造性进行探索。谭业升(2020)提出,翻译过程研究领域的创造性研究有四个目标:描述翻译的创造性特征、确定翻译的创造性过程所涉及的认知加工、衡量译者的创造性人格对翻译行为表现的影响、阐明可能有利于创造性发展的教学和工作环境因素。

对翻译共性认知过程的研究与翻译共性紧密相关。翻译共性是语料库翻译学的核心研究内容,主要探究翻译文本与目的语原创文本的差异。目前研究者已经提出简化(Simplification)、泛化(Generalization)、范化(Normalization)等几个翻译共性特征。研究者可以从认知翻译学的视角出发,利用文本对比描写分析法等方法揭示翻译中多样化的创造性识解过程,然后在此基础上,通过实证方法发现不同的语言文化对彼此之间的转换的认知共性和差异、专家译者和学生译者操作的认知共性和差异等,进而验证系统性的、中间层(Intermediate level)的认知共性和差异。

再次,推动研究范式的融合与整合,是认知翻译学必须考虑的问题。

当前认知翻译学研究主要分为实证—实验和社会—情境两大研究流派,前者主要聚焦认知翻译过程本身,而后者则关注社会文化情境对认知行为的影响。由于研究范式不同,研究对象与研究问题也有差异。实验范式和情境范式虽各有侧重,但不应各执一端,而应通融互鉴,因为两者都是为了给认知翻译学提供新的理论资源和学术营养,促进认知翻译学的理论构建。未来只有将两种研究范式结合,充分发挥各自的优势,取长补短,才能更加全面地揭开人类认知翻译的神秘面纱。

卢植、郑有耀(2022:26)提出,认知翻译学的理论建构可以尝试采用"横向类比"的逻辑方式,以实验范式的认知翻译过程研究模式为类比对象,通过描写情境范式的认知翻译过程研究模式的建构要点,建立起情境范式下译者案例的独特性和一般性知识的关联,从而对具体案例和已有知识进行对照和类比,二者互补互惠,取长补短。"在科学发展的过程中,初期常常以自然观察为主,后期才逐渐进入以实验为主"(金岳霖,2005:128),认知翻译过程研究的认知翻译学亦应循此学理。情境范式认知翻译过程研究通过观察法、个案分析法等手段得到"感性材料",经过分析和归纳推理,既可回答探索性的研究问题,也可为实验范式认知翻译过程研究进一步模拟真实翻译工作场景、翻译工作程序等提供新知和/或假设;实验范式认知翻译过程研究则以情境范式所产出的新知或假设为理论起点,通过演绎推理思路,系统而严谨地收集分析数据,验证新知或假设,进而尝试构建解释与预测翻译过程之规律的模型(Hale & Napier,2013)。总之,两种范式取得的实证证据应相容共存、融通共进,协力揭示译者大脑思维规律,建构翻译过程模型,进而创建跨学科、多视角、开放性的认知翻译学理论体系(卢植,郑有耀,2022)。

值得注意的是,无论哪种研究范式,认知翻译研究的根本基础不能被忽略,也就是语言与文化。语言、文化与认知三者是辩证统一的整体,不可分割。"尽管认知翻译研究重视严谨实验程序并引入情境认知观,但是依然重视翻译作为语言认知加工这个基本点"(谭业升,2020:219),任何范式认知翻译研究的本源和本质都是语言文化研究,是基于文化环境、语言事实和语言现象的科学实践。高质量的实验设计都会将语言素材置于核心地位,重视实验选材的语言严谨性,才能保证实验结果的有效性。译者在认知过程及翻译过程中,如何识解、判断、描述概念、传递意义,选择怎样的翻译策略都受到译者本身的文化背景、文化身份地位、意识形态、对目的语读者社会文化的理解等因素的影响。文化认知翻译将是认知翻译研究不能忽视的部分,人工智能技术、信息技术等科技手段使得文化翻译呈现新的实践形态,文化"走出去"等政策的影响使文化翻译更有实践价值。谭业升(2021)认为,文化认知翻译研究将呈现以下两个趋势。

第一,针对中西方之间文化差异的翻译研究应更加关注深层次的文化认知表征差异,而不应该仅停留在抽象的群体性差异预设或者某些特有的文化事物上。在翻译研究中,正如汉学家译者白亚仁(2014)所指出的,由于互联网等现代工具提供便利的信息搜索功能,出现在一些文本中的特有文化事物对译者或读者不再构成真正的理解障碍。互联网带来的经济信息全球化改变了东西方文化差异的性质、问题以及相关处理策略,深层次的文化认知或许成为更加需要关注的研究课题。译者和读者的情感认知和情感反应会成为文化翻译认知研究重点关注的方面。

第二,认知翻译学将关注文化的流动性、变异性、交融性,对接行动主义,强调翻译行动中文化认知的变化。译者的文化认知既体现在抽象的认识层面上,也体现在个体性和社会性的翻译事件行动之中。认知翻译学借助文化人类学、认知语言学以及其他学科的理论概念和分析工具,探究文化、语言与概念化的关系,重新审视特定社会环境中的思维模式、文化的特定行为方式和语义之间的关系。它强调文化是通过意象、图式、范畴、隐喻和框架等认知结构,来将经验概念化的源泉(Palmer & Sharifian, 2007)。它更加强调个体文化内在认知表征的重要性。这种表征知识被用来实施不同的任务,产出文化的概念-情感图式和行为框架,在多样化具体情境下发挥允准效应,也在文化翻译实践中被调整、改变和更新。

简言之,"认知翻译学的文化翻译研究将更加强调译者深层次的文化认知表征和翻译行动中的文化认知变化"(谭业升,2021:85)。

最后,认知翻译研究将完善研究方法,规范实验设计,提高研究结论的可靠性。

学科的成熟发展离不开研究方法的不断完善。认知翻译学研究方法快速发展,研究者需要对其进行反思和批评性研究。要思考这些研究方法是否能真实、准确、直观、全面地反映译者的认知活动和机制,有效性如何等问题;同时要考虑到研究方法在实验中对译者翻译活动是否产生干扰。认知翻译研究虽然采用了各种先进的实验技术和研究手段,但是仍需规范实验设计,在其严谨性,尤其是变量控制方面逐步改进。因此,在进行认知翻译实验时,研究者需要严格遵循实验流程,规范实验设计,尽量控制无关变量对实验结果的干扰。此外,认知翻译实验研究还应避免实验情境的过度人为操控,让实验接近真实的翻译活动,从而提升实验结论的可靠性和适用性。

3.5 小结

20世纪50—60年代,认知科学的发展给其他学科带来深远的影响。20世纪60—80年代,翻译研究受到认知科学的影响,出现了认知取向,翻译研究的重点逐渐从翻译产品转向翻译过程,从翻译分析转向译者的认知心理探究。

20世纪90年代初期,认知翻译理论逐渐发展,翻译理论研究者们基于心理学、语言学、社会学等学科的理论,构建用于翻译过程研究的理论模式,包括信息加工模式、关联理论模式、社会-认知模式、认知努力模式、翻译决策模式。20世纪90年代以来,随着研究技术的更新和研究方法的成熟,认知翻译这一跨学科研究的深度和广度进一步拓宽,产出大批研究成果。

认知翻译学的发展主要建立在认知语言学、心理学、认知心理学、认识神经科学、社会认知等学科理论的基础之上,研究的方法也借自这些认知科学分支学科,并受到研究对象形式的影响。近年来,社会认知理论逐渐成为认知翻译研究者关注的一个新的研究视角。随着技术的广泛应用,机器翻译中的译者工作方式和翻译中的人机互动等研究成为该领域的新话题。

关于认知翻译学研究领域,学者们进行了不同的界定,使用了不同的名称。翻译认知研究是翻译学的重要组成部分,也是一个独立的研究领域。该领域经历了近60年的发展,始终保持认知心理哲学取向和信息加工范式。认知翻译学这个新的翻译学范式正在逐渐建构系统的研究体系和研究领域,但是目前仍需解决一些重要的问题,确立研究体系以及建构理论模式最为重要。我们可依据认知语言学和认知翻译学中的主要承诺或责任来探讨认知翻译。认知语言学在解释语言现象时,秉持概括承诺和认知承诺,两者相辅相成。

认知翻译学已发展成一个研究领域覆盖面广阔的跨学科研究体系,其中语言学视角的认知翻译研究起着重要的理论建构和理论阐释作用。认知科学路径下的翻译研究试图探究和解释译者的心理加工过程的内部运作机理,如译者对文本的重组过程、对翻译策略的选择和运用过程,文化背景和语言知识对译者思维过程、源语理解及目的语产出的影响,译员翻译能力的开发与评估,等等。如今,认知翻译学学科定位逐渐清晰,研究对象持续延展,研究方法不断创新。总体而言,认知翻译学主要采取"实验实证"研究范式、"情境交际"研究范式、"语言认知"研究范式。

随着翻译研究继续深入,认知翻译学将进一步拓展研究领域,同时也需要在研究范式、方法上有所突破。认知翻译学力图在研究方法上实现三种结合:过程研究和产品研究的结合、经验实证与人文解释方法的结合、量化研究与质性研究的结合。目前认知翻译研究仍处于探索阶段,在理论模式和研究方法等方面都有待进一步完善,具体包括继续深化完善理论模式研究、拓展研究内容和研究领域、改进研究方法等。

第四章

认知翻译学应用研究

作为一个庞大的跨学科体系，认知翻译学的研究领域日益扩大，覆盖越来越多的学科，但无论如何，译者在翻译实践中首先遇到的是字词句，语言文本始终是翻译实践活动的基本内容，研究者不能冷落语言或将文本抛到一边而大谈其他。"翻译直接与语言相关，是不同语言或语言变体之间的范畴转换。"（文旭，2019：1）"由于语言在翻译过程中起主要作用的传统观点现在已经有了坚实的科学依据，因此当代翻译学中占主导地位的还是语言学视角的翻译理论。"（科米萨诺夫，2006：9）

因此，在认知翻译学中，语言认知翻译研究起到重要的理论建构和理论阐述作用。众多学者也以认知语言学为理论依据，探索翻译转换中的语言认知机制。文旭、肖开荣等学者（2019）从语言的认知理论出发，通过语言认知的不同侧面，例如范畴化、概念隐喻、概念转喻、多义性、象似性、主观性、框架、认知识解、概念整合、关联理论、语篇认知，探讨翻译涉及的语义、语法、转换机制等问题。王寅基于马列辩证唯物论和体验哲学的基本原理，提出"语义体认观"，并由此建构"体认语言学"和本土化译论"体认翻译学"，将翻译定义为"一种特殊的、多重互动的体认活动，译者在透彻理解译出语（包括古汉语）语篇所表达的有关现实世界和认知世界中各类意义的基础上，将其映射进译入语，再用创造性模仿机制将其建构和转述出来"（王寅，2021a：24），并从体认观、范畴化、互动、映射、意向图式、识解、隐喻、转喻、突显、概念整合、事件域认知模型（ECM）、象似性等方面描写和解释译者在翻译过程中所采用的体认方式。这一理论是对认知翻译学的深入发展，也推动了我国译论学派的构建。当前，基于意象、意象图式、识解、隐喻和转喻、范畴的辐射结构、原型效应和框架等具身认知概念和理论,认知翻译学形成了综合认知分析框架,将深化和细化翻译主体认知能力、认知结构和认知过程的研究。

王寅(2021a)根据认知语言学理论对认知过程这样描述:人们在认识世界的过程中,通过感觉、知觉、表象与客观世界互动体验,形成意象,通过对事物和事件的反复比较、分析、抽象、完善,形成意象图式这一基础性认知模式,并根据新的认知不断补充、修正或再建新图式,储存于心智,据此识别新的意象,进而对所识别的意象进行范畴化和概念化,确定范畴,获得概念,包括简单概念、复杂概念和概念结构,进而建构意义,再用语言符号等形式将意义表述出来。

笔者尝试基于王寅的体认过程图表,将认知过程进一步细化描述,见图4-1。

现实 →（感觉　知觉　表象）→ 意象 → 意象图式 → 范畴 → 概念 → 意义 → 语言
互动　　　　　　　　　　抽象　　　　　　　　　　意义　符号
体验　　　　　　　　　　概括　　范畴化　概念化　建构　表达

图 4-1

鉴于认知翻译学所涉及的认知机制众多,下文笔者依照认知过程,探讨意象、意象图式、范畴化、隐喻、转喻及识解认知机制,并结合其在翻译研究中的应用进行详细论述。

4.1　意象、意象图式与翻译

意象(Image, Imagery)和意象图式(Image Schema)是认知语言学和体认语言学的核心概念之一,用以表征客观世界的物象在人们心智中留下的印象,在人类的思维、语言、意义、理解中占据着重要位置,是人们划分范畴、认知环境、建构思维、组织语句、储存知识的基本原则,也是包括汉英两民族在内全人类所共享的体认方式。(王寅,2021a)

意象指客观世界中的物象在人们心智中留下的印象。人们在认识世界时,凭借直觉和感官来认识事物的感性形象,人们的主观感受和事物的客观物象在人们心智中融合,形成关于事物的形、声、色等意象,人们通过这些意象识记事物、划分范畴、组织思维、形成语言、理解描述世界、传承经验、构建文化。

意象与中华民族认识世界的思维方式息息相关,《周易》第一次明确提出"意"与"象"的问题。《周易·系辞上传》:"子曰:'书不尽言,言不尽意。'然则圣人之意,其不可见乎? 子曰:'圣人立象以尽意,设卦以尽情伪。'系辞焉以尽其言。""圣人有以见天下之赜,而相诸形容,象其物宜,是故谓之象。"这段文字首次明确提出了"言""意"与"象"的问题,认为"言"不能完全清楚地表达"意",而"言"未尽之"意"却可通过"象"完全表达出来。"象"不仅描摹物象的外观,还象征其内在本质,兼具客观性和主观创造的特点。"圣人立象以尽意"认为"立象"是为了表达"意",圣人创制的表象和记录语言的文辞都为表达人的思想。尽管这里的"象"指"卦象","言"指"卦辞"。但这一阐释一开始就确立了意象范畴在哲学规定中的"表意"性,至今仍被人们看作意象理论的发端。

曹魏经学家、哲学家王弼在《周易略例·明象》中更详细地阐释了"象""意""言"三者的关系:"夫象者,出意者也。言者,明象者也。尽意莫若象,尽象莫若言。言生于象,故可寻言以观象;象生于意,故可寻象以观意。意以象尽,象以言著。故言者所以明象,得象而忘言;象者所以存意,得意而忘象。"也就是说,"象"是展现"意"的,并且是最好的手段,"言"是明示"象"的,也是最佳方法。"言"由"象"所生,因此可以循着"言"来体察"象";"象"由"意"所生,因此可以循着"象"来体悟"意"。"意"因"象"而得以展现,"象"因"言"而得以明示。因此,"言"就是为了明示"象",得到"象"就不能执着于"言";"象"就是在于展现"意",得到"意"就不能执着于"象"。

王弼认为,卦象是用来表达圣人之意的,卦辞是用来说明卦象的,明白了卦象的含义就可以忘掉卦辞和爻辞,懂得了圣人的思想就可以忘掉卦象,主张对《周易》的理解不必局限于辞和象,而要通过辞和象把握圣人的思想。但他又把意与象、象与言的关系绝然对立和分割,认为"然则忘象者,乃得意者也;忘言者,乃得象者也。得意在忘象,得象在忘言""忘象以求其意,义斯见矣"。以卦象、言、意三者关系来说明忘掉言、象是得"意"的条件,只有忘掉了语言和物象,才能认识到思想和世界的本质"无"(金炳华等,2001)。

从语言学角度来看,"言"(语言符号)要明示"象"(物象、意象),"象"可以展现、传递"意"(意义、思想)。人们通过"言"先窥见"象",之后领会到由这个"象"所展示的意,这与翻译的认知过程十分相似。译者阅读原文,辨识物象,形成意象,划定范畴,识解原型,确定概念,理解意义,再通过语言文化转述转换,明示物象,展示传递意义。读者阅读译作的认知过程也与此类似,同样借助"言""象""意"三个元素或步骤获取意义。两个过程的共同之处在于,最终目的都是"意",可见,"意义"是翻译活动的核心,也是决定翻译效果的重要因素。与此同时,"得象而忘言""得意而忘象"也给翻译活动提供了重要启示,要达"意"就要借助"象",而"象"则借助"言"阐释,但前者不能局限于后者的约束,也就是说,译者要借助语言符号和意象传递意义和思想,但不能固守语言文字或意象,而是以文字传递意象,启发想象,促进理解意义和思想,实现有效交流。在翻译实践中,同一语言符号由不同译者解读,可能得到不同的意象,产生不同的意义,不同的读者阅读同一个译文也会获得不同的感受,这显示了翻译的主观性,也解释了为什么"有一千个读者就有一千个哈姆雷特"。可见,翻译是主客互动的过程,且会产生多元结果。此外,"得意在忘象,得象在忘言"也有力支持了"翻译是创造性模仿"的观点,强调"想象力、创造力在翻译活动中不可或缺的地位"。

意象作为一个完整词语首次出现在我国东汉思想家王充的《论衡·乱龙篇》:"夫画布为熊、麋之象,名布为候,礼贵意象,示义取名也。"在此,"象"指画有熊、麋等的兽像,古人以象表意,将君臣上下礼仪之"意",寓于兽像之中,意象在此就是表意的象征物象,是主观之"意"和客观之"象"的有机融合,表达了人的意念和思想。王充还继承发展了《周易》的"立象以尽意",归纳出"立意于象"的取象原则:"土龙与木主同,虽知非真,示当感动,立意于象。"这里的"象"指宗庙立木想象为祖先,仍有象征含义。刘勰最早从审美角度提出了文学创作中的意象,《文心雕龙·神思》:"然后使玄解之宰,寻声律而定墨,独照之匠,窥意象而运斤。"此句深入思考了意象与理解、技巧、艺术的想象、情感、语言表现之间的微妙关系,这里的意象是作者对生活素材感受酝酿和想象构思的结果,指创作过程中客观事物在作者心智中构成的形象,也是主体情感思想与客体物象彼此生发、相融契合、浑然一体的艺术表象。此后,唐宋元明清皆有对意象的理论阐释,也都脱离不了主客二性。

我国古典意象理论其实也反映了人对客观世界的互动体验与认知加工,与认知语言学有相通之处。根据认知语言学核心原则可知,客观世界进入人的视野,经过人的认知加工后必然留有主观性痕迹,文学作品中的客观世界更是因为作者的情感思想而变形,产生各种含义。意象广泛应用于文学创作中,其形式是多元化的,可以表现为字、词、短语、句子、段落、篇章。作者往往借景抒情,以物喻人,借物明志,以物表意,用意象表达情思,使作品富含各种文化意韵,一些典型意象甚至模式化为文化符号。如中国传统文化中"四君子"梅、兰、竹、菊,"岁寒三友"梅、松、竹都是以植物象征高洁品格,也是艺术文学作品中的常见意象。这些蕴含深厚文化烙印的意象为翻译带来挑战,因为有时字面含义和深层文化意义的关系并不明显,甚至差距极大,容易引起误解和误译。这与外物进入心智成象的规律不无关系。刘宓庆(1999:93-101)曾将客观事物进入人心智成象的渐衰层级描述为四个层进顺序——"映射、投射、折射、影射",具象性逐渐降低,抽象性逐渐升高。"映射"的具象性最高,类似于"反射",形与象的外表匹配程度也最高;"投射"次之,开始从形向意过渡,试图摆脱物象的影响;"折射"过程中,形和象已经脱离,人们需要通过"透视、推理、引申"等手段来曲折解读含义;而"影射"的抽象性最高,意义也最隐晦,字面意思与深层含义相去甚远,解读其意义需要深厚的文化知识储备与认知识解能力。这四种心智加工类型揭示了语言文字与客观物象的象似性程度,从映射到影射,复杂度抽象性不断增高,可用来解读跨语言跨文化意象的翻译策略。

在文学翻译中,多数跨文化意象呈现为隐喻的现象,包括语言的表达和概念的映射。王寅(2021a:178)根据刘宓庆提出的四个层级,将翻译中的隐喻现象划分为四类:"直接隐喻、间接隐喻、复杂隐喻、隐晦隐喻"。例如,"as white as snow"这一意象属于映射类、直接隐喻,将客观世界的普遍自然现象白雪及其颜色直接映射到人们的心智,人们根据自己的客观经验或常识解读"白"的概念和意义。这一常规性的表达方法被大众普遍接受,因此可以采取直译策略,直接翻译成"洁白如雪,雪白"。再如"Walls have ears"译作"隔墙有耳"。"as poor as church mouse"则属于投射类、间接隐喻,这一意象源于德语俗语"arm wie eine Kirchenmaus",意思是穷得像教堂里的老鼠。古时候教堂没有食物,所以教堂的老鼠很难吃饱饭,因此用来形容人十分可怜的样子。对于没有相关文化背景知识的人来说,"church mouse"和"poor"之间的联系难以理解,所以这里适合意译,译为"一贫如洗,穷困潦倒",或阐释性翻译为"教堂里的老鼠——赤贫"。再如纽约市的别名"Big Apple",若直译为"大苹果",无法激发无背景知识的读者对纽约市的直接认知,若意译为"纽约",则丧失了原文的特殊文化符号功能。这一意象已成为西方文化中广为流传、普遍接受的文化符号,从跨文化交流的角度考虑,此处可以采取直译加增译的方法,译为"大苹果,纽约"。

相对而言,后两类翻译难度较大。折射性、复杂隐喻和影射性、隐晦隐喻承载着深厚的文化意韵,对译者和读者的文化知识背景要求更高,因此也更适合用意译加注释的方法。例如"An Apple of Discord"出自荷马史诗《伊利亚特》

中的希腊神话故事，字面意思为"纠纷的苹果"，指掌管争执的女神厄里斯在宴席上丢下的那个象征"最美者"称号的金苹果，它不仅引发了奥林匹斯三位女神之间的不和，而且还导致了人间两个民族之间历时 10 年的特洛伊战争。此意象涉及的文化背景较深，传递的深层意义是"战争之源、不和之音、祸根"，需要译者对其来龙去脉有所了解，解读隐藏在文字背后的文化信息。影射类、隐晦隐喻的抽象性最高，也最难理解，往往蕴含着更加深厚完整的背景知识。例如"Me Jane, you Tarzan."这个句子的背景是美国影片 *Tarzan*，电影中的人猿"泰山"象征着力大无比英勇威武的男性，他常向女主人公 Jane 说简单的一句话"Me Tarzan, you Jane"，影射男性对女性的主导权和保护力，可理解为"我是人猿泰山，小女子别怕"。然而这引起女权主义者的不适，她们仿此句式，创造出一个新的意象"Me Jane, you Tarzan."（引自王寅，2021a: 179），似乎可理解为"我是女汉子 Jane，泰山你别怕"。若对影片背景没有任何了解，则很难理解这一小小的语序变化所隐含的巨大意义差异。

可见，翻译中意象的映射、投射、折射、影射四种心智加工类型会影响到语义的诠释和文本的解读，译者要借助文化矩阵来解读意象的深层文化意义。

但是，意象兼具客观性和主观性，因此具有一定的模糊性、多义性，会因人因地而异，飘忽不定。为了弥补这一不足，Lakoff（1979）借鉴了康德在其哲学论著中使用的术语图式（Schema, Scheme），它具有较为稳定的关系结构，将二者合二为一，称为意象图式（Image Schema）。Johnson（1987）将意象图式定义为"我们感知互动和运动程序中反复出现的动态模式，为我们的经验提供连贯性和结构性"。它是对具体意象的深加工，脱离了事物的具体形象，更具抽象性。在此定义中，"经验"应该被理解为一个非常丰富的广义概念，包括基本的知觉、运动程序、情感、历史、社会和语言维度。意象图式是在我们日常的身体体验中不断出现的、相对简单的结构，例如容器、路径、链接、平衡，以及各种方向和关系（上下、前后、部分整体、中心外围等）（Lakoff, 1987）。人们在与客观世界互动体验的过程中，通过感觉、知觉而形成意象；在认知域内进一步抽象形成意象图式（概念框架），意象图式具有直接意义，因为它们是被人们直接和重复地体验而总结得出的经验；该意象图式投射到语言，形成该意象图式的语义框架……

根据认知语言学，语言基于人们对现实生活的"互动体验"和"认知加工"而形成，遵循现实-认知（体认）-语言的基本原理，其中，认知过程可以详细分为各认知机制,包括互动体验、意象图式、范畴化、概念化、意义建构等。可见,意象图式既是对现实世界互动体验的结果,也是范畴化、概念化、意义建构的基础,是人类认识世界、建构意义过程中的重要一环。意象图式是人们在日常生活与客观世界互动的体验过程中所获得的反复出现的、简单而基本的认知结构,基于对事物之间基本关系认知而形成,是理解和认知更复杂概念的基础结构。正如王寅(2021a)所指出的:意象图式,顾名思义,是对意象的"图示性表征",突显了人们能够从基于反复体验所获得的具体意象中,再进一步提取出模式性的信息,使得意象中的各种关系相对稳定,从而形成了一个可为社团普遍接受的共享性体认方式。因此,意象图式已成为一种文化定势,为一个民族或社团观察事物、表征世界的思维习惯。

根据 Lakoff(1987)的观点,常见的意象图式包括器图式(The CONTAINER Schema)、部分-整体图式(The PART-WHOLE Schema)、连接图式(The LINK Schema)、中心-边缘图式(The CENTER-PERIPHERY Schema)、起点-路径-目标图式(The SOURCE-PATH-GOAL Schema),以及上-下(UP-DOWN)、前-后(FRONT-BACK)、线性(LINEAR ORDER)等图式。例如,容器图式与"里-外"这一对空间概念密切相关,源自人们日常生活中最基本的身体经验和空间体验,包括吞咽和排泄、吸气和呼气、进入和走出房子等,当人们将所言目标视作一个容器,则心智中呈现的意象包括一个边界以及边界所分开的内部和外部,由此得到的基本逻辑是每一件事物都是在一定的容器内部或者外部,相应产生了容器隐喻,如"(某物)进入我们的视野""Fall in love.""婚姻是爱情的坟墓""陷入危机""走出困境"。

Lakoff 和 Johnson 认为,意象图式具有体验性、想象性、抽象性、心智性、动态性等特征,对建构范畴、形成概念、分析隐喻、理解意义、进行推理等非常重要。意象图式是介于"感觉"和"理性"之间的一种抽象的心智框架,是人们生活中重要的认知能力,与人们的文化背景联系紧密。意象图式的运作在翻译过程中也是必不可少的。

再以容器图式为例。根据 Lakoff 和 Johnson(1980)的观点,人们的知觉-运动机能带来明确界定的空间概念结构,人们将自己视作一个与世界其他物体分开的,拥有内、外的实体容器,内是血肉骨等物质,外是土木水火等其他各种物质,我们感知体验的多数物质都有明显的空间边界。若没有,我们就将边界投射到它们身上,通常是将其想象成实体容器,借助隐喻进行概念化,如

"in the forest、field、country、class、year、view"。其中，"year"具有时间边界，物体在一定空间范围内移动和它移动所需时间之关联是"时间是容器"这一隐喻的基础。"in one's eyes, heart""某人是个绣花枕头""臭皮囊"等是基于"身体是容器"意象的隐喻。"in one's opinion, view"则基于"视野是容器"意象。"知识的宝库""现金池""cash pooling""资金池""capital pool"等与我们经验中的储存容器相关联。

需要注意的是，意象图式包含的模式性信息，既包括具体普遍的身体经验，也包括情感、心理、文化等抽象独特的非身体经验。Lakoff 和 Johnson（1980）提出，人们通常用身体经验来概念化非身体经验，即用界定清晰的来概念化界定模糊的。从文化角度看，意象图式已成为一个民族或社团的一种文化定势，人们观察事物、表征世界的思维习惯由于文化习俗、思维方式、意识形态等而有所差异，意象图式也会不同，尤其表现在抽象概念和命题上，在翻译中也是普遍存在的问题。例如以下一组句子。

（1）原文：Wenn zwei sich streiten, freut sich der Dritte.（德语谚语）

汉译：鹬蚌相争，渔翁得利。

英译：A quarrel which benefits only a third party.

例（1）描述的是狼和狗因为抢同一块肉而打起来，两不相让，直到双方都筋疲力尽。旁边作为第三方的鹰目睹了这一切，于是趁机掳走了这块肉，很是高兴。此德语谚语根据欧洲民族的狩猎生活经验，选用狼、狗、鹰三个意象，概念化了一个抽象命题：双方争执不下，两败俱伤，结果让第三者获利。汉译采用异化翻译策略，用汉语读者熟知的成语替换德语谚语。该成语出自西汉刘向的《战国策·燕策二》，讲述了一个历史典故：苏代去赵国，向赵王描述他在易水河边看到的一幕，鹬和蚌相争互不相让，结果被渔翁一起活捉，他劝赵王放弃攻打燕国的念头，以防两国俱损而让秦国趁机得利。该成语中鹬、蚌、渔翁三个意象源自中国古代渔猎文化背景，成语喻指的意义与例（1）相似度极高，且更贴近读者的文化意象图式和知识框架，既保留了深层含义，又增强了翻译效果。英译采用了意译的方法，省缺文化意象，直接突显意义，此译文虽然意义清晰易懂，但是流失了原文中文化意象带来的生动形象。又例：

（2）原文：塞翁失马，焉知非福。

英译 1：Behind bad luck comes good luck.

英译 2：Every cloud has a silver lining.

英译 3：Every coin has two sides.

例（2）出自《淮南子•人间训》，阐释"福祸相依"的哲理，凡事皆有两面性，没有绝对的好坏之分，有时坏事可能变成好事。英译 1 是清晰直观的意译，直接展示原文的中心意义。英译 2 英语谚语"乌云边缘的亮光"喻指"不幸中的一线希望"，英译 3 "每个硬币都有两个面"喻指事物的两面性本质，它们所表现的中心意义都与例（2）原文不谋而合，有异曲同工之妙。

我们认为，成语、谚语和俗语等"言简意深"的文化构式蕴含了深厚的文化信息或历史典故，如果按照字面意思直译，并且不加注释，会给其他文化背景的读者增加理解难度。应以意译为主，重在翻译出它的内在含义，或者借用目的语中意义相符的构式进行替换，从而激发读者心智中储备的文化图式，产出最大程度对等的意义。

4.2　范畴化与翻译

我国对范畴这一概念的认知源远流长。中国古代阴阳学说中的"万物"其实就是一个范畴，例如老子《道德经》说："道生一，一生二，二生三，三生万物。"万物负阴而抱阳，冲气以为和。老子认为，道是独一无二的，道本身包含阴阳二气，阴阳二气相交而形成一种适匀的状态，产生万物。万物背阴而向阳，并且在阴阳二气的互相激荡中形成新的和谐体。我们认为，如果将"道"看作范畴原型，那么"生"可视作范畴化这一心理过程和认知机制，而"万物"便是具体范畴，也是范畴化的结果。

下文主要探讨认知语言学角度的范畴化理论、范畴的文化差异，以及范畴化理论如何应用于翻译实践。

4.2.1　范畴化与范畴

范畴化（Categorization）是思维最基本的功能，也是认知的基础。范畴化是人类根据特定目的对某种事物进行识别、分类和理解的心理过程（Ungerer & Schmid, 2006；文旭，2014）。世间事物纷杂多变，人们需要区分它们的共性和差异，将其分门别类，才有可能进一步认识和思考。人们基于意象图式对所见事物进行辨别分类，例如，当人们看到简单线条勾勒出的小狗形状，即使不知道它的大小、颜色或品种，也能根据心智中的认知储备认出这是一只狗或其他犬科动物，而非猫或其他，这便是范畴化的作用。

范畴是范畴化的产物。Taylor(1995)认为,范畴可大致分为语言范畴和非语言范畴两类,即自然语言中的范畴(如名词、动词、各种构式)、外部世界中的实体或事件(如动物、植物、家具)。两者都具有原型性、层级性、动态性等属性特征。

范畴与范畴化是认知语言学理论体系的重要组成部分。将范畴化理论应用于翻译研究可以有效规避中西传统译论中二元对立的思维模式,如直译与意译、形似与神似、归化与异化(文旭,余平,司卫国,2019)。关于翻译中的范畴问题,最早 Catford(1965)论述了翻译转换中的层次转换和范畴转换(Category Shift)问题。由于不同语言中的范畴划分存在差异,在翻译过程中必然出现阶级(Scale)转移的现象(王寅,2021a)。在翻译过程中,要实现源语和目的语的信息对等,不仅需要考虑语言范畴,还应考虑非语言范畴。无论是语言范畴,还是非语言范畴,两者都具有原型性、层级性、动态性等属性特征(文旭,余平,司卫国,2019)。

4.2.2　认知范畴观概况

认知语言学认为,人们通过感觉、知觉、表象与客观世界互动体验,形成意象,经反复比较、分析、抽象、完善,形成意象图式,并将意象范畴化以确定范畴、形成概念、获得意义,再用语言形式固定表述意义。可见,范畴化是人们与客观世界互动体验-认知加工过程中的重要环节,属于"现实-认知-语言"过程中的认知阶段,也是语言的基本特征之一。认知语言学的范畴观以认知心理学的原型理论(Prototype Theory)为基础,形成认知范畴观,对语言范畴作出的解释更合理、更符合语言事实及其概念基础。(文旭,肖开荣,2019)Langacker 认为,意义即概念化(Meaning is conceptualization),概念化指对外界事物全面认识和形成概念的过程。人们在对世界认知体验的过程中,基于意象图式,通过"范畴化"的认知方式,对事物进行范畴划分或心智分类并获得范畴,而概念对应范畴,意义由此生成(王寅,2007)。

当下,范畴理论主要划分为传统范畴理论和现代范畴理论两类,后者又包括原型范畴观和认知范畴观。亚里士多德开创的传统范畴理论认为,范畴以其成员共有的充分必要条件,即相同的本质特征来界定,如果一个实体满足某范畴的充分必要条件,那么就可以说该实体是这一范畴的成员(Evans & Green,2006)。传统范畴理论主要观点是:第一,范畴根据成员共有的一组充分必要特征来界定;第二,范畴特征是二分的,即某实体或具有该特征属于范畴成员,或不具有该特征不属于范畴成员;第三,不同范畴之间界限清晰;第四,范畴成员之间关系平等,没有中心和边缘地位的差异(Taylor, 1995)。(文旭,肖开荣,2019)

随着实证研究在人类学、语言学和心理学领域不断展开,现代范畴理论提出新的观点。哲学家 Ludwig Wittgenstein 提出"家族相似性"(Family Resemblances)理论、"扩展性边界"(Extendable Boundaries)的观点。认知心理学家 Eleanor Rosch 及其他学者通过大量实验提出"原型和基本层次范畴理论"(the Theory of Prototypes and Basic-level Categories),或称"原型理论"(Prototype Theory),其实验结果主要为两类:原型效应(Prototype Effects)(发展了 Berlin-Kay 的颜色研究)和基本层次效应(Basic-level Effects)(概括了 Brown 的观察和 Berlin 的研究结果)(Lakoff, 1987)。

现代范畴理论对传统理论的挑战主要有三:

第一,范畴成员不一定都具有一套共性,而只有"家族相似性"。Wittgenstein(1958:66)在研究"游戏"(Game)这个范畴时发现,下棋、打牌、踢足球、打台球等都属于这个范畴,但是它们之间找不到一套全体成员都具有的特性。范畴成员的特征数量众多,其中有一些相似之处,他称其为"家族相似性",就像家族成员可通过体型、肤色、发色、高矮相似性而相互关联,同属一个家族。

第二,范畴的边界不是固定的,而是根据人们的需求被限制或者扩展,如 Wittgenstein 举出的例子,"数字"范畴可以只包括整数、有理数、实数等,或者包括以上三种甚至更多种数字,20 世纪 70 年代,人们将"video games"(电子游戏)引入了"游戏"范畴。再如 Rosch(1977, 1978)、Berlin 和 Kay(1969)对"鸟""颜色词"等研究发现,范畴边缘不一定清晰,而是模糊的。例如,焦点色的存在使"颜色"范畴不统一,并且焦点色的边界不好判断,因语言差异而不同,如人们选出的蓝绿色的最佳例子可能实际上是蓝色或者绿色的。

第三,范畴成员之间的关系地位具有非对称性(Asymmetries),形成原型效应和基本层次效应。

原型效应表现为,在范畴系统中,拥有更多范畴特征的成员更典型,居于范畴中心地位,而具有较少范畴特征的成员居于次一级范畴甚至边缘地位。因此,范畴内部成员的地位围绕着一个或数个原型为核心建立起来,成员的分布是非均质的,范畴边缘也没有一个明确的界线。

在此,原型是指范畴中最典型的成员,或者说是"最像范畴成员的范畴成员"。比如"鸟"范畴有麻雀、喜鹊、知更鸟、乌鸦、老鹰、山鸡、孔雀、企鹅、鸵鸟等成员,"鸟"的属性是"能飞,有喙,有羽毛,有双翼和双腿,产卵"等,但这些并不是所有鸟的共同属性;范畴成员具备这些属性越多,就越靠近"鸟"的原型,否则就是非典型的甚至边缘的成员。由于生活环境和文化背景差异,人们对其中典型成员的判断可能见仁见智,但一般来讲,前面几种比后面几种更为典型,通常人们认为麻雀、知更鸟等是典型的鸟,老鹰、山鸡和孔雀是非典型、次一等级的鸟,而鸵鸟和企鹅就是边缘的鸟。这或许与其身体特征或功能与人们心智中"鸟"的普遍意象图式的相似性或心理距离有关。

人们要认知世界和学习语言,就要先学习原型。认知语言学认为所有的范畴都是模糊范畴,同一范畴内的成员都具有家族相似性,但每个成员的地位是不同的,相似性大的是该范畴中典型的或中心的成员,即原型。Rosch 在后来的研究中也称之为"认知参照点"(Cognitive Reference Points),指具有特殊认知地位的次范畴或范畴成员,认知参照点上集中了学习、匹配、记忆和相似性判断等认知活动。Rosch 对实际物体的实验发现,人们对范畴成员的判断推理具有不对称性,导致范畴成员呈现不对等的地位关系,即原型效应,被试认为某些范畴成员比另外那些更具有代表性,也就是原型成员,再以此为参照点,推理判断其他成员,与之相似性小的是非典型成员甚至边缘成员。在许多情况下,原型充当各种认知参考点,并构成推理的基础(Rosch, 1975a, 1981)。范畴是客观事物在认知中的归类,是以原型为认知参照点进行建构的,并随着成员相似性程度的递减向外扩展,直至模糊的边界。值得注意的是,原型效应本身并不能解释范畴结构在人类推理过程中起到重要作用。人类推理的研究是人类推理和概念结构研究的一部分;因此,用于推理的那些原型必须是概念结构的一部分。原型效应本质上产生于人们内部认知机制,人们通过结构复杂的"理想化认知模型"(ICM),来组织知识和经验,范畴结构和原型效应是该组织方式的副产品。(Lakoff, 1987)

关于基本层次效应,认知人类学和认知心理学研究发现,位于分类层次结构中间位置的范畴非常重要。Berlin 等(1974)和 Hunn(1977)等学者对 Tzeltal 植物和动物的分类研究发现,类型属的层次在人们心理上是基本层次,位于整个生物层次结构的中间位置。Rosch 等学者(1976)也发现,心理上最基本的层次处于范畴层次结构的中间,示例见表4-1。

表4-1 范畴层次结构

上位层次	动物	家具	机动车辆
基本层次	狗	椅子	汽车
下位层次	猎狗	摇椅	跑车

基本层次范畴的"基本"性反映在四个方面(Lakoff, 1987)。感知方面:普遍接受的形状、单一的心理意象、快速识别。功能方面:具有共同的运动机制。沟通方面:最短、最常用且不受上下文影响的单词,通常是孩子最早习得、最早进入词典的单词。知识组织:范畴成员的大多数属性都存储在此层次。

实际上,人们主要在范畴结构中的基本层次上组织知识。当被试被要求列出范畴属性,他们极少列出上位层次范畴成员(如家具、机动车辆、动物)的属性,大都列出了大部分人所了解的基本层次范畴成员(如椅子,汽车,狗)的属性;而对下位层次范畴(摇椅、跑车、猎狗)的知识,与基本层次相比没有明显的增加。

为什么人们通常在一个概念层次,特别是基本层次上组织大多数信息?Berlin等(1974)和Hunn(1977)认为,格式塔感知(部分-整体完形结构感知)是基本层次的根本决定因素。Tversky和Hemenway(1984)赞成这一假设,他们发现,人们对基本层次联想的相关属性,特别是与"部分"相关的属性,使基本层次范畴区别于其他层次范畴。我们对基本层次的知识主要是围绕"部分-整体的划分"来组织的,因为物体如何被划分为部分非常重要。首先,部分通常与功能相关,因此我们对功能的知识通常与相关部分的知识有关联。其次,部分决定了形状,从而决定了物体被感知和成像的方式。再者,我们通常借由事物的各个部分与事物相互作用,确定使用哪些运动机制与对象交互,例如,通过手柄抓住门,坐在椅子的座位上,靠在椅子的靠背上,去除香蕉的皮,吃香蕉的果肉。

范畴化的对象不光包括人、动物、植物等各类自然物体和人造物体,也包括事件、行为、情感、空间关系、社会关系等抽象事物。Tversky和Hemenway(1984)认为,我们也将"部分-整体结构"强加在事件身上,我们对事件范畴,对物体范畴的知识都是结构化的。这与Lakoff和Johnson(1980)的观点相似,认为人们基于身体和客观体验的知识框架,通过隐喻将事件范畴和其他抽象范畴都结构化。

认知语言学认为，人们基于范畴的原型理论，围绕原型，即范畴中最好的、最突出的、最典型的成员，组织语言结构。这个范畴中的其他成员也围绕着原型，根据与原型的相似度，以及与这个范畴中的最佳例子有多少相同特征被组织起来（Taylor, 2003）。认知语言学所持的认知范畴观有两个基本原则："第一，范畴化的认知经济原则，即范畴系统旨在以最小的认知努力获得最多的信息；第二，认知世界结构性原则，即人所认识的是一个相互关联、结构化的而非杂乱无序的世界"（Rosch, 1978: 28）。基于这两个原则，范畴系统可以包括纵向和横向两个维度。从纵向维度看，认知经济性原则形成了范畴的层次性和概括性，范畴位于纵轴的位置越高，概括性和抽象程度就越高，基本层次范畴的概括性位于纵轴中间位置，但具有最大的认知经济性。（Rosch et al., 1976）从横向维度看，认知世界的结构性体现在范畴的结构关系。一方面，范畴成员的特征彼此关联；另一方面，因各具差异而地位不等，根据典型特征的多少而居于中心，或次级甚至边缘，使范畴结构呈现典型效应（原型效应），范畴成员之间呈现家族相似性。（Evans & Green, 2006）

总之，认知范畴观认为，范畴化是人类进行分类的认知心理过程，范畴化的结果即范畴，也是储存在大脑中的认知概念。认知范畴观主要观点总结如下。

范畴具有原型性：范畴成员以原型为基础，呈现家族相似性并且其地位不等，有的更典型，是中心成员；有的更边缘，是非中心成员。

范畴具有模糊性：范畴之间并没有清晰的界限，而是模糊的，范畴之间甚至有重合，表现为部分成员兼具两个或多个范畴的特征。

范畴具有层次性：基本层次范畴是范畴结构系统的核心概念层次，需要的认知努力最小，上位层次范畴更加抽象概括，下位层次范畴更加具体详细。

范畴具有动态性：范畴本身是动态变化的，边界是模糊的，具有开放性，能不断适应环境，进行修正；范畴化的过程深受人的认知水平、情感、生活环境等因素的影响，所以范畴和范畴的划分也在不断改变。

4.2.3　范畴的文化认知属性

范畴化是一个认知心理过程，必然受到认知语境的影响，相关的心理基础包括认知模型（心理上关于某领域知识的认知表征）和文化模型（社会群体成员共有的文化知识背景）。

生存是不同民族共有的目标,因此人们会对世界有相同或类似的分类,但是生存环境、文化背景、语言等差异也会导致不同的分类,进而带来理解和翻译方面的困难。可以说,范畴化是动态的,范畴不是固定不变的,正如文旭等(2019)所言,范畴的内部结构、边界及原型会因语境的不同而发生变化,同时因语言使用者所处的不同历史、文化语境而不同。Ungerer 和 Schmid(2006)将不同文化语境下的认知范畴称作"文化模型"(Cultural Models),指不同文化语境下,以知识的方式储存在人们大脑中的物理环境、历史经验、文化习俗等。可以说,范畴具有文化的、认知的属性。

由此可以推断,在不同文化语境下,同一领域的范畴可能对等,也可能难以对等、差异明显,甚至缺位。不同文化语境中的范畴有共性也有差异,范畴之间的关系主要表现为三种:范畴对等、范畴错位、范畴缺位。

第一,范畴对等,指一种文化中存在的范畴在另一种文化中也对应存在的情况。比如多数民族会用母亲喻指祖国,这是人们共同的生存体验所激发的相似认知联想。基于共同的客观体验或经验,汉语和英语中的很多俗语、俚语意义及形式相通,例如"像小蜜蜂一样忙碌"在英语中对应"as busy as a bee","饿狼"对应"as hungry as a wolf",汉语词汇"雪白"对应英语名词短语"snow white",或是形容词"white"。

第二,范畴错位,指一种文化中存在的范畴在另一种文化中也存在,但存在差异的情况,具体包括范畴原型错位、范畴成员错位、范畴层次错位。

范畴原型错位,指受文化模型影响,同一范畴在不同文化中激活不同原型。例如说到"餐具"这一范畴,除了碗、盘之类相同的范畴原型,多数中国人还会想到筷子,而多数西方人会想到刀叉。再如"主食"这一范畴,在中国人心智中激发的原型通常是米饭、馒头等面食原型,而在英国人头脑中激发的原型往往是土豆和面包等。

再如,"早餐"这个范畴在英语和法语中会激发不同的范畴原型。法式早餐包含的内容非常简单,包括一大碗咖啡和一个羊角面包,而英式早餐包括一系列的餐饮内容。由于法式早餐不需要太多的餐具和氛围,法国酒店通常不提供早餐室,而是将早餐放在卧室的托盘上,或请你到附近的咖啡馆或酒吧吃那里提供的咖啡和羊角面包。相比之下,英式早餐从不在卧室供应,而是在早餐室供应。这种原型差异源自两民族不同的膳食功能文化模式。法国人认为早餐是次要的,因为中午的饭菜相当丰富,随后还有丰盛的晚餐。相比之下,英国文化模式认为早餐和晚餐非常重要，而午餐比较简单。

但是要注意，文化模型不是静态的，而是动态的。事实上，我们所描述的英国早餐原型可能适用于酒店背景，但不能再被视为英国家庭的早餐标准。相反，许多法国酒店曾经提供仿照法国原型的"欧陆式早餐"，现在提供具有英式早餐属性的"自助早餐"。

范畴成员错位，指在不同文化里，同一范畴的成员的数量和类别有差异。例如"主食"范畴，在中国文化里成员数量非常丰富，常包含米饭、馒头、饼、面条、包子、饺子等；而在英国文化里常包含土豆、面包和甜品；而非洲人常吃的主食有古斯米、恩西玛、英吉拉和富富。

范畴成员错位也指不同语言文化模式下，翻译中的源语范畴成员与目的语范畴成员不对等。例如，形容人胆小，汉语文化语境下一般用"胆小如鼠"，而英语中却常用"chicken, hare"喻指胆小的人就像躲在母鸡翅膀下的小鸡或害怕声响的胆小兔子，如此句"It's just a spider, you chicken!"可以译为"不就是个蜘蛛吗？你这胆小鬼！"而翻译"timid as a hare"则可转换范畴成员，译作"胆小如鼠"；汉语习惯说"骄傲的大公鸡"，而英语则习惯说"as proud as a peacock"（傲如孔雀）。

范畴层次错位，指不同文化间，某些概念的上位、基本和下位层次范畴不对应，或者零对应，其原因是不同文化语境中，人们对某领域的概念细化程度不同。例如在餐饮概念域中，汉文语境下，餐具指用餐时直接接触食物的非可食性工具，用于辅助食物分发或摄取食物的器皿和用具，包括各种容器工具（如碗、碟、杯、壶）和手持用具（如筷、勺）及其他。在英语文化语境下，餐具总称为"tableware"，指用于摆放在餐桌、提供食物和帮助用餐的任何器具和器皿。它包括"cutlery"（美国人习惯用 silverware, flatware）（手持类餐具），如刀、叉、匙；"dinnerware"（容器类餐具），如盘、碗、茶杯、茶碟、盛取餐碟；"glassware"（玻璃器皿），如酒杯；还包括其他用于实用和装饰的物品，如烛台。（详见表 4-2）

说到餐具，筷、碗、盘、刀、叉、匙等是常见原型，因此在汉英语境中属于基本层次范畴。我们发现，汉英语境中的上位层次范畴存在错位现象，因汉语语境中没有固定或约定俗成的词语区分容器类或手持类餐饮工具，所以将碗筷等原型直接概括为"餐具"，是一个概括性很高的概念范畴，实际概念意义和上位层次 2 "tableware"对等，涵盖了"cutlery, dinnerware"等上位层次 1。这也解释了为什么"tableware, cutlery, dinnerware, flatware, silverware, dishes, utensils"在汉语

中都可翻译成"餐具"。（见表 4-2）

表 4-2　范畴层次与汉英语境

范畴层次	汉语语境	英语语境	
上位层次 2	餐具	tableware	
上位层次 1	餐具	cutlery	dinnerware
基本层次	碗、筷、匙等	knife, fork, spoon	bowl, plate, cup
下位层次	汤碗、汤匙等	Paring knife, fish fork, soupspoon	Cereal bowl, dessert plate, coffee cup

此外应注意，即使在同一文化模式中，范畴层次也是动态的，因宗教、食客人数、美食和场合而异。例如，在中东、印度或波利尼西亚的饮食文化中，有时"tableware"本身就相当于基本层次范畴，仅仅指盛取食物的餐碟（serving dishes），人们把面包或叶子用作个人的盘子，并且常常不用手持餐具；但在另外一些特殊场合，人们会用到更多种类、高质量的餐具，此时"tableware"会转换成上位层次范畴。

第三，范畴缺位，即一种文化中存在的范畴可能在另一种文化中空缺，出现零对应的情况。

范畴缺位主要源于历史文化语境的差异。例如，澳大利亚原住民迪尔巴尔人（Dyirbal）将名词分为四类：男人类、女人类、食物类和其他类，其中，女人、火与危险事物归为女人类。他们用单词"balan"表示这个范畴，除了女人、火和危险事物，还包括不危险的鸟类，以及鸭嘴兽、袋狸和针鼹等特殊的动物。这种与众不同的范畴划分，体现了该民族独特的语言观和世界观，为探索人类的语言和心智规律提供了有趣的参考。Lakoff 受此启发，将这些范畴成员用于著作名称《女人、火与危险事物—范畴显示的心智》（*Women, Fire and Dangerous Things: What Categories Reveal About the Mind*）。这种范畴分类方法源自相关文化模型和语言背景，我们很难判断"balan"体现的文化模型，但这个范畴在汉语和英语语言文化环境中是空缺的。英汉语言中，女人、火和危险事物虽然可能有"危险"的共同属性，但分属不同范畴或不同范畴层次，需要用不同的词表示，因此难以找到一个对应的词表达"balan"范畴，为了传递概念，在翻译中可用意译或直译"巴兰"加注释的方法。

再如，英语范畴"airing cupboard"，在英国指一栋房子里设计用来"存放取暖设备组件的小隔间"，因此温度较高比较温暖，通常家庭主妇在里面搭上架子，悬挂微湿未干的衣物，以便晾干或存放。这在汉语中没有对应的范畴及概念，常将其意译为"烘柜、晾衣橱"，虽突显了"烘干晾衣"的延伸功能意义，但丢失了"存放取暖设备主件"的本原功能意义，因此所表征的概念不全，激活的读者联想与原文也不一致。"暖橱"的译法相对好一些，可激发对原型"温暖的狭小空间"的联想，同时兼容原概念范畴的双层意义。"通风橱"的直译译法的意义表征明显不足，汉语读者在缺乏范畴原型和文化模型的认知语境下，很难根据本民族文化语境联想到原文的意义。

4.2.4 范畴转换与翻译

Catford（1965）曾论述过翻译涉及的两种基本转换"层次转换"和"范畴转换"，由于范畴划分在不同语言中存在一定或较大的差异，在将源语译为目的语的过程中必然要出现级阶转移的现象。"从本质上讲，翻译具有原型属性。在原型范畴理论下，翻译不再是一种二元对立的语际转换活动，而是一项以范畴转换为基础的认知活动。即是说，翻译是一个由源语范畴（Source Language Category）到目标语范畴（Target Language Category）的动态转换过程。"（文旭，余平，司卫国，2019：35）文旭、肖开荣（2019）将翻译过程中相应的范畴转换分为四类：范畴替换、范畴成员转换、范畴层次转换、范畴原型转换。翻译范畴转换主要包括两种类型：语言范畴转换模式和非语言范畴转换模式。语言范畴指自然语言中的范畴，具体包括词类范畴、时体态范畴、句法范畴、语义范畴转换、语用范畴、文体范畴等。非语言范畴指外部世界中的实体或事件，非语言范畴转换模式主要包括对等范畴转换、错位范畴转换、空缺范畴转换三种类型。（文旭，司卫国，2020）

传统语言学翻译理论认为翻译转换是语言转换，视翻译为"语言范畴转换"（Catford，1965），认知语言学家将认知语言学的范畴和范畴化理论应用于翻译研究，把翻译视作一项以范畴转换为基础的认知活动。（文旭，余平，司卫国，2019）

认知翻译学将翻译视作一种以意义建构为中心的认知活动，Langacker 认为"Meaning is conceptualization"，即意义就是概念化，意义随概念而生，概念对应范畴，而人们基于意象图式通过范畴化获得范畴，正如 Holme 的观点，"Meaning are generally referred to as categories"，意义就是范畴。"翻译主要是译出源文所表达的各种意义，翻译便可理解为围绕范畴化所进行的一系列体认活动。"（王寅，2021a：228）

可见,意义传递是范畴化的最终目的,概念意义是范畴的核心,因此可以说,在翻译过程中,范畴转换是围绕概念意义展开的,其最终目的是传递意义。此外,根据范畴的文化认知属性,范畴转换必然涉及概念范畴的认知语境和社会文化语境。下文主要从认知和文化的角度,围绕概念意义核心探讨翻译中的范畴转换。

对应上文提到的不同语言文化语境下同一范畴之间的三类主要关系,即范畴对等、范畴错位、范畴缺位,翻译过程中的范畴转换模式也主要表现为三类:对等范畴替换、错位范畴调换、缺位范畴构建或替代。

第一类,对等范畴替换。

对等范畴替换指源语范畴被直接替换成目的语中的对等范畴,适用于源语中的范畴与目的语中的范畴对应的情况。范畴对应主要表现为语义上所指同一,句法上功能基本相同(刘宓庆,2012)。翻译时可用目的语中的范畴来直接替换源语中的范畴。例如:

(3)原文:她像狐狸一样精明。

译文:She is as cunning as a fox.

(4)原文:No pains, no gains.

译文:不劳无获。

例(3)中,"狐狸"和"fox"对应,都属于哺乳动物范畴中的基本层次范畴,概念意义对应,而且在汉英文化模式中的文化含义也一致,都常常指代精明狡猾的人。因此,采用范畴替换模式,直接将汉语"狐狸"替换为英语"fox",这是从源语基本层次范畴转换到目的语基本层次范畴。例(4)中,"pains"(千辛万苦)和"劳"(辛劳)对应,"gains"(收益)与"获"(收获)对应,因此译文将源语范畴与目的语范畴中对应的部分进行了替换,而且如果把两个谚语作为语篇范畴看,也可以看作完整的事件范畴,在意义上也是恰切对等的。

第二类,错位范畴调换。

错位范畴调换是指源语范畴的成员、层次或原型分别与目的语范畴的成员、层次或原型不对应,存在错位的情况,在翻译时需要对目的语范畴进行范畴调换,以使之与源语范畴对应。错位范畴调换的模式主要有三种。

第一种,原型范畴调换,指将源语范畴原型调换为目的语范畴原型。由于认知模型和文化模型的差异,中西方同一范畴的原型范畴可能会存在差异(沈家煊,2017)。因此,为了准确传递源语概念意义,翻译时需要在目的语范畴中寻求与源语范畴一致或对应的最佳范畴原型,并进行调换。

(5)原文:巧妇难为无米之炊。

译文 1:One can't make bread without flour.

译文 2:Even the smartest house wife cannot cook without rice.

(6)原文:A camel standing amidst a flock of sheep.

译文:鹤立鸡群

例(5)中,"米"是中国人的饮食范畴原型之一,符合中国人的饮食习惯文化模式,而西方人的主要食物范畴原型之一是面包,其主要成分是"面粉"(flour)。因此,译文 1 将"米"翻译为"flour"正是源语范畴原型与目的语范畴原型的一部分进行调换。译文 2 中,"rice"也是现代西方的主食范畴原型之一,与"米"是对等的范畴原型,因此将源语范畴原型与目的语范畴原型对应调换。

例(6)中,原文中的"camel,sheep"是牲畜的基本层次范畴中的原型,与游牧民族文化模式有关联。"站在羊群里的骆驼"激发的意象突显了两种动物之间的高度差,喻指某人出类拔萃。汉民族很多词语与农耕文化相关,饲养禽类是农耕文化的一部分,因此为了激发目的语人群相应的概念意义联想,将源语文化畜类原型"camel"和"sheep"调换为目的语文化禽类原型"鹤"与"鸡"。

第二种,不同文化间的同一范畴中不同范畴成员的调换,旨在使译文符合目的语文化模式。例如汉英颜色词的翻译常常有范畴成员调换的现象。在颜色词范畴中,汉英文化中的基本颜色词存在差异,而且相同颜色词也往往在意义上存在差异,这给翻译带来了困难,英汉互译中的颜色词翻译有时需要基于源语和目的语文化认知差异进行调换,例如"红"与"green, black, brown"的调换,"白"与"gray"的调换,"紫"或"黄"与"blue"的调换,"青"或"红"与"black"的调换。

(7)原文:怡红院(《红楼梦》)

译文 1:Happy Red Court (杨宪益、戴乃迭译)

译文 2:The House of Green Delights (Tr. David Hawkes)

(8)原文:She is green-eyed.

译文:她有红眼病。(嫉妒心强)

例(7)中,杨宪益、戴乃迭根据"红色"在汉语中的认知文化模式,即象征喜庆、顺利、成功等意象,选择直译。虽然"red"在英语语境中也有"red carpet"(红毯)、"red-letter days"(纪念日,喜庆的日子)等积极涵义,但其主要文化模式是专横、杀戮、血腥、暴力等消极涵义,因此 Hawkes 用英语颜色范畴中的成员"green"代替汉语颜色范畴中的成员"红色"。在英语中"green"与汉语中的"红色"有相似的"生命、青春和活力"等文化联想意义,但也有贬义的一面,如"绿帽子"表示丈夫因妻子出轨而受辱。而在英语中"green"也有贬义用法,表示"缺乏经验的、嫉妒的、易受骗的"等意,例如"green hand"义为"新手,菜鸟"。例(8)中,"green-eyed"的文化含义是"嫉妒的、眼红的",与汉语的"红眼病"隐喻的意义一致,因此相应将两个范畴成员进行了调换。类似的颜色范畴成员调换的译例还有"black tea""红茶","brown sugar""红糖","brown bread""黑面包","scarlet robe""紫袍","gray hairs""白发"等。

第三种,不同层次的范畴调换,旨在寻求源语与目的语不同层次范畴之间概念意义的对应。从范畴化的纵向维度看,自上位层次范畴到基本层次范畴,再到下位层次范畴,抽象度依次降低,具体度依次增强,文化差异逐渐增大,例如,汉英语言中上位范畴"哺乳动物",基本层次范畴"狗"差异不大,但下位层次范畴文化差异增大,如汉语文化中有"中华田园犬""藏獒""京巴""松狮犬"等本土犬种,而英语文化中有"Golden Retriever, Labrador, Corgi, Teddy"等,概念更具体,文化依赖性更强,翻译时有时需要按照文化间概念意义的相似度,调换源语和目的语中的范畴层次。

(9) 原文:贾母因笑道:"外客未见,就脱了衣裳,还不去见你妹妹!"(《红楼梦》)

译文:With a smile at Pao-yu, the Lady Dowager scolded:"Fancy changing your clothes before greeting our visitor. Hurry up now and pay your respect to your cousin."(Tr. Yang Xianyi & Gladys Yang)

(10) 原文:Clamorous noises made a continuous din: dogs barking, donkeys heehawing, and horses neighing.

译文:犬吠声,驴叫声,马的嘶鸣声,乱糟糟的声音,连绵不断,响成一片。

例(9)中,"妹妹"指贾宝玉的表妹林黛玉,原文中未指明。"妹妹"与"sister, cousin"分别属于汉英"亲属"范畴中的基本层次范畴,因为"sister"包括"elder sister"和"younger sister"两个下位层次范畴,如果将"妹妹"翻译成英语,需要将源语基本层次范畴调换至目的语的下位层次范畴"younger sister"。在英语"亲属"范畴中,"cousin"与"sister"是基本层次范畴中的不同范畴原型,因此"妹妹"译为"cousin"应是根据源语概念意义"表妹"进行了跨原型范畴调换,但因为英语中没有"younger cousin"的表达方式,所以没有进行层次范畴调换,由此缺失了源语范畴的部分概念意义。

例(10)中,现代汉语中,"叫"是一个抽象性概括性很高的范畴,可用于大多数飞禽走兽的叫声,英语中描述动物叫声的拟声词分类非常详细,属于下位层次范畴。"bark"和"neigh"汉译为"吠"和"嘶鸣",是英汉语下位层次范畴之间的对应替换,但"heehaw"译为"叫"是英语下位层次范畴与汉语基本层次范畴之间的调换,若译为"咴"则是下位层次范畴的对应替换。

第三类,缺位范畴构建或替代。

由于历史文化语境等差异,一种文化中存在的范畴可能在另一种文化中空缺,出现零对应的情况,即范畴缺位。因此,翻译中也存在源语文化中的概念范畴在目的语文化里缺位的情况。此时需要对目的语范畴进行构建,或者参照源语和目的语的文化范畴和社会范畴,根据源语概念意义,在目的语其他范畴寻找最佳范畴替代源语范畴。

很多新兴词汇的翻译属于范畴构建模式,例如"早午餐"一词源自英语原型"brunch",是将"breakfast""早餐"和"lunch""午餐"合并而来,指人们在早餐和中餐之间某个时间段的一顿非正式餐饮,这在汉语饮食文化模型中是缺位的,"早午餐"是源语范畴在目的语范畴中的构建。"龙"的翻译也是典型例子。汉语文化模式下,"龙"是中国古代传说中强大神奇的神异动物,具有厚重精神、宗教、历史、文化含义,常喻指"帝王";而这一范畴原型在英语文化中缺乏对应的范畴原型。西方基督教传教士将之翻译为"dragon",给中国龙的形象打上了邪恶的文化标签,"dragon"的指称意义为"an imagined animal with wings and claws",蕴含意义是"凶残的有翼巨兽",常喻指"恶魔、悍妇、独裁者等",这使中国龙在跨文明范畴下发生了文化误读。该误译现象已经引起学界关注,有学者认为应该音译为"loong",这便是以源语文化概念意义为核心,源语范畴在目的语中的范畴构建,类似译例还有"饺子""jiaozi","麻将""mahjong","功夫""kongfu"等。

（11）原文:老干妈(商品品牌)

译文 1:Lao Gan Ma

译文 2:The Godmother

例(11)这一商品品牌在大多数国外购物网站上都直接译成"Lao Gan Ma",

百度百科显示"老干妈"的英译为"The Godmother",而百度翻译软件将其翻成 Old Godmother,将"干妈"英文释义为"a woman whose position is roughly equivalent to a foster mother and godmother without religious or legal complications"(没有宗教或法律上的复杂问题、地位大致相当于养母和教母的女性)。新华字典将"干妈"释义为"义母的俗称"和"奶妈",是一个颇具文化特色的概念,在汉语文化中跨越亲属和朋友两个范畴,属于下位层次范畴或边缘范畴成员,西方文化缺乏相应的概念。译文 1 在目的语中构建相应概念范畴,采用了音译直译,既保留源语的异国情调,又丰富了英语本民族语言,还避免了意译或直译不当导致文化亏损或语义不全。译文 2 采用意译,跨越不同范畴,用目的语不同概念范畴替代源语概念范畴,"Godmother"在英语语境中既指"主持孩子洗礼并负责孩子宗教教育的女性",也指"在某商业活动或组织中有影响力和开创性的女性",这两个概念分属宗教范畴和商业范畴,都能激发人们对源语概念原型的积极联想。

总之,翻译范畴转换是围绕概念意义展开的,受到概念范畴的认知语境和社会文化语境的影响,翻译范畴转换具体表现为寻找最佳翻译样例和最接近源语原型的译本,力争源语与目的语信息对等,最终目的是最大程度地传递概念意义。

翻译范畴转换的模式包括语言范畴转换和非语言范畴转换,我们在此主要讨论了后者。本节基于认知语言学的范畴化理论,探讨了翻译的范畴转换模式、范畴转换过程,研究发现:① 从本质上讲,翻译具有原型范畴属性,是一项以范畴转换为基础的认知活动,是一个由源语范畴到目的语范畴的动态转换过程,该过程以原型范畴和理想化认知模型为参照。② 不同文化语境中的范畴有共性也有差异,源语范畴和目的语范畴存在范畴对等、范畴错位和范畴缺位三种范畴关系。翻译过程中的范畴转换模式也主要表现为三类:对等范畴替换、错位范畴调换、缺位范畴构建或替代。③ 实现源语和目的语的概念对等,除了语言层面的范畴转换,还可能涉及社会、文化等非语言层面的范畴转换。

4.3　隐喻、转喻与范畴化

人类在与客观世界互动、体验、认知的过程中,基于意象图式,通过范畴化、概念化最终获得意义。人类在此过程中如何获得抽象概念和知识体系,如何用语言表达抽象概念,这是认知语言学关注的焦点之一。

认知语言学家 Lakoff 和 Johnson 认为，范畴是动态变化的，在"其间"和"内部"进行调变，两个范畴之间出现跨语义域的调变，如把人说成某种动物，就属于隐喻认知机制；在同一个范畴内部，"即在同一语义域中不同成分之间的转指，或部分与整体之间的替代"（王寅，2021a：232），如用身体部位指代人，属于转喻认知机制。隐喻和转喻既是语言现象，也是概念现象，对概念的形成和理解具有重要作用，是范畴化、概念化的认知工具。人类通过范畴化，以某一范畴中最具代表性的事物或事件，即原型为中心，认识具体事物或事件，确定概念和意义，并用语言符号的形式将意义固定和表达出来。然而，范畴具有模糊性、延展性，新的范畴、新的概念不断涌现，有限的语言符号无法直接对应地表达如此多的概念范畴，尤其是新概念和抽象概念。如何解决这个问题？人们除了创造新的词语，更多的解决方法是将新认识的抽象概念与已认识的具体概念相联系，找到它们之间的关联，在新旧两个认知域之间产生投射，利用对已有概念的认知，来处理、思考、表达新概念。这类创造性的认知思维工具便包括隐喻和转喻，隐喻和转喻发展了语义范畴的抽象意义，也在翻译范畴转换中起到重要作用。翻译范畴转换源于各种动因机制，翻译范畴转换的认知机制是隐喻、转喻以及源语范畴和目的语范畴之间的象似性（文旭，余平，司卫国，2019）。

4.3.1 隐喻与范畴化

人类对隐喻（Metaphor）的系统研究由来已久，传统隐喻研究以亚里士多德为主要代表，系统论述隐喻的构成方式和修辞功能，认为隐喻是一种替换词语且保持意义不变的语言表达手段。直至 20 世纪 80 年代，认知语言学家 Lakoff 和 Johnson（1980）在其著作《我们赖以生存的隐喻》（*Metaphors We Live By*）中指出，隐喻不仅是一种语言表达手段，更是人类的一种基本认知工具。他们认为隐喻是跨概念域的映射，人类用某一领域的经验来说明和理解另一领域的经验，隐喻不仅仅是语言的修辞方式，更是新语言概念意义的表达理解方式和生产源泉。自此，隐喻研究进入概念隐喻（Conceptual Metaphor）理论（隐喻映射论 Metaphorical Mappings）新时代。

Lakoff 和 Johnson（1980：246）将概念隐喻描述为"系统地使用推理模式，从一个概念域推理到另一个概念域"，并将这些域之间的系统对应称作隐喻映射。这些隐喻映射不是纯粹抽象和任意的，而是源自人们的身体经验并受其约束，两个概念域在人们的经验中是相关的，因此建立了映射关系。日常生活中大部分语言是隐喻性的,人们具体经验中的相关性引发概念性的隐喻映射,进而给出了隐喻的意义。王寅(2021a)对隐喻如此界定:所谓隐喻,就是用一者(如B)来说明另一者(如A);所谓"概念隐喻",就是用B(常为"具体的、常见的、熟悉的")来认识A(常为"抽象的、非常见的、生疏的")。

隐喻包括概念隐喻和语言隐喻(Linguistic Metaphor)两个层面。概念隐喻是人类思维的自然组成部分,语言隐喻是人类语言的自然组成部分。在概念隐喻层面,隐喻指概念系统中的跨域映射,如概念域B到概念域A的映射;而在语言隐喻层面,隐喻指概念跨域映射在语言层面上的表现形式,如词语或其他表现形式。人类对抽象概念的认知和表达过程实际上包括从概念隐喻到语言隐喻的过程。此外,隐喻及其含义取决于人们身体的性质、在物理环境中的互动以及社会和文化实践。

认知语言学认为,人类通过对现实世界的互动体验,逐步在心智中形成了概念隐喻这一认知机制,语言中实际使用的语言隐喻(或称隐喻表达,即概念隐喻的具体语言表达)是心智中概念隐喻的产物,语言隐喻受制于概念隐喻,概念隐喻是语言隐喻的认知机制。也就是说,在"现实—认知—语言"的认知过程中,概念隐喻处于认知阶段,而语言隐喻处于具体的语言表达阶段。例如,当我们说年轻人是"早上七八点钟的太阳",老年人"最美夕阳红"的时候,我们使用了语言隐喻,这源自我们心智中的概念隐喻"LIFE IS A DAY"。

认知语言学对概念隐喻的描述包括四个要素:源域(或称始源域、始发域)(Source Domain)、目标域(Target Domain)、映射(Mappings)、具身体验(Embodied Experience)。"隐喻由两个域构成:一个结构相对清晰的始发域和一个结构相对模糊的目标域。隐喻也就是通过映射的方式把始发域的图式结构映射到目标域上,让它们通过始发域的结构来构建和理解目标域。"(蓝纯,2005:12)概念隐喻是从源域到目标域的映射,概念映射以人们的具身体验为基础,人们通过身体、心智对世界的体验获得概念。在"LIFE IS A DAY"这个概念隐喻中,"LIFE"是我们想要表达的概念域,就是目标域,"DAY"是我们借助的概念域,就是源域,我们借助"DAY"这个相对具体的、清晰的概念来认识"LIFE"这个相对抽象的、模糊的概念,而基于经验基础,由源域向目标域发生的系统的、部分的或不对称的对应结构关系就用映射来描述。

翻译的认知隐喻观认为,翻译是一种受文化制约,具有创造性和解释性的隐喻化活动,译者的翻译活动可以被视作跨域映射活动,利用语言间、文化间的相似性实现跨域词汇、文化映射,用某一社团的语言和经验来说明和理解另一社团的语言和经验,使受众借助译本理解源文本。Ungerer 和 Schmid(2006)认为隐喻是人们对抽象范畴进行范畴化的有力的认知工具。"隐喻是在不同认知模型之间由源域到目标域的映射,其本质是用一种范畴理解、体验和建构另一种范畴。"(Lakoff & Johnson,1980:5)隐喻的映射可理解为一个范围,其中包括各种约束条件,用于控制源概念到选定的目标概念的对应关系。这些约束条件不仅有助于避免从源概念到目标概念的直接转换,也激发了可能的对应范围。从本质上讲,隐喻的映射范围反映了我们与周围世界互动的概念经验。Ungerer 和 Schmid(2006)具体区分了映射范围的三个主要组成部分:意象图式(Image Schemas)、基本相关性(Basic Correlations)、文化依存性评估(Culture-Dependent Evaluations)。

翻译与隐喻高度相似,翻译本身就是一个隐喻化的、范畴化、概念化的过程。可以说,翻译是具有隐喻性和转喻性的概念范畴转换活动。

在翻译过程中,译者把一种语言中的概念范畴转换为另一种语言的概念范畴时,这两个范畴在两种语言中所涉及的概念未必相同,翻译时就需要借助范畴之间的相似性,用目的语范畴来解读源语范畴。在此应注意不要混淆几个术语,源语范畴指译出语,不对应概念隐喻中的概念源域,目的语范畴指译入语,也不对应概念隐喻中的概念目标域。实际上,如果把翻译过程本身看作隐喻,那么源语范畴(原文)对应概念隐喻的目标域,是被解释的对象,而目的语范畴(译文)对应概念隐喻的源域,被我们借用,用来解释原文。为避免混淆,我们在本书 4.3 与 4.4 部分暂时将翻译转换涉及的两种语言,即"源语"和"目的语",称为"译出语"和"译入语"。我们认为,隐喻翻译的核心是概念意义,用译入语概念范畴替换译出语概念范畴,用源域的译入语概念范畴映射目标域的译出语概念范畴,实现概念意义的传递。从范畴化视角看,隐喻翻译主要有三种模式:概念范畴对等转换、概念范畴替换、概念范畴构建,隐喻的翻译受到包括意象图式、基本关联性、文化依存性等认知、社会文化语境因素的制约。

(12)原文:All the world's a stage,

And all the men and women merely players. (Shakespeare: As You Like It)

译文:世界是舞台,

人人是演员。

在例(12)中，概念隐喻是"LIFE IS A PLAY"，用"舞台"与"演员"的概念范畴组合来映射"世界"和"人们"的概念范畴组合。两组概念范畴的文化认知模型具有民族共通性，因为人们在主客观互动中有共同的经验，译出语与译入语概念有时相似性很高，存在对应的概念范畴。译出语中的意象图式有"stage"(舞台)，"player"(演员)，"world"(世界)，"all the men and women"(人)，与译入语存在对应概念，也有对应基本关联。无论什么民族，人们在世界几乎都会经历酸甜苦辣，如同演员在舞台上演绎悲欢离合，因此译者在译入语中寻找相同认知意象，概念范畴对等转换，直接翻译。这类隐喻涉及人类对世界的普遍性认知感受，有共通性的可能，翻译这一类隐喻时，在译入语中可能找到对等映射译出语的概念范畴，可以直接转换，译入语读者也很容易理解意义。更多例子还有"TIME IS MONEY"(时间就是金钱)，"LIFE IS A JOURNEY"(生命是旅途)，"FAILURE IS THE MOTHER OF SUCCESS"(失败是成功之母)等。还有一些概念隐喻虽不属于译入语文化范畴，但因为翻译后的长期使用也被人们接受为常规化表达，也可概念范畴对等转换，例如常规化隐喻"crocodile's tears"(鳄鱼的眼泪)，"dark horse"(黑马)，常见口语"好久不见"的顺序象似性翻译"Long time no see"已经被纳入英语口语范畴，"bye-bye, hello"等英语口语的汉译"拜拜""哈喽"已融入汉语日常口语范畴。这些概念已经在译入语文化中逐渐固定化，甚至成为新范畴原型，有取代传统汉语范畴原型之势，如我们在日常生活中常常听到人们道别时说"拜拜"而非"再见"，打招呼或自我介绍时先喊"哈喽"，再说"大家好"。

但应注意，英语中有些表达式，特别是习语，看似字面意义清楚，实则具有误导性，因为它们的字面意思说得通，并且它们的惯用含义不一定在上下文中被表明。英语中的大量习语，或者可能所有语言，都有字面意思和隐喻涵义，例如"go out with"(出去)(与某人发生浪漫或性关系)，"take someone for a ride"(带某人兜风)(以某种方式欺骗某人)。这样的表达很容易被人用来玩文字游戏，如果译者不明白其隐喻层面的意义，则很可能被字面意思蒙骗。因此，隐喻概念范畴对等转换的前提是语义上所指同一，喻义上基本相同。

尽管人们所处的普遍自然环境和拥有的共同生理结构带来一些共同的认知模型，但是，人们各自所处的小环境和独特历史文化导致了不同的思维方式和表达习惯，因此对同一概念的隐喻可能用到不同的喻体，直接转换概念范畴的直译容易导致误解。此时需要根据概念意义映射的需要，以意义相似为原则进行概念范畴替换。

（13）原文:I'd just done my stint as rubber duck, see, and pulled off the grandma lane into the pitstop to drain the radiator.（转引自 Baker, 1992:79）

译文:你可知道,打头阵可不好受,一泡尿胀得要命,我开出慢车道来到服务站,总算卸掉了包袱。

例（13）原文来自民用波段电台 Citizen Band（CB）Radio 特别的"卡车司机谈话",充满了卡车司机这一行业范畴熟悉的概念隐喻,喻义丰富,风趣幽默。"Rubber duck"（橡皮鸭）喻指车队中的第一个卡车司机,"grandma lane"（奶奶车道）喻指慢车道,"pitstop"（进站）是指汽车进去短暂休息加油或修理的服务区。在卡车、高速公路和停靠服务站的意象背景下,将"drain the radiator"按照字面意思翻译成"散热器排水"似乎是非常合理的,然而,这一表达式实际上是卡车司机们使用的习惯用语,委婉地表达"小便;使用厕所"。译者没有直接将喻底译出,而是替换成汉语隐喻范畴,译作"卸掉了包袱",是用汉语概念范畴替换了英语概念范畴,激发了读者对于"CONTAINER"（容器）的原型联想。"散热器""包袱""膀胱"基于"容器"图式而产生关联,为了进一步帮助读者理解,增译了"一泡尿胀得要命",明确给出隐喻背景,便于读者根据概念之间的相似性解读"卸掉包袱"与"排空散热器""排空膀胱"的关联。译者根据意义理解的需要进行了概念范畴替换,达到了传递概念意义的目的。

（14）原文:A child had an accident in the pool—unfortunately, it was a number two.

译文1:一个孩子在游泳池里出了事故——不幸的是,这是第二名。

译文2:一个孩子在泳池出了点小问题——很糟糕,是大号。

例（14）两个译文截然不同,原因在于译者不了解这一英语俚语的概念隐喻。根据剑桥字典,"number one"除了指"某人自己""排名第一的人",还可以指"小便",而"number two"也可以指"大便"。无独有偶,汉语口语中有类似隐喻,但是与英语隐喻错位,"大号"（大便）对应"number two","小号"（小便）对应"number one"。这些隐喻以具体的数字映射抽象的生理机能重要性,汉英隐喻的错位体现出汉英语境下人们对两种生理机能重要性的认知差异,翻译时需相应替换概念范畴,否则会像译文1那样引发误解,译文2以汉语隐喻替换英语隐喻,保持了原文的非正式风格,如果目标读者对此风格不熟悉,也可替换为范畴概念原型"大便"。

为保证交际功能的实现,针对隐喻概念范畴的不同映射,译者优先考虑喻义的传递,用译入语的喻体或概念范畴替换译出语的喻体或概念范畴,激发读者心理共鸣,产生积极的语用效果。例如将英语"Man proposes, God disposes."译为"谋事在人,成事在天"。"天"替换原文中的"God",因为"God"指上帝、天主、真主、某些宗教中主宰某领域的神,并不符合汉语文化认知背景,因此替换成汉语文化意象图式"天",在汉文化中与"人"常搭配出现,如"天人合一""人在做,天在看"。再如,汉语用"雨后春笋"比喻事物迅速大量地涌现出来,但是英美国家不出产竹子,缺乏对"春笋"(bamboo shoots)相关概念范畴的文化模型,因此英译用具有同样"快速生长"特质的"mushrooms"替换"春笋",既保持喻义,又符合英民族文化模型。

由于各民族独特的文化差异,语言也具有程度不一的文化依赖性,这给隐喻的翻译带来困难。有的概念隐喻在译入语中空缺,此时可采用概念范畴建构的模式,将译出语概念范畴移植到译入语概念范畴,直接译出喻义,或者按照字面意思直译并补充说明喻义。

（15）原文:Edward is a man eating no fish, so we can believe in and depend on him.

译文:爱德华是个诚实的人,我们可以信任并依赖他。

例(15)涉及用"具体事件"范畴映射"抽象概念"范畴的隐喻,是文化依赖性很强的英语习语。"eat no fish"喻指忠实可靠的人,源自英国历史上的宗教斗争。据说,那些支持新政府和新教的教徒为了表示对英国政府的忠诚,不再遵守旧教罗马天主教每星期五都要吃鱼的规定。这些"不吃鱼"的教徒便被认为是"好人",而"eat no fish"一语便被用来喻指"忠于政府的人,诚实的人"。汉语语境缺乏"不吃鱼"代表"忠诚、诚实"的文化意象,也缺乏相关宗教概念范畴,因此可进行概念范畴构建,将喻义移植到译入语概念范畴。再如,源于历史典故的"半路杀出个程咬金",喻义是"突如其来、措手不及",可直接意译为"Appear out of the blue"。有时,从文化范畴建构的角度,也可直译并加注释。例如,"班门弄斧"可译为"show off one's proficiency with an ax before Lu Ban, the master carpenter",或者直接构建概念范畴"show amateur skills in front of an expert"。

4.3.2 转喻与范畴化

转喻(metonymy)一词来自古希腊,意为"意义的改变",古典修辞学将转喻视作修辞手段,即用一种事物的名称来替代相邻事物名称,转喻被当成一种特殊的语言现象。认知语言学家认为,转喻不仅是一种语言现象,更是一种概念现象,提出转喻是基于概念临近性的一种认知过程。(Lakoff & Johnson, 1980)

在认知语言学家看来,他们在描述隐喻时提出的两个主要主张也适用于转喻(Lakoff and Turner 1989:103):"两者本质上都被视为概念性的,并且都可以被理解为映射过程。"这意味着隐喻的组织结构(源概念、目标概念、映射范围)也适用于转喻。源概念和目标概念是实体的认知对等物,这些实体通过相邻关系链接(例如部分指代整体,整体指代部分,处所指代人,材料指代物体)。映射范畴作为一组约束用来规范源概念和目标概念之间的对应关系,包括相邻关系以及说话人群体所接受的百科全书式的知识。有些认知语言学家(Langacker, 1993;Kövecses & Radden, 1998)认为,转喻的基础是概念邻近性关系,Langacker(1993:3)从参照点的角度阐释了转喻的认知机制:"转喻本质上是一种参照点现象,更确切地说,转喻表达式所表示的实体就是参照点,为被指代的实体,即理想的目标提供心理通道。" Kövecses 和 Radden (1998:39)基于此进一步阐释,认为转喻是"某个概念实体(喻体)为同一认知域或理想认知模型中的另一概念实体(喻标)提供心理通道的认知过程",认为两概念实体之间是邻近的关系,源概念为目标概念提供心理可及性。Ungerer 和 Schmid(2006)认为,转喻涉及一个词的字面意义和它的比喻对等物之间一种"邻近性"的关系(接近性或邻近性),转喻链接中的一个组成部分"指代"另一个组成部分。而隐喻主要是基于字面义和比喻义之间的"相似性"或"比较性"。Ungerer 和 Schmid(2006)总结了转喻中九种典型的指代关系:

PART FOR WHOLE(部分代整体),例如 all hands on deck;

WHOLE FOR PART(整体代部分),例如 to fill up the car;

CONTAINER FOR CONTENT(容器代内容),例如 I'll have a glass;

MATERIAL FOR OBJECT(材料代事物),例如 a glass, an iron;

PRODUCER FOR PRODUCT(生产者代产品),例如 have a Löwenbräu, buy a Ford;

PLACE FOR INSTITUTION(地方代机构),例如 talks between Washington and Moscow;

PLACE FOR EVENT(地方代事件),例如 Watergate changed our politics;

CONTROLLED FOR CONTROLLER(被控制者代控制者),例如(the buses

are on strike）；

CAUSE FOR EFFECT（原因代结果），例如 his native tongue is German。

Lakoff 和 Johnson（1908）在 *Metaphors We Live By*《我们赖以生存的隐喻》一书中整理了七类指代关系：

THE PART FOR THE WHOLE（部分代整体），例如 The Giants need a stronger arm in right field. 巨人队在右外野需要更强壮的手臂（队员）；

PRODUCER FOR PRODUCT（生产者代产品），例如 He bought a Hong Qi. 他买了辆红旗（轿车）；

OBJECT USED FOR USER（使用物品代使用者），例如 The BLT is a lousy tipper. 这个（培根、莴苣、番茄）三明治给小费很小气；

CONTROLLER FOR CONTROLLED（操纵者代操纵物），例如 Napoleon lost at Waterloo. 拿破仑（军队）战败滑铁卢；

INSTITUTION FOR PEOPLE RESPONSIBLE（机构代负责人），例如 You'll never get the university to agree to that. 你永远无法让学校同意这事；

THE PLACE FOR THE INSTITUTION（地方代机构），例如 The Kremlin isn't saying anything. 克里姆林宫什么也没说；

THE PLACE FOR THE EVENT（地方代事件），例如 Watergate changed American politics. 水门改变了美国的政治。

总体来看，转喻认知机制有以下四个特点，第一，转喻是在同一认知域或认知模型中进行的映射，其本质是用一个概念范畴来代替另一个概念范畴。第二，和隐喻相比，转喻中的概念范畴更加具体，概念之间的关系直接基于意象图式和基本关联，如"部分－整体""内－外""原因－结果"。第三，转喻具有直接的指称功能（Referential Function），通过源概念实体直接指代目标概念实体，转喻中的"指代"认知操作便充分体现了这种功能。第四，转喻有突出显示的功能（Highlighting Function）。

翻译是具有转喻性的认知活动，译者首先解读译出语文本，对译出语概念范畴进行理解和解构，形成概念和意义，建构认知信息，然后在译入语概念范畴中寻找或建构对应的概念，然后将认知信息用语言形式表征出来。这一过程体现了"一个概念范畴指代另一个概念范畴"的转喻操作。由于语言文化差异、译者认知差异、突显对象差异等因素，翻译不可能完全译出原文意义，因此可将译文视作部分，原文视作整体，整个翻译过程体现了"部分代整体"的转喻认知机制。

（16）原文:大学需要更多聪明的人。

译文:The university needs more clever heads.

（17）原文:we need an all-hands-on-deck approach to stopping the spread of COVID-19 in Wisconsin.

译文:我们需要一种全员参与的方法来阻止 COVID-19 在威斯康星州的传播。

以上两例都使用了"部分代整体"的概念转喻机制,人体的部分概念范畴"head"和"hand"指代"人"的完整概念范畴。我们可以根据语境需要和身体经验推断,大学需要头脑聪明的人,意象原型"head"激发出"头脑-智力"的图式和基本关联,而甲板上(船上)需要动手出力干活的人,"hand"激发出"手-体力劳动"的图式和基本关联。两个转喻选择了不同的人体部分概念原型作为源域,突显了人体不同功能属性,翻译时用相应的概念范畴替换。我们还常用"人脸代人"转喻,例如:

（18）原文:She's just a pretty face.

译文:她只有一张漂亮的脸蛋。

（19）原文:Get your butt over here! We don't hire longhairs.

译文1:把你的屁股挪过来! 我们不聘长毛儿。

译文2:过来! 我们不聘用长头发。

"人脸代人"是汉英民族文化中普遍存在的转喻形式,因此例(18)直接替换对等概念,不会产生歧义。例(19)中包含两个身体转喻,俚语"get your butt in/out of/over here"是粗鲁的表达方法,意为"让某人去哪里或干某事","longhaires"指代蓄长发的人,尤指蓄长发且着装怪异的年轻人,也指不切实际的知识分子、有艺术天赋或兴趣的人,因此译文保留"部分"范畴,给读者留下根据上下文语境判断"整体"范畴的想象空间,译文1比译文2更口语化。

（20）原文:I am all ears.

译文:我洗耳恭听。

例(20)通过述谓用法体现了转喻的"突出显示性",表达式结构"一个实体是这个实体的一部分",将整体概念范畴强制转换成与其功能相关的部分概念范畴,目的是突显这个部分概念范畴的功能,因此没有直译成"我全是耳朵",而是进行了意译,突显耳朵"听"的功能;英语中还有类似的转喻,例如"be all eyes"，义为"be watching eagerly and attentively"，可译为"拭目以待"，"be all mouth and no trousers"可译为"只说大话，不干实事"（光说不练）。

转喻翻译不仅考虑语言信息传递，译文忠实通顺，还应考虑语言的文化内涵。Nida认为翻译的重点不应是语言的形式，而应是读者对译文的反应，译者应力求再现作者的原意（谭载喜，1999）。王寅（2005）认为读者兼译者应在译文中勾画作者想要描写的现实世界和认知世界。转喻这个认知过程为不同概念间提供了通达的心理通道，转喻的翻译不是单纯转换喻体，而是通过译入语概念范畴提供对译出语概念范畴的心理可及性。翻译过程受到文化语境因素的制约，译入语与译出语可能没有对等的喻体概念，此时需要替换成其他喻体概念提供心理可及通道。可以说，译文应该尽量像原文一样，能在相应读者中产生同样或类似的心理反应，获得概念上的一致以及认知上的对等。

（21）原文：He is all thumbs when it comes to fixing machines.

　　译文：他修理机器时笨手笨脚的。

例（21）中的转喻突显了"动手能力差"的目标概念，"thumbs"（拇指）在十根手指中最笨拙，"be all thumbs"喻指"笨拙"，但在汉语语境中不存在对等的"拇指-笨拙"的认知关联或文化意象，而是常用"手"和"脚"两个意象联用，表达行动操作能力等概念范畴，如"手脚并用""手忙脚乱""手足无措"，因此译文更换喻体并转换范畴，将译出语中的下位层次概念"拇指"转换为译入语中的基本层次概念"手""脚"，在汉语语境中创造出与英语语境类似的源概念到目标概念的心理通道，取得类似的心理认知效果。

可以说，转喻翻译的标准是在不同语言的同一概念认知域中，通过范畴转换，选择源概念为目标概念提供心理可及性和心理通道，在译入语范畴中获得与译出语范畴尽量一致的概念，激发读者类似的认知感受。

为了保持与原文同样或类似的心理通道和认知感受，转喻翻译应该尽量保持原文中的隐喻的认知特征：第一，保持概念层面的心理可及性，将源概念作为认知参照点，为目标概念提供心理通道的认知过程，激发译文读者产生与原文读者同样或类似的心理反应。第二，译文要保留转喻的修辞功能，维持原文的形式美和意韵美（文旭等，2019）。

（22）原文：some people are penny-wise and pound-foolish.

　　译文：有的人捡了芝麻，丢了西瓜。

例（22）中，概念转喻基于"大-小""原因-结果"的内部关联，用货币范畴中"penny"(便士)激活"小"的意象,用"pound"(英镑)激活"大"的意象,体现了"具体实物代抽象概念"的转喻操作。译文保留了这些认知特征,采用译入语"食物、水果"范畴中的喻体,用"芝麻""西瓜"分别对应代替"penny"和"pound",激发读者相同的认知过程感受,通达"因小失大"的目标域概念,源域概念到目标域概念的映射在译文中得到保留和体现。此外,译文采用译出语的隐喻性习语模式,是整个习语隐喻范畴从译出语到译入语的转换,再现了译出语概念隐喻的修辞特征,保持了原文的形式美、意韵美,同时通过简洁的措辞表达复杂的意义,满足认知经济性。汉语中类似的习语还有"小钱仔细,大钱挥霍""偷鸡失羊""小处节约,大处浪费""贪小便宜吃大亏""因小失大""小事聪明大事糊涂"等,也可用来替换。

转喻翻译具有语境依赖性。译者、读者对转喻的认知和理解都依赖具体的语境,因此同一转喻可能有不同的内容,译文也相应出现不同的表达。

(23)原文:Boys will be boys.

例(23)字面意义为"男孩儿就是男孩儿",在缺少上下文语境的情况下,这个句子可能激起关于男孩的不同意象,例如男孩的勇敢、男孩的鲁莽、男孩的粗鲁、男孩的聪明、男孩的调皮、男孩的可爱等等。原文第二个"boys"是该转喻中的源概念,作为认知参照点建立对目标概念的映射范围,提供认知心理可及性,建立心理通道,根据具体情景语境,即产生此言语活动的环境,包括事件、地点、场合、话题、目的、对象等背景情况,确定转喻的目标概念。因此例(23)的译文可以包括:

男孩总是勇敢的。
男孩总是鲁莽的。
男孩总是粗鲁的。
男孩总是聪明的。
男孩总是调皮的。
男孩总是可爱的。
…………

这些译文都突显了男孩的某一属性特征,体现了"属性代实体"的转喻操作。

此外,文化语境对转喻翻译也有重要影响,不同民族在历史、文化、思维方式等方面往往存在差异,一些民族的传统文化意象在另一民族中是缺失的,难以激发相关意象或概念,加之语言使用者的背景百科知识以及对认知对象的了解程度等差异,都会影响人们对转喻的认知、理解和操作。

例如《红楼梦》第三十六回中,宝钗发现了袭人给宝玉绣的"白绫红里的肚兜"。"肚兜"是贴身遮蔽胸腹的菱形布片,用来防止身体受凉,可译为"belly wrap"或"bodice",属中国传统内衣服饰,颇具东方特色。西方人对此物缺乏相关概念认知,杨宪益译文为"a white silk stomacher lined with red"。"stomachers"流行于16到18世纪的欧洲,是女性遮挡在紧身胸衣中央前部的一个V形胸饰,尽管与"肚兜"的概念不等同,但同属内衣服饰范畴,并且都有"遮挡"功能,可以给西方读者提供理解目标概念"肚兜"的心理通道,而且"stomacher"也可作为认知参照点,激发读者对该服饰与腹部关系的联想,可视为"功能代实体"的转喻操作。

关于文化语境对转喻的影响,我们可以"材料代事物"(MATERIAL FOR OBJECT)的转喻模式为例。传统上,"材料代事物"转喻被认为是"部分代整体"转喻的一种类型,因为物质或材料可以被视为构成物理对象的部分。然而,Peirsman 和 Geeraerts(2006)根据连续实体的"有界性"差异,区分了两种转喻模式:在部分代整体模式中,实体是有界限的,而在材料代事物模式中,材料没有界限。文学创作者通常会利用"材料代事物"转喻手段处理与"物理或物质文化"相关的方面,即家庭和公共生活的不同方面,包括娱乐、交通工具、通信媒体等,以及公共机构的不同方面,如行政、政治或教育。一方面,这些术语有助于营造一种真实感,帮助读者认识作者对社会的描述;另一方面,作者利用这些隐喻唤起读者认知储存的相关文化背景知识,并产生特定的效果。

（24）原文:Rudyard Parkinson curled his lip over this missive and glanced at the book with lukewarm interest. He had never heard of Philip Swallow, and a first book by a redbrick professor did not promise much.（Rojo López, Ana, 2009）

译文:拉德亚德·帕金森(Rudyard Parkinson)收到这封信后撇了撇嘴,带着不冷不热的兴趣扫了一眼这本书。他从未听说过 Philip Swallow,一位红砖教授写的第一本书也没什么希望。

例(24)中,作者利用与英国教育体系有关的文化元素,激活读者大脑中的相关文化框架并建立相关的推论能力,来产生幽默效果。如果译出语和译入语文化有很多共同点,在教育制度体系中可能有重叠,可能存在相同或类似的语言表达。然而,多数情况下,汉英语境中没有完全对应的语言表达,如本例涉及的教育体制,中国与英国教育体系之间缺乏对等性,因此翻译人员必须考虑如何解决现有的文化差异。要消除这些文化差异,译者首先需要了解英国教育体制下"redbrick professor"这个术语的含义和来源。

　　一般而言,在英国文化背景下,英国大学的原型模型涉及学校的建校历史、声望和建筑材料。从这个意义上来说,英国大学一般分为三种类型:第一类是以牛津和剑桥为代表的最古老的大学,它们是拥有悠久传统、声名显赫和不朽石头建筑的大学,是最具代表性的,可视为原型的核心;第二类指 19 世纪末和 20 世纪初创立于英格兰六大重要工业中心城市的伯明翰大学、曼彻斯特大学、利兹大学、布里斯托大学、谢菲尔德大学和利物浦大学,它们的建筑材料主要是红砖而被贴上红砖大学(Red Brick University)的标签,与牛津或剑桥等较早的大学区分开来;第三类大学主要指在 20 世纪 90 年代建立起来的大学,可称为玻璃大学,因为它们的建筑以玻璃代替砖块作为主要建筑材料。拥有这些背景知识后,"redbrick"在英国读者的脑海中激活了"牛津和剑桥等名校以外的、普通大学"的意象。这一语言表达式体现了典型的"材料代事物"转喻机制,用MATERIAL(在本例中,REDBRICK 作为建筑材料)指代 OBJECT(在本例中,UNIVERSITIES OTHER THAN CAMBRIDGE AND OXFORD)。原文中的故事角色帕金森是牛津大学著名教授,"红砖"这个词传递出他对普通大学教授的冷漠和蔑视的态度。中国教育体系中并不存在与英国类似的大学分类方法和文化框架,出现范畴空缺,因此译文采用了直译方法,将范畴原型概念进行移植、构建,或再范畴化,保留了原文的文化意象和幽默效果。

4.4　隐喻、转喻翻译的文化认知观

　　人类的生活和语言中充满了概念隐喻和概念转喻,是因为人类的思维富有想象力,往往运用隐喻、转喻和心理意象表达一些非直接源于客观体验的抽象概念,所有这些概念都超越了对客观现实的直接反映或表征。这种想象力促生了"抽象"思维,并使心智超越了我们所看到和感知到的一切。这种想象力是以人类的身体为基础的认知能力,隐喻、转喻和意象等认知机制都是以经验体验为基础的。哲学家和认知语言学家们的研究已经表明,隐喻和转喻是我们概念化世界的强大认知工具。概念隐喻和概念转喻具有普遍性,像"扫黑除恶""加油""山腰""瓶口""针头线脑"或"华盛顿和莫斯科之间的对话"等这样的

表达,在日常语言中俯拾皆是。

（25）France fell into a recession and Germany pulled it out.

例（25）中有许多概念隐喻和转喻操作在起作用。概念隐喻包括国家就是人民、经济是随着时间的推移向上或向下移动的实体、经济衰退是一个洞、经济力量是金钱的使用。概念转喻为一个国家指代其经济。在此句中 France（法国）指代"法国经济"。

（26）America won a big prize and Europe became a stepstone.

此句来自新闻采访,美国人民评价俄乌冲突对世界经济的影响。其中有概念隐喻:国家、区域是人;经济是参与竞争的实体;经济收益是奖项;一方的经济损失帮助另一方获利。此句中,"美国""欧洲"分别指代美国经济和欧洲经济,是"整体代部分"概念转喻操作。再如"沙拉"可以指代点了沙拉的客人,"餐桌"可以指代围坐在桌边的一群人,这都是概念转喻。

在翻译中,如何处理译出语中的"概念隐喻""概念转喻"是语言学界经常讨论的议题。

4.4.1　隐喻转喻的翻译方法

关于隐喻的翻译,Newmark（1988）提出常见隐喻（stock metaphor）的七种翻译方法:直译、借用、隐喻翻译成明喻、直译加意译、意译、删除不译、直译加解释。王寅（2021a）认为主要有三种翻译方式:照搬译出语中的隐喻、通过意译明示译出语隐喻义、换用译入语中的隐喻表达。文旭、肖开荣（2019）提出具体四种翻译方法:隐喻概念域的对等映射,即直译;转换喻体;隐喻和喻底结合;舍喻体译喻义。Bassnett（1993）、Lefevere（1993）、Snell-Hornby（2006）也分别考虑了各种隐喻翻译策略:直接翻译——把一个隐喻译成同一个隐喻;替换——把一个隐喻替换成另一个隐喻;释义——转变为非比喻的对等物。

关于转喻的翻译,王寅（2021a）认为存在三种类型:整体代部分、部分代整体、部分代部分;文旭、肖开荣（2019）列出四种方法:直译、直译加释义、转译、意译;王军（2009）提出四种类型:保留喻体的直接译法、保留喻体加解释、丢弃喻体、转换喻体。

可见,在具体翻译操作中,隐喻和转喻的翻译策略有很多共通之处,因为首先在本质上,翻译具有隐喻性和转喻性,翻译的最终目的是尽量实现概念意义的传递。翻译是根据相似性、比较性、关联性用译入语传递译出语的概念和意义,体现了翻译的隐喻性;同时,由于语言文化及认知差异,译文不可能完全传递原文的概念和意义,只能在一定程度上代替原文并突显某些部分,这体现了翻译的转喻性。

此外,隐喻和转喻并非泾渭分明,而常常是你中有我,我中有你。转喻和隐喻间发生互动关系,形成多重概念迁移,构成转喻－隐喻连续体,Goossense(1990)将隐喻和转喻这两种认知机制交织在一起的相互作用模式称为隐转喻(Metaphtonymy)。例如"楚腰"指代"楚王宫中的细腰美人",是典型的"部分代整体"转喻操作,但同时也可作为源概念根据"美丽"的相似点映射目标概念"美人",可视为隐喻操作。再如"吹胡子瞪眼",可以视作用肢体动作映射情感状态,发生于不同的认知域、具象映射抽象的隐喻操作,也可以看作转喻操作,发生在同一情感域"愤怒",用部分表现指代整体情感。

再者,隐喻和转喻都体现了"突显"原则。隐喻以一个范畴来突显理解另一个范畴,例如绿色既可以表示绿颜色,也可以表示生态无污染、和平无战争,这些范畴概念分属不同的语义域。转喻在一个范畴内可突显不同的范畴成员,例如,chicken 根据上下文的需要,既可以突显动物原型译作"小鸡",也可突显食物原型译作"鸡"或次一级范畴"鸡肉"。

因此,在隐喻和转喻的翻译中,无论是采取根据字面意义进行的直接翻译,还是用译入语意译译出语隐喻转喻的意义,或是用译入语隐喻转喻替换译出语隐喻转喻,译者都需要根据隐喻－转喻连续体中的映射范围进行推理,注意译出语隐喻转喻突显的概念范畴,识解不同概念域之间的链接节点,并进行适当取舍。

4.4.2　隐喻转喻翻译的文化认知观

隐喻和转喻是人与客观世界互动中普遍存在且影响深远的现象,必然有基于身体体验的共同之处,也有基于文化特征的不同之处。因此,我们认为,隐喻和转喻的翻译需要考虑上下文语境,根据不同语言的文化特征和认知特点,通过范畴转换,尽量传递概念意义,激发译入语读者与译出语读者类似的心理感受,便是成功的翻译。

语言学界对此也有论述,如 Kövesces(2002)强调了隐喻的不同类别及其对文化的影响。Lakoff 和 Johnson(1980)提到隐喻对日常语言,甚至对我们对世界的感知的影响。Lakoff 和 Johnson(1980:12)认为:"文化提供了大量可用以理解现实的隐喻。"隐喻根植于一个民族的文化之中,反映了这个民族的文化信仰和文化内涵,因此,隐喻具有文化特征,不同的文化以不同的方式概念化世界。文化特征会在译出语中产生联想,而在译入语中则可能不会。许多隐喻包含了文化经验,因此对翻译的要求较高,当隐喻受到文化特定现象和民族特征的明显影响时,对翻译的要求则更高。

学者们已经指出了隐喻翻译所面临的挑战。Dagut(1976)认为,隐喻翻译没有简单的、通用的方法,隐喻的可译性取决于两点:隐喻所利用的特定的文化经验和语义关联;根据具体情况中的重合程度,能否以及在多大程度上可以正常转化为译入语。决定译出语隐喻可译性的不是它的创新程度,而是"它所借鉴的文化经验和语义关联在多大程度上能为译入语使用者所共享"(Dagut,1976:28)。Snell-Hornby(1998:95)指出:"文本的可译性程度不仅与文本嵌入自身特定文化的程度有关,还与源文本的文化背景与目标受众在时间和空间上的距离有关。"

Newmark(1988:94)将文化定义为"使用特定语言作为表达手段的社区所特有的生活方式及其表现形式"。从这个意义上说,翻译过程中将隐喻从译出语转移到译入语可能会受到语言和文化差异的阻碍。文旭、肖开荣(2019:49)认为"转喻是概念之间的一种心理通达过程",因此转喻的翻译不是单纯的喻体转换,而是在译入语中再现从源概念到目标概念的心理可及过程。在此过程中,原文选择的喻体概念因为受到文化语境等因素的制约,可能在译文中找不到同样的喻体概念,但二者所体现的转喻思维是一致的,只是用不同的喻体概念为相同的本体概念提供心理可及路径。因此,转喻翻译强调译文应该提供与原文类似的源概念到目标概念的心理通达过程,或者说类似的映射。这又受到原文和译文的语言语境、情景语境和文化语境的制约。

Katan(1999)认为,通过认知方法研究文化,实际上是研究和描述人们的想法以及感知实体的模式。因此,在翻译隐喻时,译者需要充分了解译出语文化中的思维和行为模式以及译入语中的现实文化模型。

根据 Nida(1964)的观点,最好的翻译能让译入语读者产生与译出语读者阅读原作相同的反应。Al-Hasnawi(2007)批评了 Nida 对最佳翻译的态度,并称这几乎是不可能的。然而他也表示,可以在两个条件下在某种程度上接近最佳翻译:译者应该知道译入语读者感知世界和构建经验的方式,译者应该尽最大努力使文本适应译入语读者的经验以及经验的记录方式。

在认知研究方法中，隐喻不仅被视为语言实体，实际上也展示了人们概念化和记录经验的方式。Lakoff 和 Johnson（1980）将隐喻定义为一种基于熟悉的域（源域）来理解目标域经验的手段。可以看出，这个定义需要在现有实体和假定存在的另一个实体之间进行比较。Lakoff 和 Johnson（1980：3）认为，"不论在语言中，还是在思想和行动中，隐喻都普遍存在于日常生活"，并且"普通的概念系统本质上基本上是隐喻的"。因此可以得出结论，隐喻的认知观的重点是心理以及社会文化和语言方面（Al-Hasnawi，2007）。

在认知方法的基础上，Mandelblit（1995）提出"认知翻译假说"，提出两种映射条件下的隐喻翻译方案：类似的映射条件，不同的映射条件。根据Mandelblit（1995）的说法，在译出语和译入语中具有类似映射条件的隐喻可以直接翻译，省时又简单。具有不同映射条件的译出语隐喻可以通过翻译在译入语中重现，而译者可以选择以下策略：用译入语隐喻替换译出语隐喻，将隐喻翻译为明喻、释义、脚注、解释和省略。Al-Hasnawi（2007）将 Mandelblit 的认知翻译假说进行扩展，提出如下三组隐喻翻译方案：

① 类似映射条件的隐喻

② 具有相似映射条件但词汇表达方式不同的隐喻

③ 不同映射条件的隐喻

根据 Al-Hasnawi（2007）的说法，第一组包括"源自共同人类经验的文化通用隐喻"。第二组中的隐喻由于译入语和译出语中的道德伦理体系，仅在词汇上有所不同。第三组包括受文化制约的隐喻。

概而言之，学者们提出的隐喻和转喻翻译方法大致可归总为直译、转译、意译和不译四类，根据具体情况添加释义、注释、脚注等辅助手段，分属归化和异化两大翻译策略范畴。选择哪种方法取决于译出语和译入语概念的重叠程度，具体表现为映射条件或映射范围的重叠程度，而映射条件或范围受到语言、文化和认知模型的影响。因此，最终的翻译方法取决于译出语与译入语读者的具身经验、文化和认知模型的重叠程度。

据此我们认为，隐喻和转喻的翻译原则是根据不同语言的文化特征和认知特点，通过范畴转换，激发译入语读者认知经验结构中的文化意象图式，尽量准确传递概念意义，使译入语读者产生与译出语读者阅读原文类似的文化认知体验和心理感受。在此原则下，翻译策略应根据具体案例调变，没有放之四海而皆准的统一准则。

4.4.3 隐喻转喻翻译示例

在翻译实践中,为了达到不同的翻译目的,译者需在异化到归化这个连续体中寻找合适的点。翻译具有文化共性的隐喻和转喻可以使用直译法,而对具有文化异质性的隐喻和转喻可根据情况采用直译、转译、意译以及释义、注释、脚注等组合方法,冗余的隐喻和转喻可以不译。例如 Newmark(1988:111)认为在"sharp, razor-edge wit"(犀利的机智)中,"razor-edge"隐喻是冗赘的,没有意义,可以省略不译。

总体来说,如果翻译是以文化传输为目的,可以主要采用异化法;如果不是以文化传输为目的,而是以易于读者接受为目的,则应注重文化适应性。总之,在翻译汉英转喻过程中,绝对的归化和异化都是不可能实现的,必须灵活地综合采用多种方法,最大限度地把语义传达给译入语的读者,同时尽可能地传达译出语中的文化特色。

(27)原文:I'll have another bottle.

译文:我再来一瓶。

例(27)中,"bottle"是容器代内容的转喻操作,在英汉文化背景下都可用于饮食认知域范畴,一般指代"酒",因此直译可以在汉语读者中激发类似的文化意象和认知经验。

(28)原文:This room is a pigsty.

译文:这个房间乱得像猪圈。

例(28)中,"猪圈"和 pigsty 都是隐喻操作,在中英文化中都可以喻指"脏乱的地方"。若直接译为"这房间是个猪窝",可以激发汉语读者关于"脏乱差"的概念意象,但也可能产生误解,认为这个房间真是猪圈。因此直译的同时调整了修辞手段为明喻,突显明示比喻意义。

(29)原文:三个臭皮匠,顶个诸葛亮。

译文 1:Three humble shoemakers brainstorming will make a great statesman.

译文 2:Two heads are better than one.

例(29)中,原文隐喻中"诸葛亮"是典型的文化限制项,对于不了解中国文化的英语读者来说是文化空缺项,因此无法直译,需要转译为英语读者已有的文化意象。译文 1 将"诸葛亮"替换为上位范畴"a great statesman"(政治家),是一种"整体代部分"的转喻操作,突显了整体范畴,"shoemakers"与"臭皮匠"对应，可激发出概念类似的文化意象。译文 1 既保留了文体风格，也传递了隐喻映射的"集体的力量大"的目标概念。译文 2 整体上用英语隐喻替换了汉语隐喻，将文化限制项"诸葛亮"淡化不译。其中"heads"是"部分代整体"的转喻操作，也是用身体器官映射身体功能的隐喻操作，译文用身体部位指代原文中的人物，同时映射突显了人的"头脑、智慧"；译文 2 整体上采取了转译方法，用英语读者熟悉的俗语替换原文，明确给出喻义，降低了英语读者识解文化的认知难度，认知经济性高，但是损失了原文隐喻的修辞风格和趣味。如果译入语文化有对应的文化意象图式，则可以直接转译并且兼得意义和形式，例如"即使是在天堂，一个人独处也不好"（以色列谚语）、"出头的钉子被砸下"（日本谚语），再如"山中无老虎，猴子称大王"可转译为荷兰谚语"When the cat is not home，the mice dance on the table"。"The cross on his breast and devil in his clothes"可译为"十字挂胸前，鬼魅藏心间；披着狼皮的羊；人面兽心"。译出语喻体转换为译入语喻体，但在两种语境下源概念对目标概念的映射范围是类似的，喻义是对等的。

（30）原文：We researched the case forty ways to Sunday，but there didn't seem to be any way that we could win with the evidence at hand.

原文：我们把这个案子完全彻底地研究了一遍，但以手头的证据，似乎没有任何办法能赢。

例（30）中，"forty ways to Sunday"喻指"彻底地或完全地，以各种可能的方式，从每一个可以想象的角度"。中文中缺乏相似文化意象，也没有类似表达，如果直译成"我们把这个案子研究了四十遍，直到星期天"就严重偏离原文概念了，因此采取意译方法，直接阐明喻义。

总而言之，翻译在本质上具有原型属性，是一项以范畴转换为基础的认知活动，是一个以体验认知为认知基础，以隐喻和转喻为认知机制，由译出语范畴到译入语范畴的动态转换过程。

翻译具有隐喻性和转喻性，隐喻和转喻翻译的文化认知观认为，翻译的困难不在于译入语中缺乏对等的词汇，而在于译出语和译入语中相同实体或单词的文化概念的多样性。隐喻和转喻的翻译需要考虑上下文语境，考虑语言、文化和认知各方的融洽，译者需要对译出语和译入语文化模型和认知模型有充分的了解，根据不同语言的文化特征和认知特点，通过范畴转换，尽量准确地传递概念意义，激发译入语读者与译出语读者相同或类似的文化认知心理感受，具体的翻译方法也应以此为基础灵活选用。

4.5　认知识解与翻译

认知语言学认为,语言和场景之间没有直接的映射关系,人类可以用不同的方式识解一个场景,构成不同的概念化。识解(Construal)或认知识解(Cognitive Construal)指说话人心理形成和构建一个表达式的语义内容的方式。翻译不仅涉及语言之间的转换,而且涉及译者的认知。译者的认知连接了原文与译文,识解也是译者认知的核心要素,影响并制约着译文的质量。无论翻译的目的是追求信息对等、意义对等还是体验对等,都离不开识解认知机制。认知语言学的识解观认为,作为人类的一种认知能力,识解在语言产出和理解中扮演了产出意义和理解意义的双重角色。与此类似,翻译实践也涉及双重识解的认知操作。听话者或译者首先通过识解原文追寻原文的意义,找出语言表达式所体现出的作者的识解方式和维度变量,想象性地构建或还原说话人或作者所识解的场景,然后以听话者、译者、读者的角度和识解方式再对此场景进行识解,最终产出译文。识解的结果是意义建构或概念化,翻译过程也是意义建构或概念化的过程,因此在某种程度上,翻译也可视作一个识解化的过程。

在翻译实践中,译者、读者、听者可借助认知识解准确理解原作者、说话人传递的真正意义,尽量实现与之在认知识解各维度层面上理想化的对等,正确理解源语表达式及原文本的意义。认知识解为翻译研究和实践提供了崭新的视角和启示。

4.5.1　认知识解义涵

认知语言学侧重于语义学,认为身体经验在语言意义的产生和理解中起着至关重要的作用。广义上讲,意义包括概念内容以及识解这些内容的特别方式。当人们用语言表达一个场景时,会在各个方面以各种方式涉及概念化,每当人们说出一句话来传递经验,就会无意识地构建这一经验的各个方面。"识解指我们用不同的方式理解和描绘同一个场景的能力。"(Langacker, 2008:43)Croft 和 Cruse(2004)认为人类在语言使用中的概念化过程就是识解操作,讲话者在交流中如何构建经验是一个识解问题,取决于讲话者如何概念化要沟通的经验,以便听者理解。识解最明显的作用是为同一场景提供可替代的语言表达形式。

认知语言学家和其他采用概念主义方法研究语言语义学的语言学家已经确定了许多识解操作，给出各种识解操作分类建议。

Langacker（1987）在《认知语法基础》（第一卷）中，提到了人们使用不同的方式来识解同一个基本场景的认知能力，即以不同的意象构建这个场景的能力。对同一场景的多个对照性意象会带来不同的心理体验，因此，语言表达式所体现的意象构成了语言表达式意义的重要方面。这些意象根据各种决定因素而变化，Langacker（1987）将这种变化称为"焦点调整"（Focal Adjustments）（识解的早期说法），分为三大类：第一类是选择（Selection），包括详细程度（Specifications）、级阶（Scale）、辖域（Scope）；第二类是侧面和基体（Profile and Base）；第三类是视角（Perspective），包括图形／背景组合（Figure/Ground Alignment）、视点（Viewpoint）、指示（Deixis）、主观性与客观性（Subjectivity/Objectivity）；第四类是抽象（Abstraction）。Langacker（1991）在《认知语法基础》（第二卷）回顾与引言部分，将人们以不同方式识解相同内容的能力称为意象（Imagery）（识解的另一早期说法），包括详略度、辖域、背景、视角和显著度五个维度，认为人们描写同一场景的表达式的意义可能不同，因为它们施加在场景上的意象不同。

Talmy（1977，1978a，1988a，1998b）将识解称为"成像系统"（Imaging Systems），提出了四种识解分类：结构图式化（Structural Schematization）、视角的部署（Deployment of Perspective）、注意的分配（Distribution of Attention）、力动态（Force Dynamics）。Talmy（2000）将"成像系统"改称"图式系统"（Schematic Systems），并稍微调整了分类，前三个范畴基本相同（第一个改名为构型结构 Configurational Structure），而力动态被完全删除，换成仅由空间和时间域组成的一个范畴"域"（Domain），包括由名词和动词表示的识解。Croft 和 Cruse（2004）认为力动态应该作为一种识解系统被保留下来，还提出 Talmy 和 Langacker 的分类有许多共同特征，但并不全面。例如 Fillmore 的框架就是一种识解操作，框架在语言中无处不在，所有语言单位都能唤起一个语义框；Lakoff 和 Johnson（1980）的隐喻理论是另一种广泛存在的语言概念化类型的例子，也是一种识解方式；认知语言学中另一种理论结构意象图式（Image Schemas）强调了经验的概念化，也是经验的识解。由此，Croft 和 Cruse（2004：46）把识解概括为四大类："注意／突出（Attention/Salience）、判断／比较（Judgement/ Comparison）、视角／处所（Perspective/Situatedness）、组织／完形（Constitution/

Gestalt)",并进一步细分为具体的识解操作过程,涵盖了框架、隐喻、转喻、意象图式、力动态等诸多理论。

Langacker 随着研究陆续调整对识解的界定,他在《认知语法》一书中(2008:55)使用了认知语言学术语"识解",将广义的识解现象归纳概括为四类方式:详略度(Specificity)、焦点化(Focusing)(包括选择(Selection)、前景与背景(Foreground vs. Background)、复合(Composition)、辖域(Scope))、突显(Prominence)(包括侧显(Profiling)、射体/界标组合(Trajector/Landmark Alignment))、视角(Perspective)(包括观察方案(Viewing Arrangement)、动态性(Dynamicity)),并对四类方式给出通俗的解释:人们在观看一个场景时,真正看到了什么取决于人们观察的细致程度、选择看什么、最关注哪些元素以及从哪个视角观看。这些识解方式适用于任何领域的概念。Langacker(2019)之后又将识解的维度调整为五个:视角、选择、突显、动态性和想象(Perspective, Selection, Prominence, Dynamicity, and Imagination),并包括数个次维度。"视角"指人们观察事物时的时空维度与所持的立场与态度,涉及以下次维度:主体与客体(Subject vs. Object)、台上与台下(Onstage vs. Offstage)、观察方案(Viewing Arrangement)、参照点(Reference Point),涉及认知识解的主观性(Subjectivity)与客观性(Objectivity)、背景(Ground)与图形(Figure)、有利观察点(Vantage Point)、辖域(Scope)、最大辖域(Maximal Scope)和直接辖域(Immediate Scope)等多个要素。"选择"指人们可以选择不同的详略度和方面来描述和观察某一事物或场景,涉及详细性或图式性(Specificity or Schematicity)、侧面(Profile)两个次维度。"突显"指注意的焦点,涉及侧显(Profiling)、射体/界标组合(Trajector/Landmark Alignment)两个次维度。"动态性"主要体现为在时间维度上对动态事件的心理扫描方式,可分为序列扫描(Sequential Scanning)和总括(Summation)。总括也可用于对静态场景的识解,产生虚构运动(Fictive Motion),虚构运动是影响静态情境的动态解释的众多语言现象之一。"想象"指人们基于直接观察客观现实得来的基线(baseline),通过许多层次的概念阐释来构建心智世界,例如译者在对文本进行认知识解的过程中所发挥的认知想象。Langacker 认为,基线概念和想象概念都取决于以下四种基本心智能力:外延(Extensionality)、整合(Integration)、脱离(Disengagement)、抽象(Abstraction)。

语言学家们关于识解的分类或维度划分林林总总,在语言结构的组织及其语义表达中都发挥重要作用,是解释语言结构成因的重要机制,也为语言表达的差异提供了解释方法。但是值得注意的是,认知语言学家对识解的分类或维度、方式划分是无法穷尽的,因为作为人类的认知方式之一,认知识解源于人类的主观思维和客观体验,而人类的主观思维是发展的、动态的。理论的研究与开发来自实践,也服务于实践,因此,将识解理论应用于语言实践,并从语言实践中提炼开发才能实现其理论应用价值。

4.5.2　认知识解维度

认知语言学是一门坚持体验哲学观,以身体经验和认知为依据的科学。认知语言学理论对语言所作的分析是体验性的分析。认知语言学围绕概念结构和意义进行研究,寻求语言事实背后的认知方式,通过这种认知方式和知识结构对语言做出统一解释。也就是说,认知语言学研究人们怎样认识世界、人类语言如何体现这种认知方式。下文简要探讨认知识解机制比较普遍的五个主要维度。

4.5.2.1　辖域和背景维度

辖域(Scope)被定义为"the array of content a predication specifically evokes for its characterization"(Langacker 1991:4),"语言表达式的语义极为其表征而特别唤起的一系列内容",具体指语言表达式所激活的概念内容配置。理解一个表达式的意义或结构需要另外一个或数个表达式的意义或结构来作为基础,即背景(Background)。也就是说,人们理解一个表达式的意义或结构时,需要一定的相关经验和背景知识并激发一定的认知域,其中的概念内容可能会有所不同。例如,"小米"这一表达式会根据不同背景激发不同的认知域,若是"食物",则被理解为一种粮食;若是"产品",则被理解为某品牌的电子产品,这与识解这一表达式的人的背景知识有关,如果此人并不了解电子产品品牌,没有相关经验,则不会在脑海中出现"电子产品"等概念内容。

辖域实际上也是一种"选择",它的拓展性有限,具有边界,本身具有"前景"和"背景"的架构。表达式在认知域中所覆盖的最大面被称为最大辖域(Maximal Scope),相当于背景;与某特定目的直接相关的部分被称为直接辖域(Immediate Scope),相当于前景。我们的心智对某一表达式的认知只能覆盖有限的域,而各个域组成了理论上可以无限延伸的域阵。表达式所激发的辖域覆盖了一定范围的认知内容,并且可根据其覆盖的范围大小划分为最大辖域和直接辖域。最大辖域是指人在识解某一表达式的那一刻,整个脑海中激发的全部内容,即表达式可以唤起的最大内容量;直接辖域是与表达式核心内容的关系最直接和最相关的部分,被 Langacker(2008)称为"舞台区域",即注意力的中心区域,也是最突显的部分。例如,当我们提到"脚"的时候,可能立即想到"人体",但是如把"人体"作为一个整体看,"脚"并不是其直接特征。在这种情况下,"人体"就可视为表达式"脚"的最大辖域。在概念化的层级中,"脚"和人体的主要部分之一"腿"直接相关,因为"脚"位于"腿"的末端,是它的一部分,与之联系最紧密、最直接,所以"腿"被视为"脚"的直接辖域。直接辖域的焦点便是表达式的核心概念"脚",如图 4-2 所示。

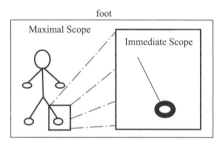

图 4-2　直接辖域的焦点(Langacker，2008:64)

这也表明,要理解一个表达式的含义和结构,判断其覆盖的辖域,需要另一个或几个表达式的含义和结构作为基础,也就是背景。通常,人们的身体体验、与客观世界互动的相应经验和语言文化表达习惯等都是人们理解某种表达式所必需的背景。在翻译实践中,辖域和背景主要与翻译者的常识、体验、想象、历史、文化等百科知识有关。

4.5.2.2　视角维度

视角(Perspective)是认知语言学中识解理论的维度之一,是人们观察世界和认识世界的一种认知手段,对人们认知事物具有重要的影响。根据 Langacker(1987),视角是一种观察情景的方式,包括图形/背景组合(Figure/Ground Alignment)、视点(Viewpoint)、指示(Deixis)、主观性与客观性(Subjectivity/Objectivity)等相关问题。

图形/背景组合是认知运作的一个有效的基本特征,一个场景中的图形作为组织场景的中心实体,在该场景所提供的背景下突显出来。图形/背景组合实际上是基于突显观,研究注意力关注的焦点和参照的背景。李福印(2008:360)认为:"焦点是观察者在观察时选取的观察重点,观察重点以外的事物则被视为背景,对焦点起到衬托作用。"

视点对于基于视觉经验的概念非常重要。在一个场景中,从不同角度或根据参加者所在的不同位置观察同一物体,会影响视觉经验和视觉意象。视点这一术语包括观察位置(有利观察点)(Vantage Point)和观察方向(Orientation)两个基本概念,观察位置或有利观察点指观察场景时采取的位置,观察的结果取决于位置的选择。从一个给定的位置观察场景时可以采取不同的观察取向。例如观察一座建筑物时,观察者在走动的过程中观察位置在变化,如果固定在一个观察位置,观察者可能采取正立或倒立的方向来观察。

Langacker(1987)用言语情景(Ground)表示言语事件、言语事件的参与者和所涉及的场景。指示表达式指需要参照述义范围内某个言语情景成分的表达式,大多数语言实际运用中的限定性表达式都有一定程度的指示性,包含了认识性述义(Epistemic Predication)。例如,"student"和"naughty student"都没有指示性,但是限定性名词结构"this naughty student"是指示性的,因为代词"this"表明述义是有定的,说话人和听话者都能识别出,并且距离说话人很近。同理,"a naughty student"通过不定冠词"a"的不定性,与言语情景某些成分建立了参照关系。可见,完整的名词性结构所包含的认识性述义指明了标示的实体与言语情景之间的关系。限定性动词结构也包含认识性述义,参照言语情景(主要是说话时间)对所标示的过程进行定位。例如动词性结构"is singing""succeeded"分别通过现在进行时、过去时述义,参照言语情景中的说话时间在认识上得到定位,从而具有指示性。

人们出于语言表达或理解之需对场景进行概念化时,需要选择适当的焦点,用具体方式构建一个场景,并在自己与这个场景之间建立感知关系,参与到每个语言表达式的感知关系中,也就是说,语言述义的概念化主体和概念化内容之间存在感知关系,概念化主体与概念化客体之间的相互作用是主观性、客观性问题的关键。Langacker(1987)提出了两种感知术语来解读这种相互作用:最优观察方式(Optimal Viewing Arrangement)和自我中心观察方式(Egocentric Viewing Arrangement)。最优观察方式指观察者自身并未出现在所观察的客观场景(或述义的直接辖域和最大辖域)内,此时观察者处于台下区域,被观察的焦点处于台上区域,注意力的焦点完全在于被观察的实体,并且不受自身的影响。一般来说,在最优观察方式这种感知关系中,观察者只作概念化主体而具有最大主观性,被观察者为概念化客体而具有最大客观性,两者间呈现最大的不对称性,形成最佳的感知区域。但一般情况下,观察者本身可能是场景中隐藏的参照点,而成为概念化客体,自我中心观察方式便是这种客观化方式之一,指客观场景扩展到最佳的感知区域之外,覆盖了观察者及与其相邻的环境。此时观察者自身也在观察的范围之内,与被观察的实体都位于台上区域,观察者既是概念化主体,也是概念化的主要客体,由于受到周边因素的影响较多,观察结果的主观性降低,客观性上升。

综上可见,观察者参与的情况不同,选取的视点、观察方式不同会导致观察的角度发生变化,同时也会影响焦点的变化、观察结果的主客观性,产出的语言表述式的内容也会有所差异。

选择视角是人们从心理上感知和解释某些事物必然经历的一个步骤。人们用来描绘事物的视角也涉及观察者与客体之间的相应关系(王寅,2006)。观察者选择的不同视角将导致对同一事物的认知和表达差异。正如宋朝苏轼《题西林壁》所描述的,横看成岭侧成峰,远近高低各不同,庐山之所以呈现各种不同的样子,是因为观察者采取了正面、侧面、远处、近处、高处、低处六个不同的视角。以识解代词"她"为例,在某些已知的背景下,我们可以将"她"描述为:

(31)(a)我的妹妹(b)小张的朋友(c)老李的女儿

以上三种阐释分别通过"我""小张"和"老李"与"she"的关系来指称,反映了说话人在表达情境时采取了不同的视角,从而产生了不同意义理解,选择了不同的语言表达,最终传递了不同的概念意义。这充分显示人在认识世界和语言表达过程中的主观能动性。视角的一个重要组成部分是预设的有利观察点,指说话人及听话人所处的观察位置,反映出多种反应观察方向的心理路径(Mental Route)。根据 Langacker(2008),说话人和听话者可以从多个有利观察点观察描述同一个客观情境,涉及人观察情境中的物体的出发点、所观察物体的位置以及观察者与这些物体之间的位置关系。观察者的有利观察点可以是真实的观察位置,也可以是心理上预设的观察位置,这些因素的变化会导致不同的认知识解结果。实际上,很多表达式在自身的意义中都预先设定了有利观察点,使其成为意义的一部分,比如表示位置的表达式"在……之前""在……之后",详见图 4-3。

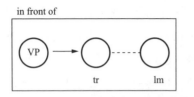
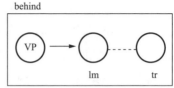

图 4-3　表达式预设有利观察点(Langacker，2008:76)

VP(Vantage Point)代表有利观察点,tr(Target)代表射体,lm(Landmark)代表界标或参照点,箭头表示观察者的观察方向或心理路径。可见,有利观察点VP 被预设固定,观察对象 tr 和界标或参照点 lm 都处于观察者从有利观察点出发的心理路径上,两者位置的变化引导出观察者对两个表达式对应的识解。此外,主观性和客观性是视角的另一个微妙而重要的因素,其依据与视觉感知(Visual Perception)有关。Langacker(2008)以观看表演举例说明。假设人们正在台下聚精会神地看台上演员的精彩表演,非常投入而忘掉了自己和周围的环境,那么人们作为观察者(感知主体)在心理上已经最大化地靠近被观察者(感知客体),被观察者已经成为观察者感知体验的情境中的一部分,两者间没有任何其他因素的干扰。这种两极式的感知方式将感知主体和感知客体之间的非对称性最大化,观察者在感知过程中没有掺杂自我意识,不受周围环境的影响,发挥了观察者最大主体性,产生最大化主观性识解。而被观察者,即感知客体,不参与观察,得到最大化客观性识解。

在翻译中,许多细节都与视角的选择有关,例如词类、时态、语态、引用类型、归化还是异化、意译还是直译。译者翻译时,是以作者的第一人称,还是旁观者的第三人称叙述,也是一种视角的选择。此外,我们认为译者在识解和翻译原文的过程中,如果采取最优观察方式,可以称作旁观者翻译视角;如果采取自我中心观察方式,可称作自我中心翻译视角。译者的翻译视角选择体现了翻译的主观性和客观性。

4.5.2.3　突显维度

突显是一种概念现象,源于我们对世界的理解而非世界本身。Langacker(2008:66)认为,"突显是语言结构展示的大量的不对称性",主要提到两种类型:侧显(Profiling)、射体和界标(Trajector and Landmark)。当人们识解一个实体或事件时,首先要根据身体体验和心理经验确定其认知域,包括广义和狭义、最远和最近认知域,基体是被选定的最近认知域,而侧显是一种突显方式,突显最近认知域中某个情境中的某个侧面、某些部分或某种关系,使之成为焦点,类似于用高光照向舞台区域中特定对象的特定关注点,将观察者的注意力引向这个焦点。王寅(2011b:94)提出:"一个词语的基体就是它在相关认知域中涉及的范围,这是意义形成和理解的基础;与其相对的是侧显,是基体中被最大突显的某一部分。"侧显在普遍存在的转喻现象中也十分重要,从狭义上讲,我们可以把转喻描述为一种侧面的转换。

射体和界标涉及被侧显的关系,关系中的参与者的突显程度不同。Langacker 将射体定义为"关系性侧显中的图形"(Langacker,1987:217),也就是"最突显的参与者,是被定位、评估和描述的实体"(Langacker,2008:70)。射体可视为被侧显的关系中被突出的主要焦点,其他参与者可视为被突出的次要焦点,即界标,充当射体的背景衬托(Langacker,2008)。表达式可以具有相同的实质内容,并侧显相同的时空关系,但含义却不尽相同,因为它们选择了不同的射体和界标。射体和界标用于分析语言单位和句子认知意义的关系,如关系性述义。射体在关系性述义中位于主体位置,突显程度最高;而界标则是被次突显的实体,为射体提供背景信息(Langacker,1987)。换言之,射体与界标主要用于描述主语和宾语孰为图形孰为背景的问题。一般而言,在关系性述义中,句子的主语是最突显的语法成分,可视为射体,被次要突显的实体则为句子的宾语,可视为界标。从语言层面来看,句法关系的塑造影响语言意义的表达,因为在认知语言学看来,语法结构本身是有意义的,所以射体和界标的位置与关系的改变会造成主语和宾语突显关系的变化,也会使句子的语义发生一定程度的改变,从而影响人们进行识解的视角和认知手段。可以说,射体界标这一组认知结构对于分析实体视角的变化很重要。

(32)博物馆在哪里?

　　　(a)博物馆(tr)在邮局(lm)的前面。

　　　(b)邮局(tr)在博物馆(lm)的后面。

如果射体相当于图形,而界标相当于背景,那么当人们的注意力集中在图形上时,图形就被突显了,而对背景的关注则被削弱了。例(32)中,(a)突显博物馆,与问题中关注的焦点对应;而(b)突显邮局,偏离了问题的焦点,同时观察位置和观察方向也与问题的语境不符。王寅(2008)认为,人类具有确定注意力和焦点方向的认知能力,表达式在很大程度上反映了人类对周围环境进行的概念化,概念化又受到人类注意力焦点的限制。例如飞行的小鸟比静止的树木更容易成为焦点,因为动态轨迹通常更容易被注意。

（33）一个女孩拿着水桶去打水。在回来的路上,半桶水已经溢出。有些
人可能认为水桶是半空的,而另一些人则认为水桶是半满的。

水桶是"水桶－水－空间"关系中的参与者,这个实体充当界标,有显著性,
但并没有被着力刻画,起到背景衬托的作用;而水桶里的空间是人们注意力关
注的焦点,即射体。认为水桶半空的人以水为参照点,突出的是水桶空着的部
分;认为水桶半满的人以水桶中无水的部分为参照点,突出的是水桶中水所占
据的空间。由此可见,在界标相同的情况下,观察者注意力的焦点也可能不同,
在此影响下,不同的观察者可能会依据同一界标描绘不同的射体,这也会导致
不同的概念化结果,出现语言表达的差异。

突显直接展示了人们对一个物体感兴趣或最感兴趣的部分(王寅,2008)。
在翻译中,中文和英文具有不同的语言文化属性,因此语言表达习惯会有所不
同,言语中信息的突显程度也可能不同,因此在翻译时应分辨重要信息与非重
要信息、主要信息与次要信息,突显重要的、主要的信息,次要突显或不突显甚
至省略不重要的、次要的信息。

4.5.2.4　详略度维度

详略度(Specificity)指一个情景被描述的精确和详细程度(Langacker,
2008),也就是人们用怎样的精细程度来描述某一情景。类似的术语有粒度
(Granularity)和分辨率(Resolution)。详略度高的表达式用细粒度的细节描述
情景,具有高分辨率。详略度低的表达式进行粗粒度的描述,其低分辨率只能
揭示总体特征和组织。与详略度相对的认知维度是图式性(Schematicity),或称
抽象性,指人们在脑海意识中已经形成的对某一些情景的总体认识,通常是某
物更抽象和宏观的一般特征。如"亲戚"相对于"姨妈"是图式性的,某人身高
"一米八多"相对于"大约一米八五"是图示性的。以不同的详略度观察情景
会影响到识解的结果。详略度在翻译中具体表现为,人们可以通过词汇、句子、
段落、语篇等不同层次的细节描写同一物体。

（34）（a）运动－跑步－慢跑－每小时八公里速度的慢跑

（b）动物－哺乳动物－猫科－橘猫－肥胖的大橘猫

（c）good－pretty－beautiful－gorgeous－stunning－indescribably stunning

（d）他打了我。－我哥哥打了我。－我二哥狠狠地打了我的脸。

以上每一个例子都是一个连续统,每个连续统中的各表达式之间是层级关
系,左边的表达式比右边的表达式层级更高、范围更广,是与右边表达式相关的

抽象性图式。这些表达式从左向右详略度逐步增大。

当我们描述一个事物时,可以通过更精确、更详细的描述使表达式不断具体化。但是在语言实际使用中,表达式的具体性在不同的层次和情况下都有局限性。"由于长度有限,一个特定的表达只能在一定程度上是特定的,并且只能针对整体情况的某些方面。"(Langacker,2008:55)

(35)发生了一些事情。

一个女孩摔倒了。

一个戴眼镜的女孩摔倒在地上。

一个粗心的戴眼镜的小女孩在她的邻居家地上摔倒了。

一个粗心的戴眼镜的小女孩在她的邻居家突然摔倒在满是小石头和肮脏泥土的地面上。

可以看到,这些句子由上向下变得越来越具体,但最后一个最具体的句子却变得不自然。适当的表达将表现出既具有图式又具有详略度的组合。例如:

(36)一个粗心的小女孩在她邻居家摔倒了。

当表达一种情境或实体时,缺失的细节可能会导致信息不完整和表达不清,而过度的解释可能导致语言的冗长、混乱和笨拙。只有适当的详略度才能传达作者希望读者体验的确切信息。

根据王寅(2013)的说法,在翻译中,详略度不是用词量的多少来衡量,而是体现在翻译策略中,如对原作中有关信息的增加和删减,添加各种类型注释等。王明树(2011)认为,译者应当认识到译文与原文相当的详略度水平。因此,无论增加还是删减,译者的目的都是在尊重原文的前提下,用另一种语言表达原文的内涵。这就要求译者能够很好地把控详略度和详略度水平。

识解是认知语言学重要理论之一,主要包含辖域、背景、视角、突显、详略度等维度,影响人们对场景的认知结果和语言表达,可用于探讨人们在认识世界和语言表达过程中形成主观性的具体情况,对于解释跨语言、跨文化翻译及不同译者对翻译策略的选择等都有较好的解释力。在翻译研究与实践中,认知识解理论可用来分析语言的表达方式、内容、结构等,还可用于剖析译者翻译的认知过程。

4.5.3 识解在翻译中的应用

认知语言学识解观认为,任何句子都包含无数要传达的经验的识解。从词语的选择和词性，到构成话语语法结构的各种变化和结构，都涉及概念化。即使是基本的概念属性，如经验的分类及其基本结构，也受制于识解。因此，对于相同的认知对象和概念内容，不同的识解方式可能会带来不同的语言表达形式和语义。在翻译中则具体表现为，针对同一原文表达式，不同的译者可能以不同的识解方式理解，也就是对表达式进行不同的概念化，从而获得有差异的概念及意义，进而产出不同的译文表达式，这为译者的不同译文风格提供了认知理据；而另一方面，人们对同一场景进行意义建构时，虽然识解方式可能不同，产生不同的语言表达式，但这些表达式所引发的概念内容大体上是一致或相关的，也就是说，同一意义可以由不同的语法构式表达，并保持意义基本不变，这是翻译中语言转换的基础，也为译者的创造性、归化策略等提供了认知理据。

认知识解理论引入中国后引起了许多中国学者的兴趣。王寅创造性地将识解机制应用于翻译研究，发表论文《认知语言学的翻译观》（2005）、《认知翻译与识解机制》（2013）等。他提出，同一文本有若干不同译文，说明理解和翻译有主观性，识解可以作为一个理论框架来分析翻译的主观性。识解作为一种重要的认知手段，为人类的主观性提供了一个可行的研究方案，也适用于研究翻译的认知过程。此外，王寅（2008）结合人类的认知规律，从宏观到微观、从大到小对四个维度进行排序：辖域和背景、视角、突显和详略度，用以研究诗歌翻译实践。他依照这四个识解维度分析比较了张继《枫桥夜泊》四十个英文译本之间的差异，并验证了之前的假设。从四十篇《枫桥夜泊》不同的英语译文来看，识解四要素基本可解释译者主观性在翻译活动中所体现出的主要差异，可以对翻译中的主观性从理论上做出初步描写和探索。谭业升（2009）以认知语言学为视角对翻译现象进行了一项系统研究，以识解作为文本对比分析的中介概念，刻画了具体翻译中涉及的多样化认知运作。王明树（2009）以认知语言学有关意义的识解观和"主观性／主观化"理论为框架，反思中国传统译论的意义观，提出了"主观性识解"概念，旨在对源语文本的理解和目的语文本的检验提供一个比较客观的评价体系及标准，以避免随想式、经验式的评价。

学者们也运用识解理论对诗歌进行了研究。张艳、郭印（2019）分析了唐诗英译中主观性动词的翻译；何文斐（2014）分析了中国诗歌汉英翻译中的文化意象重建与识解机制；幸辉（2018）从识解机制的角度研究了许渊冲的翻译风格；湛明娟和张景华（2012）从视角的维度研究了诗歌翻译的构造机制。

识解理论也被应用于其他文学经典翻译、非文学翻译等研究。张艳、郭印

（2021）分析了林语堂英文长篇小说 *Moment in Peking* 两个无本回译汉译本中的文化翻译策略。吕新宾（2016）研究了《庄子》的翻译。孙凤兰（2016）从识解机制的角度探讨了《黄帝内经》中医学术语的翻译。李懿（2018）探讨了基于识解机制等的《中国共产党第十九次全国代表大会报告》的创造性翻译。卢卫中（2022）分析了四种识解方式在公示语这种特定语体的翻译过程中所起的重要作用，借以构建翻译认知过程的解释框架。

认知识解是人类基于身体体验认识理解世界的一种认知方式，直接影响到语言的输出与表现形式，可用来分析诗歌等语言精练而内容丰富的文本及翻译，探讨文字背后隐藏的认知特点。在翻译研究中，识解机制对于解释跨语言、跨文化翻译及译者的创造性翻译和翻译风格差异等，都有较好的解释力。在翻译实践中，认知识解理论不仅能够用来分析语言的表达方式、内容、结构等，还能帮助剖析译者翻译的认知过程。具体应用可参见本书 7.3。

4.6　小结

本章探讨了认知过程中的数个认知机制。意象与意象图式是认知语言学和体认语言学的核心概念，是人们划分范畴、认知环境、建构思维、组织语句、储存知识的基本原则，也是全人类所共享的体认方式。意象图式是感知互动和运动活动中的持续再现的动态模式，它使我们的经验具有连贯性和结构性。意象图式既是对现实世界互动体验的结果，也是范畴化、概念化、意义建构的基础，是人类认识世界、建构意义过程中的重要一环。在文学翻译中，多数跨文化意象呈现为隐喻现象，包括语言的表达和概念的映射，在翻译中意象的映射、投射、折射、影射四种心智加工类型影响到语义的诠释和文本的解读，译者需要借助文化矩阵来解读意象的深层文化意义。

范畴化是思维最基本的功能，是人类根据特定目的对某种事物进行识别、分类和理解的心理过程。范畴与范畴化是认知语言学理论体系的重要组成部分。将范畴化理论应用于翻译研究可以有效规避中西传统译论中二元对立的思维模式，如直译与意译、形似与神似、归化与异化。范畴理论主要划分为传统范畴理论和现代范畴理论两类，后者又包括原型范畴观和认知范畴观。范畴化是一个认知心理过程，心理基础包括认知模型和文化模型。范畴之间的关系主要表现为三种：范畴对等、范畴错位、范畴缺位。传统语言学翻译理论视翻译为语言范畴转换，认知语言学家把翻译视作一项以范畴转换为基础的认知活动。

翻译过程中的范畴转换模式也主要表现为三类：对等范畴替换、错位范畴调换、缺位范畴构建或替代。

隐喻和转喻既是语言现象，也是概念现象，对概念的形成和理解具有重要作用，是范畴化、概念化的认知工具。翻译的认知隐喻观认为，翻译是一种受文化制约，具有创造性和解释性的隐喻化活动，译者的翻译活动可以被视作跨域映射活动，利用语言间、文化间的相似性实现跨域词汇、文化映射，用某一社团的语言和经验来说明和理解另一社团的语言和经验，使受众借助译本理解源文本。翻译中的隐喻现象分为直接隐喻、间接隐喻、复杂隐喻、隐晦隐喻。从范畴化视角看，隐喻翻译主要有三种模式：概念范畴对等转换、概念范畴替换、概念范畴构建，受到包括意象图式、基本关联性、文化依存性等认知、社会文化语境因素的制约。

转喻是基于概念临近性的一种认知过程。翻译是具有转喻性的认知活动，体现了"一个概念范畴指代另一个概念范畴"的转喻操作和"部分整体互代"的转喻认知机制。翻译是根据相似性和比较性用译入语传递译出语的概念和意义，体现了翻译的隐喻性。由于语言文化及认知差异，译文不可能完全传递原文的概念和意义，只能在一定程度上代替原文并突显某些部分，这体现了翻译的转喻性。转喻和隐喻间发生互动关系，形成多重概念迁移，构成转喻-隐喻连续体。

识解是人类认知的一种主要方式，即使用不同的方法来解释同一个场景，包括详略度、辖域、背景、视角和突显等维度，可应用于多种文体的翻译研究，也为译者研究提供新的视角。

第五章

文化翻译学理论发展

5.1　西方文化翻译研究发展

文化问题在翻译历史上一直都得到不同程度的关注,是自语言问题之后翻译研究的又一重要方面。从翻译研究史来看,普通翻译理论研究主要是围绕着语言或者文化展开,不论是翻译研究的前学科阶段,还是现代阶段,不论是翻译研究的语言学派,还是翻译研究的文化学派,都从不同角度、不同程度涉及文化翻译问题。这从各学者对普遍意义上的翻译的定义和描述中可见一斑。

自 20 世纪中期,学者们逐渐认识到语言转换是翻译活动的基本出发点,从语言学角度界定翻译可以涵盖广泛的翻译类型。他们基于传统语言学、结构主义语言学、普通语言学等理论阐述翻译的性质,认为翻译是"将一种语言(源语)文本材料替换成等值的另一种语言(目的语)文本材料"(Catford, 1965:20),"把一段语言或一个语言单位,即整个文本或文本部分的意义由一种语言转换成另一种语言"(Newmark, 1991:27),"是用接受语再造一个与源语信息最接近的自然等值物,首先是意义,其次是风格"(Nida & Taber, 1969:12)等。这些从语言学视角对翻译概念的阐释有一个共同点,那就是都强调翻译的核心是语言转换,但是,"从语言学角度对翻译所做的定义把翻译活动仅仅局限在语际转换层面上,这样便忽视和遮盖了广义的翻译所囊括的丰富内涵,以及语际翻译的全过程所承载的重要文化和历史意义"(许钧, 2009:29)。

同时我们也应该看到,虽然学者们从语言学角度定义翻译时没有明确提出文化的维度,但他们实际上也关注翻译中的文化问题,例如 Nida 1945 年在

WORD 杂志发刊号（ISSUE1 1945）上登载了一篇文章《翻译问题中的语言学与人类文化学》（Linguistics and Ethnology in Translation Problems），提出文化在翻译中的重要性，并建议从五个方面探讨描写性翻译中遇到的语义问题和文化信息之间的关系。"从根本上说，词语是文化特征的象征。因此，在翻译中对两种语言的文化状况必须都有所了解，采用的词语必须能够描述最接近的对等物。通过仔细探讨文化各方面的某些问题，人们能够更清楚地认识文化信息与描述性语言学语义问题之间的精确关系。翻译问题在本质上是对等的问题，可从以下方面处理：① 生态、② 物质文化、③ 社会文化、④ 宗教文化以及⑤ 语言文化。"

Words are fundamentally symbols for features of the culture. Accordingly, the cultural situation in both languages must be known in translating, and the words which designate the closest equivalence must be employed. An examination of selected problems in various aspects of culture will make it possible for one to see more clearly the precise relationship of cultural information to the semantic problems encountered in descriptive linguistics. Translation-problems, which are essentially problems of equivalence, may be conveniently treated under（1）ecology,（2）material culture,（3）social culture,（4）religious culture, and（5）linguistic culture.（Eugene Nida 1945: 196）

Peter Newmark（1988: 6）认为"翻译不仅被用来传播文化，还被用来传播知识，在不同群体和国家之间建立理解"。"我们研究文本并非为了它本身，而是要为不同文化背景下的不同读者重新编排文本。"（Newmark, 1988: 18）在 *A Text Book of Translation* 一书中，他将文化定义为"the way of life and its manifestations that are peculiar to a community that uses a particular language as its means of expression"（Peter Newmark, 1988: 94），"一种生活方式及其表现形式，这种生活方式是一个使用特定语言作为表达手段的社会所特有的"，并具体将"cultural language"（文化语言）与"universal language"（通用语言）和"personal language"（个人语言）区分开来，并分析了它们的翻译问题。"死""活""星星"等自然现象以及"镜子"和"桌子"等人工制品都是普遍存在的通用语言，通常没有翻译问题；"季风""草原""别墅"等都是文化词汇，除非源语和目的语（及其读者）之间存在文化重叠，否则就会有翻译问题。像"breakfast"（早餐）、"embrace"（拥抱）、"pile"（堆）这样的通用词汇通常涵盖了通用功能，而不是指涉物的文化描述。如果以个人的方式表达自己,使用的语言表达方式带有个人风格,而不是直接的社会语言,通常被称为"idiolect",通常也会有翻译问题。

Newmark 从狭义视角探讨了异质文化词语("Foreign" Cultural Words)的翻译,他采纳 Nida 的五种文化类型并举出典型的例子。① 生态(Ecology),包括植物、动物、风、平原、丘陵(Flora, Fauna, Winds, Plains, Hills)等;② 物质文化(Material Culture),即人工制品(Artefacts),包括食物、服装、房屋和城镇、交通(Food, Clothes, Houses and Towns, Transport)四类;③ 社会文化(Social Culture),包括工作职位和休闲旅游(Work and Leisure)等;④ 组织、风俗、活动、程序、概念(Organizations, Customs, Activities, Procedures, Concepts),分为政治和行政、宗教、艺术(Political and Administrative, Religious, Artistic)三类;⑤ 姿势与习惯(Gestures and Habits),包括面部表情、目光、手势等肢体语言。(Newmark, 1988:95)翻译这些类别的外来文化词语尤其要考虑到目的语读者的文化背景和接受能力。

20 世纪 60—70 年代,西方掀起了解构主义运动的浪潮。"解构主义运动批判了结构主义的工具理性、语言逻各斯中心主义以及二元对立的观点"(陶丽霞,2007:1),为翻译研究带来了新的启发。翻译研究也开始在多元文化主义的推动下突破传统的研究主线,向文化方向转向。Even-Zohar、James Holmes、André Lefevere 和 Susan Bassnett 等学者开始关注翻译在社会文化语境中的作用,主张从文化层面对翻译进行研究。从 20 世纪 80 年代以来,以 Bassnett 和 Lefevere 等为代表的文化翻译学派(Cultural Translation)迅速崛起。他们主张文学文本的翻译单位不是语言而是文化。作为跨文化交流的翻译既涉及两种不同的语言,更涉及两种不同的文化,所以翻译是一种文化现象,应该列入文化范畴。Bassnett 和 Lefevere 提出了翻译研究的文化路径(Cultural Approaches to Translation),认为翻译不是纯粹的学术,而是存在于社会现实中的;译者在目的语文化中传播译文之前,可能需要对原文进行改编,因此,文学文本不仅是可塑的,而且是可以无限操纵的。翻译研究已经从传统的形式主义方法转向文化研究的大语境、历史和传统,它所研究的对象是文本及其所包含的源语和目的语文化,因而翻译研究得以沿用语言学的研究方法并且能够超越语言学的研究方法,研究视域更为广阔。自此,翻译研究进入了以语言学派、文艺学派和文化学派为主体的多元时代。

以 Bassnett 和 Lefevere 为代表人物的文化翻译观的主要观点可概括如下。① 主要强调从文化研究的角度来研究翻译,首先他们认为翻译过程就是一种重写(Rewriting)。"没有任何两种语言拥有相同的结构、句法和词汇,所以翻译不是一种直接的、简单的语言迁移过程,而是复杂的协商和调整的过程,任何翻译都不可能和原文完全相同。"(Susan Bassnett,2014:3) ② 尤其强调文化在翻译中的地位以及翻译对于文化的意义。语言与文化有着不可分割的关系,翻译不应拘囿于语言,而应更多地关注语境、历史和传统等各个方面。同时翻译也反作用于社会文化发展,在政治和认识论方面都扮演着重要的角色,而且翻译本身也参与了知识的生产和社会文化的塑造,影响文化尤其是目的语文化的发展。翻译对于文学系统的成长和发展、塑造民族身份和唤醒民族觉醒都有重要意义。③ 文化翻译研究特别注重译者的主体性研究,尊重译者身份的重要性,认为译者与富有创造力的作家和政治家一样参与到创造知识和塑造文化的强大行动中。Lefevere(1992)提出意识形态、诗学和赞助人是影响译者主体性发挥的三个要素。西方的文化翻译研究的文化翻译学派也包括后殖民主义翻译理论、女性主义翻译理论、多元系统论等多个不同学派。

文化翻译观从文化层面为翻译研究提供了崭新的研究视角,翻译研究不仅仅关注语言之间的转换,而且转向了文本之外更为宏观的文化层面,更多地关注历史、语境、传统、译者、权力、意识形态等超越文本的领域,实现了从微观到宏观的跨越。"使翻译研究的对象从文本内转向文本外,从原文中心转向了译文中心,实现了跨学科研究"(赵巍,2016:93),是对翻译研究视角和维度的创新,也是对文艺美学翻译观和语言学翻译观的补充。但是值得注意的是,过于强调宏观文化在翻译中的决定性作用可能导致忽视微观层面的语言转换和文化认知,使翻译研究宽泛化,模糊了翻译学和文化学的学科边界。因此,"在具备宏观文化视野的同时,具体探讨的文化问题实际上主要还是翻译文化研究的微观层面,是那些具有鲜明独特文化内涵的语句"(易经,2014:111)。

语言与文化密不可分,语言转换过程中不能避开相关的文化问题,这是任何视角的翻译研究都不能忽略的问题。我国学者王佐良的文化翻译观也强调文化与翻译的关系是密不可分的,他认为文化的差异是翻译里最大的困难。一种文化中一些不言而喻的东西,在另一种文化中却要费很大力气解释,对本族语者不用解释的事对外国读者却要解释。(王佐良,1985)因此要处理好不同文化间的对比与转换,译者必须是一个真正意义上的文化人,要掌握一种语言就必须了解语言中所传达的社会文化,而且要了解使用这个语言的民族的历史、习俗等。翻译所面对的是语言问题,但是一个译者如果不了解语言中的社会文化,那么也无法真正掌握语言。因为虽然处理的是个别的词,但是其面对的是两大片文化。译者首先要深入了解自己民族的文化;其次还得了解外国文化,包括历史、风俗习惯、经济基础、情感生活、哲学思想、科技成果等等;不仅如此,译者还要不断把两种文化加以比较,因为译文与原文的对等词,应该是真正的对等,即在各自文化里的含义、作用、范围、感情色彩都相当。(王佐良,1984)

我国学者对翻译的定义也体现了翻译的跨文化特性,许钧归纳出翻译的五个特征:社会性、文化性、符号转换性、创造性、历史性,认为"翻译是以符号转换为手段、意义再生为任务的一项跨文化的交际活动"(许钧,2009:41)。刘宓庆(2019:2)认为,"翻译是一种凭借语言转换的文化传播手段,犹如一座双向桥梁",是一种"语际跨文化交流",不能回避文化价值观问题,而且必须把握民族文化的精粹,并提出"语义的文化诠释、文本的文化解读、论文化理解、翻译和文化心理探索、文化翻译的表现论、文化价值观与翻译(属于文化翻译的对策论)应成为文化翻译理论的核心"(刘宓庆,2019:41)。周志培和陈运香(2013:10)从文化学角度阐释翻译的目的,认为"翻译是通过转换作为文化载体的语言来传递意义移植文化的交流活动"。杨仕章(2020:12)将翻译概括为"以利用源语文本的交换价值和/或比较价值为目标,以尽可能准确而完整地再现源语文本为任务的单向的语言转换与文化移植活动"。他认为翻译是把根植于源语民族文化土壤中的文化素移植到目的语民族文化的过程与结果,在移植过程中,目的语文化或者译者个体对具体的翻译操作策略起到关键的作用,决定在译文中是突显文化差异、促使目的语文化了解源语文化,还是遮蔽文化差异、促进源语文化顺应目的语文化。杨仕章(2020:20)认为"文化"是"翻译"的内容或对象,此"文化"不是文化整体而是"文化素",包括所有表达文化实在或者借助文化实在方可理解的语言单位,不仅涉及文本整体,也涉及文本的组成部分,因此,"文化翻译"作为翻译学术用语是指源语文化素的翻译。

总之,普遍意义上的翻译定义不再是单一的语言维度,而是已经涵盖了语言维度和文化维度。从文化视角展开翻译研究已经成为翻译研究的重要分支。

5.2　中国文化翻译学科构建

5.2.1　文化翻译萌芽期

20 世纪 80 年代之前的短暂阶段可视为中国文化翻译萌芽期。在早期的翻译过程中，尽管译者都没有明确地提出过文化翻译之说，但是从翻译实践中总结了零星的相关翻译理论或见解，例如安世高的"贵本不饰"、释道安的"五失本，三不易"、彦琮的"宁朴而近理，不用巧而背源"、支谶的"审得本旨，了不加饰"等都是自觉而朴素地尊重源语文化。明末清初以及五四运动前后，科技翻译和文学翻译都得到了迅猛发展，出现了一批以徐光启、林纾、严复、鲁迅、瞿秋白等为代表的学者和翻译家，他们都对翻译提出了自己的见解和翻译标准，提出充分尊重源语文本和文化。可以说，这些诞生于翻译实践中的看法就是国内文化翻译的早期萌芽，尽管不构成一定的体系，但却是宝贵的实践经验总结，具有实践指导意义。

5.2.2　文化翻译发轫期

20 世纪的 80 年代可以说是我国学者有意识地从文化角度研究翻译的发轫期。这段时间，国外翻译文化学派的形成以及翻译的"文化转向"对我国的翻译研究领域产生了深远的影响，为国内学者打开了一个全新的研究视角。在中国知网输入关键词"文化翻译"，发现 20 世纪 80 年代共有 27 篇文章从文化视角对翻译进行分析和研究，其中刘山（1982）的《翻译与文化》是最早的一篇。王佐良和许崇信的研究进一步推动了国内文化翻译研究的发展，如王佐良（1984，1985）在《中国翻译》上连续发文，分别讨论了"翻译中的文化比较"和"翻译与文化繁荣"；许崇信（1984）讨论了"历史•文化•翻译——鲁迅翻译理论的历史意义"。这一时期相关著述虽然数量不多，但是代表性论文既从宏观的角度为国内翻译研究的文化转向指引了方向，又有微观案例分析，为具体的文化翻译研究提供了借鉴。学界逐渐意识到，翻译离不开文化，不能孤立于文化之外，同时翻译也促进了不同文化之间的交流。

从 1986 年起，更多的学者开始从文化方面对翻译进行研究，主要有许崇信（《从文化交流和文化冲突看翻译问题》，1986 年）、谭载喜（《文化对比与翻译》，1986 年）、杨永林（《文化比较研究与翻译》，1987 年）、吴泽林（《试谈文学翻译的文化交融本质》，1988 年）、李泰然（《翻译——文化的移植》，1988 年）、钱念孙

（《文化冲突与文学翻译》，1988年）、陈定安（《文化与翻译》，1989年）、刘先刚（《文化翻译与语用学》，1989年）等。这些学者的翻译研究已经从语言层面转向了文化层面，他们一直认为翻译对文化交流有着重要作用，翻译过程必须尊重文化差异。

5.2.3　文化翻译积极发展期

进入90年代，文化翻译的研究也进入了积极发展期。从1990年到1993年，根据中国知网文章数统计，每年都有十几篇此方面的研究文章发表；从1994年到1996年，这三年里每年发表的文化翻译类文章有二十几篇；从1997年开始，文章数量有了明显的增加，大约到了每年五十篇左右；到1999年，达到了近百篇。单从论文数量上我们也能看出，国内学者对翻译文化维度的研究热情在逐年增加。

这一时期的研究主要呈现出三个方面特点："宏观与微观并重、多学科研究并立、回顾与前瞻并行。"（杨仕章，2001：38）较有代表性的学者有王秉钦、王克非、郭建中、王东风、许钧、刘士聪等。王秉钦等主要从文化思维差异角度对文化翻译进行对比研究，代表论文有《文化与翻译三论——论东西方思维方法差异与翻译》（王秉钦，1992）、《文化与翻译三论——三论词的文化伴随意义与翻译》（王秉钦，1993）。王秉钦还于1995年出版了《文化翻译学》一书，更为全面和深入地介绍了文化与翻译的关系。王克非主要进行了文化翻译史的研究，代表作有论文《论翻译文化史研究》（1994）、《论翻译研究之分类》（1997）和著作《翻译文化史论》（1997）。郭建中（1998）则从文化翻译的策略和方法等方面探讨了翻译中的文化因素；刘士聪、谷启楠（1997），李国林（1997）等讨论了《红楼梦》《儒林外史》等文学作品外译过程中文化因素的处理问题。

特别值得一提的是，90年代末出现了一些非常有代表性的研究著作。王克非（1997）的《翻译文化史论》着重研究了翻译对于文化（尤其是目的语文化）的意义和影响、它在文化史上的作用，以及文化对于翻译的制约（王克非，1997：4）；刘宓庆（1999）的《文化翻译论纲》从翻译学视角中的文化、语言中的文化信息、文化翻译新观念、文化与意义、语义的文化诠释、文本的文化解读、翻译与文化心理、文化翻译的表现原则与手段等各个方面对文化翻译的理论构架及基本范畴、基本问题进行了系统的探索。

综上所述，20世纪90年代，国内的文化翻译经历了一个快速发展的时期，"翻译界理论意识、学科意识不断增强""翻译研究成果不断问世，学术研究日益深入"(许钧,2002:219)。学者们从各自擅长的领域推动了我国文化翻译的深入发展。

5.2.4 文化翻译创新发展

进入 21 世纪后,国内文化翻译研究得到了长足发展,一些学者经过自己多年的研究形成了自己独有的文化翻译观。

和 20 世纪 90 年代一样,这一时期的研究呈现出了宏观与微观并重的特点,但是与之不同的是,这个时期的研究不管是从发表的论文数量、研究广度和深度上都已成相当规模,而且也形成了具有自身特色的一套文化翻译研究理论。其中,许钧继承并发展了 Bassnett 的文化翻译观,而且形成了自己的特征,具体表现为:立足翻译研究,语言与文化并重;着眼文化差异,关注文化多样性;紧扣文化内涵,多视角研究翻译(胡开宝,2021)。王宁从全球化的高度对文化研究和翻译研究进行宏观分析(2000),并在借鉴霍米·巴巴理论的基础上提出了翻译重新对文化进行定位的观点(王宁,2013)。杨仕章对文化翻译策略进行了系统分析,提出术语文化翻译策略(2019a),并就文化翻译机制研究提出了自己的见解(2019b)。朱桂成(2002:75)从遵守文化操守和翻译操守方面提出保持"国家文化的独立性、整体性和多元性"。谢天振(2006)从比较文学方面分析了翻译研究的"文化转向"所带来的意义。许钧(2003)以及查明建、田雨(2003)等对文化翻译实践中的译者主体性进行了研究。文化翻译已经成为广大翻译学者在进行科研时所选取的重要研究理论依据和研究视角,出现了大量的期刊论文和硕博毕业论文,从文化翻译的研究视角对中医药外译、民俗外译、中华饮食外译、外事翻译、少数民族文化外译,经典著作如《论语》《红楼梦》《古文观止》《儒林外史》及莫言系列小说翻译等翻译实践进行研究分析(高一波,2020)。

更为重要的是,这个时期的学者们开始对文化翻译进行辩证的思考,提出了其存在的局限。张明林就对翻译研究中的"泛文化"观点提出疑问,指出"文化并非是一个界定翻译本质的恰当概念""不宜夸大文化在翻译研究中的作用,不宜用文化来界定翻译的性质,或者把它当作翻译的唯一标准"(张明林,2002:32)。

5.3 文化翻译学研究内容

总体来说,从文化视角对翻译展开研究主要包括两个层面,微观层面和宏观层面。

语言学派和文化学派对文化翻译的研究各具特色。语言学派对文化翻译的研究大多属于微观层面研究,20 世纪 50 年代出现所谓的当代西方翻译研究的"语言学转向",代表了西方翻译研究语言学派的研究取向,他们所研究的翻译过程属于狭义层面,主要是目的语文本的生产过程,即原文到译文的语言转换过程,其中的文化翻译研究主要是微观层面的翻译研究,如 Eugene Nida、Peter Newmark 等对文化词语的分类与翻译研究。语言学派大多以文本中的文化概念及其承载的文化信息、代表的文化意义为研究对象和内容,关注翻译过程中的文化传递,研究译者如何克服语言文化障碍将原文中的文化概念、文化信息、文化意义传递到译文中去,从而达到文化传播、文化移植等目的。语言学派重视对文本的文化理解(Cultural Comprehension;Comprehend Culturally),指"文化视角中的文本理解,即语言文化信息的多维度意义解码"(刘宓庆,2019:73),也就是准确解构文本中的文化信息的意义。刘宓庆文本文化理解的单位包括词语、词组、句子、句段,"文本的文化理解是在细节清晰的基础和前提下的整体性整合了悟"(刘宓庆,2019:75)。在翻译过程中,文本文化理解的单位也属于"文化翻译单位","文化翻译单位是翻译中需要转换的负载文化信息或需要借助文化信息方可理解的源语语言单位"(杨仕章,2020:86),文本中的这些源语语言单位负载文化信息,表达文化事实,或者需要借助文化事实经过翻译处理才可以被理解,包括词语、词组、句子、超句体(句段)乃至整个文本(语篇/篇章),也被称为文化素(Cultureme)(杨仕章,2020:87),因为翻译中的文化素通过语言手段表达出来,因此可以从语言的各个层面形成,杨仕章(2020)将其划分为五个层级:词语文化素、词组文化素、句子文化素、超句体文化素和文本文化素,其中文本文化素是宏观文化素,其他四类是微观文化素。

刘宓庆(2019)在其著作《文化翻译论纲》新版本中,紧扣文化翻译研究的本体,结合语言和意义探究文化翻译,关注翻译文本中文化意义的解读与表现、影响文化意义解读和表现的原因,认为文化翻译理论有六个核心,即语义的文化诠释、文本的文化解读、论文化理解、翻译和文化心理探索、文化翻译的表现论、文化价值观与翻译(文化翻译的对策论)。

语义的文化诠释是对词语文化内涵的微观剖析,通过四种求证定义的途径得以实现,即文化历史关照、文本内证与文本外证、互文关照、人文互证。这四种途径兼顾文本内因素和文本外因素,做到整体关照语义文化诠释,并且突显了译者的主观能动性，译者要充分利用文化理据对文本词语及文化内涵大胆举证，提出不同见解。文本的文化解读是对文本的宏观兼微观审视，以语义诠释为前提对文本进行解码、解构、解析和整合，即分析文本表层结构和深层结构，论证文本心理结构，最终实现文本的整体语义和形式转换，同时强调译者对常态文本和非常态文本的区分，应根据不同文本类型选择对策。例如，译者如果缺乏文本类型意识，以处理常态文本的策略应对非常态文本，则会丢失一些文本信息。如果译者对非常态文本有所了解，就会有意识地冲破层层障碍，透过文本表层深入到深层结构，透析文本的心理结构，准确把握文本整体信息和语义。翻译中的文化理解始于对词语和文本文化意义的准确把握，准确解构文化信息中的意义。翻译中译者需要准确解构的词语层文化概念或意义包括五大类：反映文化物质生产或使用的概念、反映文化心理活动的概念、反映人文自然关系或社会习俗的概念、反映社会及科学技术活动或事件的概念、反映人文社会典章制度或组织活动的概念。（刘宓庆，2019：77）文化理解具有整体性和多维性特征，译者需要以实事求是的意义解构为基础，通过多维的文化解构，达到解释和表现源语文化深层的目标，可以说，文化理解既是一个译者理解一个文本的起点，也是理解一个民族的文化、理解一个民族的心灵的起点。翻译和文化心理的关系包括文化心理的范畴、文化心理与语义生成以及文本组织形态之间的相互关系，译者首先要对源文本进行文化心理分析，才能透过表象深化对文本的理解，确定文本的总体特色和倾向性，矫正调整及最终确定词语的准确意义，从而选择相应的表现手法。文化翻译的表现论是对表现法的系统研究，刘宓庆提出翻译中的文化表现论三大原则：文化适应性（Cultural Adaptability）（实现文化语义代偿和语言交流效果代偿）、文化反映论（Cultural Reflection）（实事求是，源语中实际存在的文化信息和语义信息，适和实际情况的表现手段）、审美原则（Aesthetic Principle）（确保传播效果，提高可读性和可接受性）。

语义的文化诠释、文本的文化解读、论文化理解、翻译和文化心理探索、文化翻译的表现论这五个文化翻译理论核心都属于微观层面的研究，而文化价值观与翻译（文化翻译的对策论）是刘宓庆提出的一个宏观层面的研究专题。他认为研究文化是为了追求"文化自我"，译者学习吸收西方的先进理论，但中国的翻译理论研究必须以中国文化为核心，中国翻译学的"中国特色"从根本上来说就是价值观取向问题，因为文化差异最终表现为价值观差异。在翻译研究中，文化价值观体现为：翻译研究中的理论话语是中国话语还是西方话语；翻译方法和对策中的文化立场是消解差异还是保留差异；翻译文本的选择和翻译目的。价值观交流在翻译交流中不可避免，因此翻译界需要担负起新的历史使命，对中西价值观知己知彼、取长补短，促进文化交流与互信；翻译文本和方法的选择应服务于社会发展和文化战略，促进社会对东西方文化精髓的深层理解；翻译应确立正确的文化价值观，对社会文化品位提升发挥积极的引导作用。

可见，语言学派的文化翻译研究核心部分是翻译本体，可视为从文化视角进行的翻译研究。研究对象主要是文本，研究内容涉及翻译过程中具体语言转换过程，文化素、文化翻译单位的理解和移植、代偿过程，主要包括微观层面的文化翻译研究，也兼顾宏观层面的研究。

与文化翻译研究的语言学派相对照，翻译研究的文化学派是文化翻译宏观层面研究的代表。20世纪70年代至90年代初，以Lefevere、Bassnett为代表的翻译研究的文化学派发起了"文化转向"，主要代表学者还有Holmes、Even-Zohar、Toury。Bassnett和Lefevere融合了语言学、文化史、哲学、人类学理论，旨在将以前的文艺学派和语言学派结合起来，使翻译研究兼具理论性和实践性，促使翻译研究开始重视研究权力关系与文本产生的问题。文化翻译观在翻译研究领域取得了有目共睹的成绩。首先，文化翻译观的诞生具有创新意义，它标志着翻译研究领域大胆开拓并进入一个崭新的阶段，文化翻译观认为翻译的产生和接受并非在真空中产生，文学研究必然不能脱离文化研究（Bassnett & Lefevere, 1998）。第二，文化翻译观具有高度宏观性。与以语言学为导向的"读者反应论"相比，以文学为导向的"文化翻译观"是从宏观的角度研究翻译（马会娟，2003）。它将翻译研究置于宏大的现实背景中，采取跨学科视角，将翻译研究作为一种社会意识形态的表现置于宏大的文化研究领域里进行考察，包括文化传统、社会因素、意识形态等对翻译的操纵和影响，使翻译研究超出传统文学研究和语言学研究的局限，大大拓展了翻译研究的领域和视野。第三，文化翻译观大力强调译者的主体地位，强调研究翻译过程的重要性，认为翻译的评价标准与文化密不可分，因评价者的差异而不同，翻译存在纯学术标准和非学术标准。Bassnett的"文化翻译观"主张最大限度地实现源语文化与目的语文化的功能对等效果，成功的翻译能使目的语读者在译文中像源语读者在原作中一样获得文化功能对等的体验。但同时也应注意，文化翻译观对"功能"概念过于宽泛的界定以及对"转换"技巧过于自由的使用可能将"翻译"过于宽泛化，赋予译者过多操纵文本的权利，有使翻译活动变成改编活动之嫌。此外，文化翻译观由于没有深入研究翻译所涉及的编码、解码过程而成效有限。（张美芳，2003）Bassnett 认为，文化研究若能研究翻译所包含的编码与解码过程，将会卓有成效。（Gentzler，2001）

可见，翻译研究的文化学派将翻译置于大的社会、历史、民族文化系统中审视，主要从宏观层面考察大的文化环境对翻译活动的影响，包括翻译文本的选择、出版社及投资方对译者的操控、译本接受如何受文化制约、翻译如何建构文化等，其中的"文化"类同于"文化语境"，属于翻译的外部研究。但是，文化学派学者也注意到研究翻译过程所涉及的解码、编码的必要性，这属于翻译的内部研究，或称微观研究。

无论是语言学派还是文化学派，两学派的研究确有交集之处。第一，两者都关注翻译过程。语言学派关注狭义的文本翻译过程中的文化翻译问题，语言转换过程中的文化问题；文化学派关注广义的社会文化影响下的翻译活动，关注文本以外的文化因素对翻译行动的发起、实施、接受和影响的制约。第二，两者都关注译者的翻译行为。语言学派关注译者对具体文化素的理解、处理手段，文化学派关注社会文化对译者翻译行为的操控和制约。第三，两者都认为研究翻译必然涉及对语言、文化的解码和编码，而这也是译者进行翻译活动的必然任务，译者是连接作者与读者、原文与译文、源语文化与目的语文化的中介，译者如何认知、解读与传递文化概念和意义，对能否达到翻译活动的目的、翻译结果的效果和接受、文化的移植和构建等都至关重要。

因此，我们认为，文化翻译研究的取向和方法等要摆脱二元论的思维局限，无论宏观或微观、外部或内部翻译研究，都对人类的翻译活动有所贡献，模糊二元边界、融合多元视角的研究应该更符合翻译活动事实和发展需求。毕竟，没有任何翻译活动可以脱离具体的语言和文化因素而独立成行，而且译者始终是翻译活动的核心要素（机器翻译无法完全替代人类译员，机器翻译成果需要人类译员进行译后校审编辑），译者大脑这个神秘的"黑匣子"如何对翻译活动进行操控始终是科学探索的热点，译者在操控翻译活动的过程中，既有对微观层面文化素的认知识解、信息确认、信息转换整合等解码、解构、解析、编码、重构、整合过程，同时也受到历史、社会环境等宏观文化素的影响，具体可表现为符合语言学规约的常规翻译和受文本类型或外部环境等影响而进行的非常规翻译，以及一些异常翻译现象，如大篇幅删减、重写等翻译操作。这背后的影响因素既包括显性的语言文化符号、语言转换规则、社会文化事实等，也包括隐性的文本文化心理、译者对文化素的心理认知机制、文化移植、代偿和构建的手段、译者的文化观翻译观等,还包括外部环境对译者的操纵。因此,文化翻译研究可以融合语言学派与文化学派对文化翻译的研究视角和研究方法,不仅利用翻译学的理论和方法,还吸纳其他学科最新的科学理论成果,如文化学、跨文化交际、文艺学、符号学、语言学各个分支的理论与方法,使文化翻译研究与时俱进,融合各家之长,促进多元发展。

据此,我们认为翻译研究以及其中的文化翻译研究仍然需要以文本翻译中的语言转换、文化传递、移植或代偿为具体研究内容,根据语言学、文化学、文化语言学、心理学、跨文化交际等学科理论,对翻译过程进行描述、归纳,对翻译结果进行阐释、总结,得出适用性强且具有普遍解释力、应用价值的研究成果。

5.4　小结

本章重点介绍了翻译的"文化转向",即文化翻译观的主要观点,梳理了文化翻译观的形成及发展脉络,回顾了文化翻译研究在国内的发展历程。翻译研究领域的"文化转向"以及文化翻译观的形成是翻译跨文化研究的标志,突破了翻译仅在语言层面的研究,为翻译研究带来了新的研究视角和思路,也对我国的翻译研究产生了重大的影响,将原本译者自觉的翻译与文化之间的思考变成了系统性的、规模性的理论和实践研究,大大拓宽了国内文化翻译研究内涵。同时,中国学者并没有一味地盲从国外的研究成果,而是结合自己的翻译理论研究和实践,提出了自己的观点,也由此诞生了具有中国特色的一些研究成果,同时也丰富了世界文化翻译研究。而翻译的文化转向是翻译理论研究中的一个发展方向,不能因为文化转向而忽略甚至是否定文本本身,译者既要有宏观的文化视野,更要有微观的语言能力,才能做好翻译,研究好翻译。

第六章

文化翻译学应用研究

6.1　文化翻译策略

众所周知,文化与文化之间存在着很大的差异,而且有很多文化要素是特有的,但是人类生产与生活活动的共性也决定了语言与语言之间、文化与文化之间是可以通过翻译进行交流、互通有无的。所谓的翻译策略就是指翻译过程中的思路、途径、方式和程序的总称。"文化翻译策略是翻译策略在文化层面上的体现,确切地说,是译者为实现特定目标而对文本文化素所采取的连贯的翻译计划。"(杨仕章,2019a:68)一般来讲,文化翻译策略可以分为归化翻译和异化翻译两大类。

6.1.1　归化翻译策略

归化翻译(Domesticating Translation)和异化翻译(Foreignizing Translation)是美国翻译理论家 Venuti（1995)提出的两个用来描写翻译策略的术语。顾名思义,归化翻译就是尽量减少译文中的异国情调和文化差异,一切尽量以目的语为核心,为目的语读者提供一种自然流畅的译文,从而减少源语文化对目的语读者的干扰。它的优点在于译文通常流利,不会对读者造成理解上的障碍。归化翻译策略往往会运用到以下翻译方法。

6.1.1.1　省译法

由于两种语言在思维和表达上存在较大差异,所以翻译的过程中,为了译文流畅,译者会采用省译法。例如,中文表达往往含蓄委婉,层层铺垫,甚至是重复;而英语语言表达比较简单直接,所以在翻译的过程中,译者也要充分考虑这些差异,对源语文本进行必要的删除或弱化,省略掉一些没有实际意义的词语,从而更便于目的语读者理解,避免因文化差异而造成误解。

（1）公园的湖内池中广植荷花,盛夏时节红白竞放,花光照眼,叶翻绿浪,香气袭衣。湖畔岛上有垂柳千余株,浓荫覆岸,柔条拂水,临风起舞,婀娜多姿。

在例(1)这段中文中,作者为了追求行文对仗用了较多四字词语,但是有些四字词语没有实际意义,所以翻译的时候就可以提炼出原文中的实际内容,删减部分四字词语。可以将其翻译成:"In summer, lotus in the lakes boom in white and red among the sea of leaves, giving of delicate scents. Along the banks and on the islands, more than a thousand willow trees dance in breeze."

6.1.1.2 改写法

由于每种文化的独特性,在文化翻译过程中,往往会采用改写的方式来对源语文本进行调整,让译文更容易被读者接受。显然,改写的翻译方法充分考虑到了不同政治、经济、文化背景和语篇的特点,从符合目的语读者接受期望的角度,对原文内容或形式进行重新组织和调整。而且改写也绝不是不负责任地胡乱改写和凭空捏造,它必须是以分析原文为基础、以实现译文功能为目的而做出的理性选择。

改写法在电影、商标或是广告翻译中十分常见。例如,Subway 这一快餐商标翻译成"赛百味",译者根据 Subway 在中国的商业特点,舍弃了原文"地铁"字面义(强调店铺常位于地铁口附近),采用了与其发音贴近但是又极具餐饮行业特点的中文翻译,译文朗朗上口并且引发"美味食物"的意象,令人过目不忘。再如电影 *Waterloo Bridge*（滑铁卢桥）,改译成《魂断蓝桥》。这样的翻译既能映射电影的内容,又能激发中国观众的观影兴趣。再如,陕北民歌《走西口》中唱到"哥哥你走西口,妹妹呀犯了愁"。熟悉陕北文化的读者都知道这里的"哥哥""妹妹"指的是恋爱中的男女,而不是有血缘关系的兄妹,那么翻译的时候就要采用改写的方法,不能直接翻译成"brother"和"sister",而应译出隐含意义。这句歌词可以翻译成"My honey goes to Xikou, and I feel worried about you"（高一波,2020:84）。这样的改写避免了直译可能给目的语读者带来的文化误解,甚至是文化冲突。

6.1.1.3 类比法

翻译过程中,译者有时候为了让读者更好地理解译文,往往还会采用类比的方法,即从目的语或目的语文化中选择一些目的语读者更熟知的内容与原文进行类比,"由此及彼",以产生一种亲近感,更有利于译文被读者所接受。如例(2)所示,以西方的罗密欧和朱丽叶类比东方的牛郎和织女。

(2)原文:牛郎和织女每逢七夕在鹊桥相会。

译文:The cowhand and the Weaver Maid, also known as Chinese Romeo and Juliet, were allowed to meet each year on the bridge built by magpies on the 7th day of the 7th lunar month.(李海侠,2021:71)

6.1.1.4 意译法

在两种语言文化的翻译过程中,我们往往还会遇到一些英语成语、典故等文化色彩比较浓郁的表达方式,这个时候意译法就是比较合适的选择。所谓意译就是忠于原文的意义,但是又不拘泥于原文的形式,采用一种更贴切目的语文化的表达方式来翻译源语文本,通过意译实现两种语言表达式在意义上的互通,让读者更易理解和接受。

(3)as timid as rabbit 胆小如鼠

(4)as stubborn as a mule 倔强如牛

(5)under the thumb of sb. 仰人鼻息

(6)judge a book by its cover 以貌取人

(7)talk horse 吹牛

再如,林语堂翻译《东坡诗文选》时,对其中"非尧舜,安得每事尽善"这句话就采用了意译的方法,直接将中国文化特色项"尧舜"翻译成了"sage"(圣人、智者),整句话译作"No one is a sage; you cannot always be right"。这样的意译使得译本阅读过程更为顺畅,便于西方读者理解。

6.1.2 异化翻译策略

与归化翻译恰恰相反,异化翻译则是故意保留源语文化中的异国情调,尽量将原文中的信息原样呈献给目的语读者。在进行异化翻译的时候,很多译者往往采用直译的翻译方法。所谓直译就是既保持原文内容,又保持原文形式的翻译方法。当然直译也不是机械性地逐字翻译,它更强调全面准确地阐释原文的含义,不随意改动或是删除原文的内容,而且还会保持原文的写作风格,甚至是情绪等。异化翻译策略是我们在翻译过程中经常使用到的一种方法,在实际操作中往往会有以下几种具体方法。

6.1.2.1 音译或音译加注

音译或音译加注的方法是在翻译中经常采用的一种方法,特别是对外翻译一些具有显著中华文化特点内容的时候。其实音译法由来已久,早在唐朝,玄奘就提出了音译的"五不翻"原则,即"生善不翻、秘密不翻、含多义故不翻、顺古不翻、无故不翻",使译本能够与原作更加切合。随着不同语言交流的日益加深以及中华文化影响力的提升,直接音译的中文词汇也逐渐在英语世界中被广泛接受。例如,被认为是当代最全面和最权威的《牛津英语词典》收录了不少直接音译的中文词条,如"fengshui"(风水)、"guanxi"(关系)。这些词的直接音译保留了词汇自身的语音特色以及语义,目的在于对外传播中华文化。当然,为了英语读者能够正确理解这些直接音译的中华文化词汇,可以通过加注的方式帮助理解。例如,北方农村特有的"炕",我们就可以完全采用音译并且加注的方式,译作"Kang"(a heatable mud brick bed in Northern China),既保留其原汁原味,又便于读者理解和接受。

6.1.2.2 直译

直译是我们在翻译时经常采用的方法,力求译文在内容和形式上与原文保持一致。这样翻译能最大程度地保留原文的特色,反映异国文化特色,避免译者在翻译过程中的一些主观因素影响,并且能够促进目的语文化对他国文化的吸收。例如"Shed crocodile tears"可以直译成"鳄鱼的眼泪","sour grape"可以直译成"酸葡萄"。随着文化交流的深入,现在这些意象图式在中西文化中都非常普遍,读者会产生类似的认知识解结果。例如"剪纸"可以直译成"Paper cutting","广场舞"可以直译成"square dancing"。显然,直译能形象生动地反映出原文想要表达的内容,尊重原文,清楚表达原文的特点,在保证目的语读者接受的情况下,让他们更好地了解源语文化和生活。

6.1.2.3 直译加注

很多译者在进行翻译的时候,特别考虑两种文化之间的交流,所以采取了保留源语文化特色的翻译,但是为了避免目的语读者产生误解,往往还会采用加注的方式,完善自己的翻译。这种翻译方法特别适用于语言本身存在的一些隐性文化特征或背景知识的情况,例如双关语的翻译。

在中国文学作品《红楼梦》中,有很多具有特殊意义的地名、人名等双关语。这些双关语展现了个性或特点,点明人物的命运或昭示故事的发展线索(王金波,王燕 2004)。杨宪益夫妇很多情况下对这些名字采用了直译加注的方法,将名字背后的含义直接传递给目的语读者。例如将"甄士隐"翻译成了"Zhen Shiyin"，脚注：Homophone for "true facts concealed"。

直译加注的方法也适用于概念隐喻的翻译。例如，"I am the sandwich generation，therefore I have to control my temper"一句中的 sandwich generation 是一种概念隐喻操作，用实物特性指代人，非常形象地指上有老下有小的中年人，像三明治的夹心层一样，所以翻译的时候可以采用直译，保留原文概念隐喻生动形象的形式，同时通过加注便于读者理解，可以翻译成"我是个三明治人（夹在父母和孩子中间的一代人），所以得控制自己的脾气"。

6.1.2.4　增译

增译是在译文中补充一定的信息，使得译文整体逻辑完整而合理，便于加强读者对原文的理解和接受度。增译往往出于两种情况，一种是原文中可能有部分未明之意，译者根据对目的语读者的预判，感觉可能会因为不必要的疑惑而增加一定的信息量。另一种情况是，译者想保留原文中的某些文化负载词或是具有特殊民族色彩的内容，为目的语读者排除理解障碍而增加某些解释性信息。

（8）原文：虽有苏张之口，不能说之而东；虽有樗里晏婴之知，不能转之而东；虽有触虹蹈海之精诚，不能感之而东。（《冥寥子游》）

译文：Even the eloquence of Su Ch'in and Chang Yi cannot persuade them to travel eastward，even the wit and the strategy of Ch'ulitse and Yen Ying cannot change their minds and make them travel eastward，even the sincerity of Chingei who knocked herself against the Rainbow and was transformed into a bird，trying to fill the sea of her regrets with pebbles，cannot touch their hearts and make them travel eastward. （王少娣，2007：34）

这里的"触虹蹈海"有着很强的文化色彩，目的语读者往往无法理解。译者依据对译文读者的预判，对译文进行了处理，通过增译的方法，既保证了对原文的忠实，又减轻了目的语读者的理解难度。

总之，不管归化翻译还是异化翻译都具有自身的优势和缺点，译者在进行翻译实践的时候要特别把握"度"，切不可过度异化或归化，要注意尊重和平等对待多元文化，促进文化之间的沟通和交流。同时，文化翻译是极为复杂的过程，单一地将文化翻译策略概括为异化／归化这样一对策略，则"是对翻译策略的扁平化处理,无法反映翻译策略的立体性和复杂性"(杨仕章,2019a:68)。杨仕章(2019b)在此基础提出了"文化移除、文化适应和文化移入"这三种翻译策略以及对应的翻译方法,见表 6-1。

表 6-1　文化翻译方法的选择(杨仕章,2019b:42)

文化翻译策略		文化翻译方法
文化移除		删略法
文化适应	文化同化	替换法、改动法、增写法
	文化淡化	概括化法、释义法、删略法
	文化转化	替换法
	文化美化	改动法、增写法
文化移入		直译法、注释法、增益法、具体化法

但是在翻译实践过程中,无论是采用所谓的归化策略抑或异化策略,或是文化移除、文化适应或文化移入等策略,都需要对源语文化以及目的语文化进行权衡,根据翻译目的进行选择,而且其中译者主体性对翻译的策略选择、翻译成功与否都发挥着至关重要的作用。

6.2　译者主体性

在翻译研究出现文化转向之前,译者的身份往往是被忽视的,正如许钧(2003:9)所言:"长期以来,翻译研究几乎把重点局限于语言层面的探讨,而忽视了翻译活动中最积极的活动因素,即翻译主体的主观能动作用。"在很长一段时间内,我们只是从语言层面对译者进行研究分析,而翻译文化观的提出使得译者的主体地位和文化身份得以彰显,学界也越来越关注译者在翻译过程中的作用和地位,译者主体性也逐渐成为学者们的研究对象。尽管目前国内对翻译的主体存在四种意见,有人将译者视为翻译的主体,有人将原作者和译者一起视为翻译的主体,有人将译者和读者视为翻译的主体,还有人将原作者、译者和读者都视为翻译的主体,但是本章节主要从译者的角度对其主体性的发挥进行一定的探索。同时,由于人工智能翻译技术不断发展并在翻译领域广泛使用,现在的某些翻译可能是由人工智能机器而不是人完成的,这属于新的研究领域,这里不做阐述。

译者主体性指"作为翻译主体的译者在尊重翻译对象的前提下,为实现翻译目的而在翻译活动中表现出的主观能动性,其基本特征是翻译主体自觉的文化意识、人文品格和文化、审美创造性"(查明建,田雨,2003:22)。译者主体性在翻译中起着举足轻重的作用,也是影响翻译质量的一个十分重要的因素。一个优秀的译者不仅要完成最基本的语码转换工作,更要充分考虑两种文化之间的异同,考虑读者的接受程度,处理好与作者、读者等多个主体之间的关系,采用合适的表达方式使得源语文化能够被目的语文化读者所接受,并且还能保留源语言文化自身的特色,达到对外宣传、促进两种文化交流的目的。

现实是,任何一个民族在其漫长的生产和生活实践活动中积累而成的文化都具有独特深厚的民族文化特质,再优秀的译者也不可能穷尽所有的文化知识,所以在多元文化背景下,译者的翻译工作越来越困难,译者的主体性就显得更为重要。译者的主体性因素主要分为个体主体性和社会主体性两类。

6.2.1 译者主体性个体因素

6.2.1.1 译者之"艺才"

林语堂曾指出,翻译的成功"必依赖个人相当之艺才",并且提出了译者的三大要求:"第一是译者对于原文文字上及内容上透彻的了解;第二是译者有相当的国文程度,能写清顺畅达的中文;第三是译事上的训练,译者对于翻译标准及操作的问题有相当的见解。"(王少娣,2007:25)译者之"艺才"是影响译者主体性的一个非常重要的因素。这种"艺才"既包括译者的双语或多语语言运用能力,也包括双语或多语的语言文化认知能力。源语语言和文化、目的语语言和文化都包含大量的自身特有的内容,可能是修辞手法,可能是历史文化沉淀,也可能是乡间俚语等,这就对译者的双语文化能力提出了更高的要求,译者必须尽可能地从语言和文化两个角度充分理解原文,并在尊重双方文化的前提下完成翻译过程。

众所周知,我国近代翻译家林纾一生都不会外语,他翻译的方法就是由一个懂外语的人把原著的意思说出来,他再整理成文。跟他合译英美作品的译者有魏易、曾宗巩、陈家麟、毛文钟等,合译法国作品的有王寿昌、王庆通、王庆骥、李世中等。《茶花女遗事》是他的首部译作,可谓一炮而红,卓越的古文造诣和深厚的文学素养让他名声大噪。严复称赞林纾的翻译首作《茶花女遗事》"销尽荡子魂"。但是由于林纾不懂外语,所以在翻译过程中对源语文本的理解只能依靠他人,从而出现了一定的理解偏颇。就连他本人也曾提及"惟鄙人不审西文,但能笔述,即有讹错,均出不知"(刘军军,韩江洪,2012:55)。可见"不审西文"直接影响了译者的翻译工作,是译者主体性的重要影响因素之一。

一首广为流传的诗歌"You say you love rain"[①]汉译版本众多,是译者语言能力对翻译主观影响的极好佐证。

(9)原文:

> You say that you love rain,
>
> But you open your umbrella when it rains...
>
> You say that you love the sun,
>
> But you find a shadow spot when the sun shines...
>
> You say that you love the wind,
>
> But you close your windows when wind blows...
>
> This is why I am afraid;
>
> You say you love me too...

译文一(拟诗经体):

> 子言慕雨,启伞避之。
>
> 子言好阳,寻荫拒之。
>
> 子言喜风,阖户离之。
>
> 子言偕老,吾所谓之。

译文二(拟离骚体):

> 君乐雨兮启伞枝,君乐昼兮林蔽日,
>
> 君乐风兮栏帐起,君乐吾兮吾心噬。

译文三(七言绝句):

> 恋雨却怕绣衣湿,喜日偏向树下倚。
>
> 欲风总把绮窗关,叫奴如何心付伊。

6.2.1.2　译者的翻译目的

具有主观能动性的人类的所有行为都有特定的目的,翻译也不例外。翻译目的是影响翻译过程的重要因素之一,影响着从原文选材到最终译文输出这个过程中的每个阶段。

在翻译选材时,译者的翻译目的得到了首次彰显。不同时代的译者在翻译

---

① 该诗篇幅短小,但意蕴隽永,已被翻译成很多语言,但是作者身份问题目前尚无定论。参见网页:https://baijiahao.baidu.com/s?id=1666313393078766628&wfr=spider&for=pc。

选材上体现出了不同的翻译目的：有以自己个性特征、审美趣味为目的选材的；有以特定历史时期主流意识行为为目的选材的；还有受雇于人，为之选材的。回顾中国翻译史上出现的几次翻译热潮，我们不难发现，其中都体现出了译者不同的翻译目的。徐光启曾在上呈的《历书总目表》中指出："欲求超胜，必须会通，会通之前，必须翻译。"而且翻译西洋历书必须有轻重缓急之分。彼时西方科技远超中国，所以他以"超胜"西方为目的，选择翻译欧几里得的《几何原本》等书籍，以此促进国内的科学发展。到了 19 世纪末，中国饱受列强欺凌，人民思想愚昧落后，有识之士认识到学习新思想的必要性，所以选择通过翻译西方思想及文学著作来唤起民族觉醒。严复选择翻译《天演论》的目的就是要用进化论"物竞天择，适者生存"的道理，警醒国人，救中华民族于危亡时刻（邓海涛，2019：138）。五四运动前后，包括《共产党宣言》在内的思想著作的翻译以及文学作品的翻译也是译者们带着促进思想与文学觉醒的目的进行选材和翻译的。同理，新世纪在"中国文化走出去"的浪潮中，众多译者带着"讲好中国故事，传播好中国声音"的目的积极选取具有中华文化特色且值得推广的作品呈现给外国读者。

译者的"翻译目的"除影响翻译的选材外，还直接影响着翻译过程中翻译策略的选择和实施，从而直接影响到译文。以林纾翻译的《黑奴吁天录》（*Uncle Tom's Cabin*）为例，因为其中有大量的宗教教义，在当时的中国，这些很难被理解或接受，所以林纾在翻译的过程中删减了很多与宗教有关的内容（张冉冉，2011：118）。同样，翻译过程中译者的翻译目的还体现在处理原作者与读者关系上。译者如果选择倾向于原作者，那么会充分考虑到原作者的文化立场，翻译的时候更多地会采用异化的翻译策略；相反，如果要充分考虑到译文读者的接受程度，那么翻译的时候则会更多地采用归化的翻译策略。甚至有时候，由于译者带着自己的目的，所以翻译的时候可能出现故意的误译和错译。

6.2.1.3　译者的意识形态

Lefevere（1992）提出，意识形态、诗学和赞助人是影响翻译的三个要素，其中意识形态被认为是三者中最为重要的因素。根据对"意识形态"概念的不同理解，国内翻译界将意识形态主要分为三类：第一类将"意识形态"理解为某一历史时期中的政治大环境，第二类将"意识形态"等同于个体"无意识"观念，第三类宏观地将其与跨文化翻译研究、文学翻译研究、翻译评判等相结合。（沈洁，王宏，2019）

本书提及的译者"意识形态"主要指译者本人的宗教观、文化观、价值观、道德观、伦理观、审美观等个体的意识形态,这种意识形态有时是"有意识的",而有时却是"无意识的"。显然,这是一个极为复杂的概念,而且对译者主体性的发挥以及翻译工作带来的是直接的影响。正如 Venuti(2013:38)在《翻译改变一切》中提到的,译者在有意识释放某种"语言剩余"之余,也会无意识释放更多"语言剩余",这种译者"无意识"直接作用于译本,会对目的语文化产生巨大的影响。以赛珍珠翻译的《水浒传》为例,她选择了七十回版本作为文本,因为觉得一百二十回版本"结尾大多是好汉们被朝廷招安",使得小说成为"迎合统治阶级需要的道德说教","这样的结尾失去的正是七十回版本内容和风格的精神和活力"(孙建成,2007:70)。这就是译者意识形态在翻译文本选择上的具体体现。

除此之外,译者的意识形态直接影响着译者在翻译过程中翻译策略和翻译方法的选择。以林纾翻译的《块肉余生述》(即《大卫·科波菲尔》)为例。林纾深受儒家思想影响,相信儒家伦理规范,注重"仁义礼智信",所以他翻译的《大卫·科波菲尔》中有大量"礼""义"和"孝"的文化意识,甚至是"夫为妻纲"这样的意识,而这种文化意识应该是译者在翻译时无意识地自然流露,而非刻意为之。

（10）原文:I used to be afraid that I had better have remained your pupil, and almost your child. I used to be afraid that I was so unsuited to your learning and wisdom. If all this made me shrink within myself, when I had that to tell, it was still because I honored you so much, and hoped that you might one day honor me.

译文:吾愿不为君妻,能为君弟子,或为君儿女者,幸也。乃以君学问,以君智慧,偶此伦人,于心颇戚戚不可自聊。然尚希冀顺谨侍君箕帚,附君得名,予愿已足。(林纾,魏易,1981:375)

从这段译文中,我们不难看出,林纾将中国封建文化意识中女子的"三从四德"直接安插在了原文妻子身上,体现了妻子对丈夫的从属地位。这体现了译者无意识的意识形态对翻译过程中翻译策略选择以及译本的影响。

6.2.2　译者主体性社会因素

除了译者作为个体其自身的影响因素外,译者本人还会受到来自社会的影响,这些社会层面的影响也会影响到译者翻译材料的选择、翻译策略的应用等。大体来看,影响译者主体性的社会因素主要有以下几种。

6.2.2.1　历史时代背景

历史时代背景是影响译者主体性的一个重要因素,因为译者作为个体必然会受到其所处时代的影响,而这种影响则自然会在其译本中有所体现。晚清时期,以康有为、梁启超等为代表的知识分子为了文化革新、启迪民智,把译介外国文学作品看作救国开化的重要方式,形成了一股翻译政治小说的潮流。尽管这些翻译作品中只有大约10%属于世界名著,90%属于二三流作家的作品(郭延礼,1998:32),并且很多作品翻译的时候出现了明显的漏译、误译等,但是这些却是当时历史时代的呼唤,是历史时代在译者主体性方面的体现。

再如,前面提到的近代翻译家林纾翻译的作品有180余部,都是以古文形式出现,深得当时读者的欢迎,但是如果将这些译本放在当代,可能就不会产生当年那种效果,可见时代变迁对于翻译的影响是直接的。反过来讲,译者在翻译作品的时候也要考虑当下的时代背景,考虑能否被当时的读者所接受,这也是译者发挥主体性的表现。

6.2.2.2　政治意识形态

除历史时代背景的影响外,译者的主体性还会受到其所在国家或者社会的意识形态的影响。不同于历史时代背景的社会无意识状态,这里的政治意识形态是一个有意识的影响因素,是从国家层面上讲的一种有意识而为之的状态。毫无疑问,这种意识形态会在国家或社会层面进行文化交流翻译时产生巨大影响,也会对个体译者的翻译产生巨大的影响,从而会影响翻译过程中译者主体性的发挥。Lefevere一直强调,翻译就是对源语文本的改写,而改写就是操纵,是为权力而服务的。例如,18世纪末英语东方学家琼斯在翻译印度文学作品时,就受当时国家政治意识形态影响,将印度人翻译成典型的"野蛮而原始的他者",从而突出英国对印度殖民统治的合理性。

在翻译文化转向之后,"政治成为翻译文化研究的另一个核心因素"(赵静,2021:93)。"翻译是代表不同族群、不同身份立场之间的一种谈判、调停和阐释。"(刘军平,2009:517)这一点在一个国家或地区的外事翻译中体现得最为明显。例如,当前我们国家正日益走近世界舞台中央,翻译在增强国家软实力和提升国际话语权方面的作用更加突出,在此背景下,译者就应该立足于国家对外战略需求,充分发挥主体性,积极投身其中,为构建对外话语、开展文化传播、塑造国家形象做出贡献。

除上述因素外，译者在翻译的过程中还会受到当时个人的身体、心理等影响，可见，译者作为翻译第一主体人，在翻译过程中责任重大。

6.3 翻译伦理

任何翻译实践都会直接或者间接地涉及人与人的关系，所以不可避免地会涉及伦理问题。翻译伦理（Ethics of Translation）是由法国翻译理论家 Berman 于 1984 年提出的。他认为，译者应该尊重原作，尊重源语和源语文化与目的语和目的语文化之间的差异，通过对"他者"的传介来丰富自身。之后，西方翻译界又对此进行了深入的探讨，其中比较有影响力的有 Chesterman、Pym 和 Venuti 等。Berman 和 Venuti 都强调文化"他者"，提出保留源语语言文化中的"异质性"。Berman 一直都认为，翻译过程不应该消弭掉源语语言和文化中的"异"的部分，"正是异语中的这种异质特性打破了异语原本封闭的安稳状态和同质性"（申联云，2016：80）。Pym 则更强调翻译的"文化间性"，强调翻译职业伦理。而 Chesterman（2001）则更为深入且全面地探讨了翻译伦理问题，提出了五大翻译伦理模式：再现伦理（Ethics of Representation）、服务伦理（Ethics of Service）、交际伦理（Ethics of Communication）、规范伦理（Norm-Based Ethics）和承诺伦理（Ethics of Commitment）。这五大翻译伦理是译者在翻译的过程中如何安排翻译各个要素之间次序的伦理，不同的翻译伦理导向不同的责任选择（滕梅，宋醒，2022：39）。

6.3.1 再现伦理

再现伦理就是"译者应当给予原作的语言和文化差异充分的尊重，尽可能保留原文风貌"（滕梅，宋醒，2022：39）。翻译过程中译者首先面对的是原作与原作者，由于语言与文化的差异，翻译过程中处理原文与译文的关系时就要首先考虑对原作和原作者的责任，尽力保留其中的异质他者特性，从而促进文化的交流与互通。

所以在翻译的时候应充分考虑原文和源语文化。例如白睿文、陈毓贤在翻译《长恨歌》之前就曾多次到上海去了解小说中提到的街巷，熟悉原作中的海派文化，了解作者的创作思路。例如将"这想象力是龙门能跳狗洞能钻的，一无清规戒律"翻译成"With the imagination completely free from all fetters, gossip can leap through the dragon's gate and squeeze through the dog's den"（吴赟，2012：100），这都是译者忠于原文与源语文化，尊重翻译再现伦理的表现。

6.3.2　服务伦理

服务伦理是从"翻译是译者为客户提供的一种商业服务"（Chesterman，2001：140）这个角度提出的。翻译的目的论也强调，"翻译主要取决于它的目的或任务，翻译不是寻求与原文文本的'对等'，而是用一个符合委托人要求的译文文本来取代原文文本"（孙致礼，2007：15）。

服务伦理忠于客户的要求，这无可厚非，但是服务伦理的提出并不意味着我们要一味地满足客户或者目的语读者的要求，甚至在翻译过程中故意误译或扭曲事实，而是要充分考虑这个过程中涉及的原作、原作者、源语文化、目的语读者、目的语文化等多个因素，兼顾多方利益和感受，才能最终达到相互沟通和交流的目的。例如音乐短视频软件"抖音"的海外版本译作"Tik Tok"，类似拟声词"tick tock"，指钟表发出的滴答声，喻指令人激动亢奋的声音。译文兼顾了服务客户和在目的语文化中的含义，既体现了服务伦理，又体现了再现伦理。

6.3.3　交际伦理

交际伦理认为，翻译的终极目的是同"他者"进行交流而相互理解，而不仅仅是再现"他者"。通俗来讲，就是让目的语读者能够首先读懂译文文本，还要能够通过译文去理解作者，与之产生共鸣，从而达到彼此交流的目的。这就意味着译者在翻译的时候必须考虑目的语读者的接受程度，在保留源语文本的异质性的同时能够兼顾这种异质性在目的语文化中的接受程度。这一点在翻译文化负载词的时候特别需要考量。向国外捐助的救灾物资上附带的诗词或者具有中华文化特色的标语往往引起人们的关注，如"人心齐，泰山移"，这句话出自《古今贤文》，里面包含"泰山"这一明显的中华文化信息，在翻译的时候如果直接译作"Mount Tai"会让不了解中国文化的目的语读者摸不着头脑，所以译者借用了南非前总统曼德拉的名言"When people are determined, they can overcome anything"。既保证了对原文内容的尊重，也充分考虑了目的语读者的接受程度，保证了两国人民、两种文化之间通过翻译这座桥梁进行跨语言和跨文化的交流。

6.3.4 规范伦理

规范伦理就是译者在翻译的过程中充分考虑目的语读者和目的语文化，满足目的语读者对译作的期待，使译作符合目的语社会文化规范和道德伦理规范。在翻译过程中，译者必须要事前对目的语读者的期待有所预判，这也是对译者能力的要求，以及译者责任和主体性的体现，因为规范伦理中的规范包括了期待规范和职业规范。

例如20世纪40年代傅东华出版译作《飘》的时候，怀孕、分娩等两性等话题在国内还属于禁忌话题，所以他遵循了国内文化和社会规范，将这些文字进行了轻描淡写的处理（刘书梅，戴媛，2016）。林语堂学贯中西，热爱中国传统文化，致力于将中国优秀的文学作品和文化传播到西方国家，所以翻译时会非常注意中华文化要素的翻译，往往会采取直译加注、增译等手法使国外读者了解中国文化。但是他在翻译《浮生六记》时，却对文中涉及古代妇女裹足或小脚的文字翻译都做了淡化处理，或意译，或漏译，并没有把背后的文化背景翻出。例如"王怒余以目，掷花于地，以莲钩拨入池中"，林语堂译为"Wang looked at me in anger, threw the flowers to the ground and kicked them into the pond"。（徐寒，2012：73）又如"余择一雏年者，身材状貌有类余妇芸娘，而足极尖细，名喜儿"，林语堂译为"I chose a very young one, called Hsierh, who had a pair of very small feet"。（徐寒，2012：73）显然，这里林语堂在翻译的时候并没有把古代文化中的妇女裹足的信息表达出来，对于极为重视忠于原文的林语堂而言，这显然不是误译，而是他基于当时外国社会和文化规范的有意而为之。因为他意于向西方传达中国文化的魅力，但是裹足文化在极为提倡自由和女权的西方肯定会造成读者的误读，而且也会引起文化上的不适，对于他致力传播的中国文化形象也会大打折扣，所以林语堂遵循了规范伦理，对这一点做了巧妙的处理。

6.3.5 承诺伦理

承诺伦理涉及译者的"职业道德"和"专业责任"，是针对译者个人方面的伦理研究。Chesterman（2001）在《译者》（*The Translator*）上发表"Proposal for a Hieronymic Oath"一文，提出翻译伦理的五个模式，其中译者应该遵循的九条誓言清楚界定了何为翻译的承诺伦理。这九条誓言内容如下：① 我宣誓我会尽全力遵守此誓约。② 我会忠于职守，尊重翻译职业的发展历史，与译界同仁共享自己的专业知识，并将翻译知识传于后辈译者。我会按质索酬，竭尽所能译出高质量的译文。③ 我将运用我的专业知识尽量消除因语言障碍导致的误解，最大程度地促进跨文化、跨语际的交流。④ 我郑重承诺我的译文不会以不公正的方式再现原文。⑤ 我会尊重译文读者，在条件允许的范围内尽量使译文通俗易懂，易于接受。⑥ 我发誓，我会严守客户的秘密，不利用客户的信息谋求个人私利，我郑重承诺按客户的要求开展翻译工作，在规定的期限内完成任务。⑦ 我会准确地审视自己的能力，不接受在自己能力范围之外的任务。⑧ 我会通知客户哪些问题无法通过翻译解决，通过第三方的仲裁解决我们在翻译中产生的争议。⑨ 我将竭尽全力学习语言学、科技学等与翻译相关的各学科的知识以保持和提高自己的翻译水平。（梅阳春，2011:97-98）Chesterman 的承诺伦理全面而详尽地阐释了职业译者需要遵循的翻译职业伦理。

目前国外翻译伦理研究仍方兴未艾。2021 年，Koshinen 和 Pokorn 担任主编出版了《劳特利奇翻译与伦理手册》，收集了众多翻译学者的文章，为"翻译研究中的整个伦理景观提供了一个全局性的视角"（Koshinen & Pokorn，2021：5）。尽管"翻译伦理"这一术语从西方学界引入，但是我国学者在自己的翻译实践研究中也有原创的伦理观念。严复的"信、达、雅"翻译标准蕴含了忠于原作的观念。茅盾也在 1954 年全国文学翻译工作会议上提出"忠实地传达原作的内容"，第一次明确地将"忠实"往职业伦理一边推（汤君，2007）。

从 20 世纪 90 年代中期开始，国内学者开始将国外的翻译伦理研究引介进来，在随后的二十多年里，翻译伦理研究引起了众多学者的关注。中国学者不再单纯介绍国外研究成果，而是开始反思，尝试在引介基础上进行阐发，并结合本土伦理研究进行拓展，尝试构建翻译伦理学（杨荣广，2021）。袁莉（1996）、许钧（1997）是国内较早涉及翻译伦理研究的学者。孙致礼（2007）对 Chesterman 的五大翻译伦理模式进行了分析，将其概括为再现原作（再现伦理）、完成委托人的要求（服务伦理）、符合目的语社会文化的规范（规范伦理）、满足目的语读者的需求（交际伦理）以及恪守职业道德（承诺伦理）。彭萍（2013）将翻译学与伦理学结合在一起，系统地探讨翻译伦理学的学科性质、地位、研究对象和任务、研究方法等。胡庚申在生态翻译学研究中确立了生态翻译的若干伦理原则，主要包括"平衡和谐"原则、"多维整合"原则、"多元共生"原则和"译者责任"原则以及后期的"绿色翻译"和"时候追惩"原则等（胡庚申，2017），"生态翻译学的伦理观彰显了译者应承担起翻译的生态责任和生态翻译伦理。"（刘军平，2022:1）

6.4　翻译与全球化

全球化是现代社会最重要的特征之一,是经济、政治和文化领域的重要现象。全球化背景下,人类跨越国家和地区界限,在全球范围内不断增强全方位的交流,促进彼此在各个方面的联系和互动。由于国家与国家或地区之间的语言和文化方面存在差异,翻译在其中的作用不言而喻,所以全球化的不断发展导致翻译需求不断增长;反过来,翻译实践的增加又进一步促进了全球化进程的发展,为不同国家、不同领域之间的政治、经济和文化等交流做出了巨大的贡献。

6.4.1　翻译与全球多元化

在当前全球化的背景下,各国文化疆界不断被打破,各学科交叉融合,协同发展,"翻译研究的焦点也越来越趋于文化研究"(袁榕,2021:124)。不管是翻译的范围还是翻译研究的范围都在不断扩大,从人工翻译到机器翻译,从语际翻译到符际翻译,都呈现出多元共生的局面。翻译从本质上讲是"一种符号转换活动"(冯全功,2022:11),具有"社会性、文化性、符号转换性、创造性、历史性"等本质特征(许钧,2015:13)。翻译的多重属性在全球化背景下变得越来越突出,既有传统的静态的文本翻译和动态的口译,还有借助互联网、手机等出现的文本和语音聊天翻译;既有文字之间的翻译,也有更为复杂的符号之间的翻译。所以,前所未有的全球化和多元化也给翻译和翻译研究带来了巨大的挑战。翻译必须以尊重文化多元性为基础,为全球化的发展消除语言障碍,同时又促进全球化发展和多元化发展。

6.4.2　译者与全球化

全球化除了给翻译工作和翻译研究带来巨大的挑战外,也对翻译人员提出了前所未有的挑战。这种挑战主要来自两个方面:一个是翻译人员需求量的增加,另一个是需要译者具有更加多元的能力。全球化对翻译人才的需求不单单是数量上提升,更是质量和广度的提升。以我国为例,中国翻译协会2019年报告指出,目前除了通用语种翻译人才外,国内还急需意大利语、阿拉伯语、葡萄牙语、西班牙语和泰语等非通用语种的翻译人才。可见,对不同的语种翻译人才的需求随着全球化发展在不断增加。

全球化背景下,社会对译者能力的要求更高,主要体现在以下几个方面:

一,全球化背景下交流领域不断扩大、学科分类日益精细,译者更需要在"通才"的基础上具备符合某一领域、某一学科的专业能力。传统译者的能力要求主要体现在语言、文学和文化三个方面,往往是全才,而在全球化的背景下,各个国家在不同领域之间不同形式的交流日益增强,更需要在某一领域中的"专业"译者。同时,我们在培养翻译人才的时候也应该朝"非外语专业 + 外语"的模式发展,而不是"外语 + 专业"的模式。例如在医学领域或者工科领域内,优秀的翻译人才应是对这个领域十分熟悉的专业人才,才能更好地服务该领域的翻译工作。二,科学技术不断发展,知识更迭日新月异,译者要吸收消化不断涌现的新词汇,还需具备一定的技术能力以应对新技术发展下的种种状况。科技的进步尤其是互联网技术的发展改变了人们交流和处理信息的方式,也改变了译者的工作方式,同时也提高了对译者在新技术方面的能力要求。当下,一个优秀的译者必须具备超强的学习能力,这既体现在语言文字、文化等层面,更体现在科技和数字化方面。以计算机辅助翻译(CAT)为例,随着计算机辅助翻译软件的不断发展,翻译环境发生了重大改变,译者的翻译效率也得到了极大提高,但是译者应该具备操作这些软件的专业能力才能更好地完成翻译工作。第三,全球化背景下,译者的桥梁作用在翻译的过程中更为突出,而且优秀的译者不再只是连接交流双方的中间人,更应该是团队协同中的重要一员。以国际新闻翻译为例,国际新闻翻译人才既需要深厚的语言功底、跨文化能力,又要有敏锐的热点捕捉力、创新力,还要考虑目的语受众的接受程度。他们在翻译的时候需要遵循翻译过程中的忠实原则,但是由于语言文化的差异,以及当地观众对国际新闻的期许不同,翻译人员必须学会平衡之间的关系,还要具备一定现代技术能力和交互能力。总之,对于工作在新闻媒体中的译者而言,他们的工作"不是纯粹的翻译,而是一种特定的新闻服务生产,一种特定语言的新闻产物,为特定的当地受众量身定制,并反映该地区的新闻规范"(Bielsa & Bassnett, 2008: 135)。不同国家或文化中特定的新闻实践和修辞手法已经成为惯例,但是在其他国家或文化中可能会变得无法接受,这种情况下翻译就不是简单的翻译,而是一个"改写"的过程,特别考验译者的个人能力,这也意味着全球化背景下的译者必须具备全球化的视野。全球化需要更多翻译能力强、遵循翻译伦理的优秀翻译人员。

6.4.3 翻译与人工智能

人工智能的迅猛发展给翻译及翻译研究带来了新的颠覆性变革。相比传统的翻译研究,人工智能时代中翻译的对象、翻译的主体、翻译的环境、翻译的过程以及模式等都出现了明显的转变。过去以纯文本为主要翻译对象的翻译活动发生了彻底的改变,翻译的对象越来越多元,翻译的领域不断扩大,图片、音视频、网页等翻译要求不断增加。翻译过程呈现出"人机交互""人机协同"等特点。随着全球化的发展,社会对翻译需要的不断增加不单单体现在集体层面,个体层面的翻译需求更是突飞猛进。而人工智能在翻译方面的发展大大满足了这方面的需求,所以翻译过程中既有"译者 + 机器"的情况,也有"读者 + 机器"的情况。过去翻译研究中的"译者"与"读者"的关系,现在多了一种可能就是译者与读者的合二为一。这也使得翻译不再像过去那样连接又好像独立于跨文化活动,现在更多的则是"内化"于各种各样的跨文化交流活动之中。

同时,人工智能的飞速发展使得各类翻译软件层出不穷,机器翻译的翻译能力和翻译水平有了很大提高。因为其翻译效率高、成本低,尤其是使用方便快捷,有时候只需要一部智能手机,所以机器翻译就成为很多人的一个重要选择。但是"机器翻译主要基于人工智能与语料库的发展和更新,缺少应变能力,更缺少译者的主体性,尤其是在精准性和清晰性方面存在不足"(李奉栖,2022:73),所以很难胜任文学性和专业性强、灵活度高,特别是需要发挥译者主观能动性的翻译任务。因此机器翻译不能取代人工翻译。未来,机器翻译和人工翻译需要紧密融合、互补发展。

人工智能与翻译的融合发展也对翻译研究产生了新的影响,出现了新的研究方向,并且人工智能发展的不确定性也为未来翻译发展的走向带来了诸多可能。

6.4.4　翻译与全球本土化

全球化和本土化是相互对立的两极。全球化强调和追求同质化(Homogenization),而本土化强调和追求异质化(Heterogenization)。翻译助推了全球化的发展,加速了不同国家和文化之间的融合。当今社会,全球化既是时代发展特点,也是未来发展趋势,其迅猛发展打破了不同国家和地区的交流壁垒,促进了时代和社会发展。但是不可否认,全球化对本土文化造成了巨大的冲击甚至是侵蚀,引发了人们对于全球化背景下本土文化的保留和发展的担忧。在这种情况下,如何重新认识和保护或是重新构建本土文化就成了重中之重。因此,不断有本土声音试图在全球化语境中重新彰显本土身份,增加本土身份认同。全球本土化(Glocalization)就是在这种情况下诞生的。它是一个由

Globalization 和 Localization 合成而来的词汇，打破了全球化和本土化的两极对立，强调的是全球化与本土化之间双向互动和相互依存的关系。从含义上讲，全球本土化更强调在全球大背景下的本土化。在此背景下，翻译作为桥梁促进了不同语言、文化之间的沟通与交流，促进了全球化的发展。通过翻译交流，全球不同文化不断融合，共同发展；通过翻译，人们认识了世界与文化的多样性。但是这个过程中，译者还必须考虑本土化。通过翻译，译者更清楚地认识到文化没有优劣，应该互通有无，目的是更好地发展自己；通过翻译，译者更懂得要保护和保持自身民族文化特色才能让其在世界纷繁多元的文化中保持自己的文化自信和身份认同。总之，翻译和翻译研究必须兼顾全球化和本土化，只有这样才能改变之前的单向思维，培养翻译以及翻译领域的多元发展思路，才能在全球发展的洪流中保持自身的民族文化自信。

进入 21 世纪后，文化全球化进程不断加快，翻译的"功能将越来越明显地显示出来"（王宁，2000：10），尤其是在翻译研究文化转向之后，我们更应该重视翻译在全球化中的作用。当今世界文化丰富多彩，多元性和异质性同时存在，东西方文化差异、中外文化差异依然存在，而翻译作为跨文化交际的重要手段和方法，势必会进一步推动全球化的发展，但是这个过程中，尤其应该充分维护和尊重文化多样性，警惕中外文化交流中出现的某些"文化霸权主义"的倾向（许钧，2002：225）。

6.5 小结

本章主要从文化翻译的策略、译者主体性、翻译伦理、翻译与全球化这四个方面对文化翻译观的具体应用进行了阐释。由于翻译本身是一个复杂的过程，涉及源语文本、原作者、译者、目的语读者、目的语文本等多个因素多种关系，而且文化本身也包罗万象，所以文化研究的角度纷繁复杂，这给文化翻译带来了巨大的挑战。但正是因为这种复杂性，文化翻译才具有研究的价值，让译者不再拘泥于单一的文本解读，能够跳出文本看文化，也能透过文化分析文本，从而真正领略到翻译与文化的魅力。同时，在全球化的今天，翻译不断促进世界文化交融，但是我们应该在翻译的过程中保持民族文化自信和身份认同，让翻译真正为我所用，从而自信地迎接全球化背景下的新发展机遇。

第七章

文化认知翻译观理论与应用

7.1　文化翻译研究的认知取向

进入 21 世纪以来,认知科学的快速发展给翻译研究注入新的活力,也给文化翻译带来崭新的研究视角。认知翻译学被学界公认为翻译研究的新范式,其三大主要研究领域分别从语言认知视角、翻译认知过程、社会认知视角进行研究,以翻译本体研究为核心的文化翻译也应该是认知翻译学研究的重要内容之一,然而至今还未引起足够的重视。

认知语言学在认知翻译学这个庞大的跨学科研究体系中起到重要的理论建构和理论阐述作用,为狭义和广义的文化翻译研究带来全新的视角、科学的方法和理据。同时,根据认知语言学理论,文化翻译观由于没有深入研究翻译所涉及的编码解码过程而成效有限(张美芳,2003)。"巴斯奈特认为,文化研究若能研究翻译所包含的编码与解码过程,将会卓有成效。"(Gentzler,2001)

认知科学的引入有助于解决文化翻译中的具体问题,能够减少文化翻译研究过程与方法的主观性,依据认知科学理论及方法获取、分析数据,进而得出更有说服力的研究结果。例如语言认知视角的文化翻译可以将翻译视作一种跨语言跨文化认知活动,以认知语言学、文化语言学、跨文化交际、心理语言学、认知心理学、神经科学为基础,探讨语言的认知基础和文化翻译中的认知转换,构建文化翻译过程理论模型,以期对不同文本类型、不同语言之间的文化翻译转换进行认知阐释。狭义的文化翻译过程研究可利用实证研究方法,通过具体案例探究译者的心智活动特点、译者能力的基本构成及培养、文化翻译认知加工模式、加工策略等。广义的翻译过程研究可以从社会认知视角进行文化翻译研究，研究译者在社会文化大环境下的文化翻译活动，包括译者态度，如翻译观、文化观、翻译动机；研究译者工作方式，如工作环境、群体构成、权力关系、参与角色、人机关系；研究译作社会评价，如文化翻译结果的读者接受情况、在目的语文化中的影响和传播。

认知语言学领域相关学者对此已有探讨。谭业升（2020）认为文化翻译认知研究是认知翻译学一个重要拓展领域。认知翻译学吸纳（认知）文化语言学成果，利用（但不限于利用）文化人类学和认知语言学的理论概念和分析工具，来探索文化、语言与概念化的关系（Palmer, 1996; Sharifian, 2007），提供了重新认识文化翻译的理论和分析范畴，使研究者可以重新审视特定社会中的"习惯思维"、文化的特定行为方式和语义之间的关系。传统的文化翻译研究往往将文化视为群体属性或案例集合，具有抽象性。在认知翻译学研究范式下，Martin（2010）主张用脚手架和文化模式等可操作性的概念取代抽象的文化概念，以避免在具体研究中有过度概括和过度简化的倾向。翻译中的文化是语言使用者在其心智中构建的心理表征，以便使文本在文本特征、风格、语域等方面符合听众、读者等的预期。"传统上将文化视为翻译的一个因素，翻译需顾及参与者的具体文化背景，并受到具体的、变化的情境的制约。新的理论框架下，翻译过程从整体上被视作一种文化获得、传承和实践的过程。"（谭业升，2022：73）译者利用个体文化认知系统（Talmy, 2000）进行跨文化实践，同时也基于对其他文化的创作者的概念—情感图式和行为框架进行评估，调和矛盾冲突，对自我和他者文化现象进行重新范畴化，这可以被视作一个传承和生成文化知识的过程（谭业升，2020）。

7.2　认知翻译研究的文化取向

文化翻译观认为翻译不仅是双语或多语交际，也是一种跨文化交流，因此翻译除了语言转换，还应促进文化交流；翻译的实质是跨文化信息传递，是译者用目的语重现原作的文化活动，实现文化移植和文化交融；语言只是翻译的操作形式，而文化信息才是翻译操作的对象。

认知翻译观认为翻译是一种特殊的、多重互动的体认活动，关注译者如何理解源语语篇表达的客观世界和认知世界中的各类意义，如何运用多种认知方式和模型，例如感觉、知觉、意象图式、范畴化与概念化、认知模型、隐喻、转喻、概念整合、识解,将各类意义映射进目的语。认知翻译观强调翻译过程中的认知心理机制,同时也没有忽略翻译中的文化影响因素。

可见,文化翻译观和认知翻译观有重叠之处,只是前者更强调翻译内容、功能的文化性,而后者更强调译者在翻译过程的心理认知机制。我们不妨兼顾社会学、文化学的宏观视角和语言学、心理学的微观视角,尝试将两者融合为"文化认知翻译观"。基于认知语言学、认知心理学的认知翻译研究已经日渐成熟,其核心认知机制可以作为科学工具,用来解释文化翻译中的具体问题,同时,归纳总结优秀翻译案例中的文化翻译策略,为今后的文化翻译实践提供语言学视角的操作指导和理论支持。

文化认知翻译观认为,认知模型和文化模型是翻译过程中的核心要素,也可以构成一个复杂的结构整体——文化认知模型。

认知语言学认为,认知模型(Cognitive Model,简称CM)是人们认识事物、理解世界过程中所形成的一种相对定型的心智结构,是在与客观世界反复互动的基础上形成的特定文化背景之中的认知经验的心理表征,是组织和表征知识的特定方式,由概念及概念之间相对固定的联系构成。人们在与现实世界的反复互动体验中,形成意象图式,建立了认知模型。与CM大致相似的术语还有域(又称认知域或语义域)、辖域(指被激活的概念内容的配置,包括基体和侧面)、框架(包括脚本)、图式、常规。文化模型是社会成员广泛共享的、预设的、理所当然的模式(尽管不一定排除其他替代模型),并且在他们对世界的理解和行为方面发挥着巨大的作用(Quinn & Holland,1987)。正如Gibbs(1999:153)所指出的:"文化模型是主体间共享的文化图式,其功能是解释经验并指导广泛领域的行动,包括事件、制度和物理和精神对象。"

认知模型不是通用的,而是取决于一个人成长和生活的文化背景。文化为我们必须经历的所有情况提供背景,以便能够形成认知模型。俄罗斯人或德国人可能没有像英国人那样形成对板球的认知模型,仅仅是因为他们自己国家文化中没有这种游戏。因此,特定领域的认知模型最终会依赖于所谓的文化模型。反过来,文化模型可以被视为社会成员共享的认知模型集或子集。

从本质上讲,虽然术语认知模型强调这些认知实体的心理性质并允许个体之间的差异,文化模型一词强调许多人集体共享的统一方面,但认知模型和文化模型只是认知过程中的两个维度。虽然认知模型与认知语言学和心理学有关,而文化模型和社会语言学和人类语言学有关,但这些领域的研究者都意识到其研究对象的这两个维度及其相互关联。Ungerer 和 Schmid(1996)认为,文化模型是一定社会或社会群体的成员所共享的认知模型,而认知模型是个体对某一特定领域经历与存储的认知语境的集合。文化模型为认知模型的形成提供背景知识,某些特殊认知域相关的认知模型最终取决于文化模型。从根本上看,所谓的认知模型与文化模型是同一事物的两个不同方面。前者认可个体差异的心理本质,属于认知语言学与心理语言学的范畴;后者属于社会语言学与人类语言学的范畴,强调群体共享的心理部分。

认知模型代表了人们对某个领域认知经验和知识的存储,基本上是心理学的观点,由于心理状态属于私人和个人的经验,对认知模型的描述大多是基于许多人具有大致相同的认知体验的假设,必然涉及相当大的理想化程度。同时,认知模型必然受到说话人所属人群的认知语境和文化背景知识的影响。如何兼顾认知过程中的认知模型和文化模型这两个维度? Lakoff(1987:68)提出了理想化认知模型(Idealized Cognitive Models,简称 ICM),指特定的文化背景中说话人对某领域中的经验和知识所做出的抽象的、统一的、理想化的理解,以此说明人类的范畴化问题,解释概念结构及语义范畴。ICM 是一种建立在许多CM 之上的复杂的、整合的完形结构,是具有格式塔性质的复杂认知模型。与ICM 大致相似的术语有原型范畴理论中的原型,指范畴成员的概括性图式的表征;Langacker(1987)所称的抽象域,指非基本域或复杂概念域。

认知语言学认为,理想化认知模型可定义为复杂的结构化整体,用于组织人类的知识和经验。更具体地说,这意味着我们通过 ICM 这个中介理解体验世界。这些模型被认为具有双重身份。它们一方面被描述为认知的,以表明其心理本质;另一方面又被贴上文化标签,以显示它们对文化的参与(Lakoff,1987;Lakoff & Turner, 1989)。Lakoff 认为人类凭借 ICM 结构来组织知识。ICM 不仅是一个完形的结构复合体,而且还构建了一个心理空间。ICM 理论涵盖了 Fillmore 的框架理论、Lakoff 和 Johnson 的隐喻与转喻理论、Langacker的认知语法理论以及 Fauconnier 的心理空间理论。

一般来说,每种 ICM 结构都使用四个建构原则,或称四种认知模型,即"命题结构(Propositional Structure)、意象图式结构(Image-schematic Structure)、隐喻映射(Metaphoric Mappings)、转喻映射(Metonymic Mappings)四种模型"(Lakoff 1987:68)。命题模型建立在本体元素和它们之间的结构关系之上,是客观世界在心智上的事实映射,详细解释 CM 所涉及的概念、特性及概念间关系,不使用任何类型的想象工具,例如去餐厅或踢足球等场景。意象图式模型涉及基于经验体验而形成的前概念意义,比意象更抽象概括,是形成原型、范畴、概念、认知模型、思维的基础,为理想化认知模型提供框架。例如,根据像"容器"这样的意象图式来构造一个像"空间"这样的抽象概念,或者通过"部分-整体"意象图式来构建一个像"空间是容器"这样的认知模型(Quinn & Holland, 1987; Lakoff, 1987; Evans & Green, 2006)。隐喻模型涉及抽象概念,这些抽象概念通过在源域和目标域之间映射而概念化。一个意象图式或命题模型可以从源域映射到目标域中相应的结构上,用于抽象事件的概念化、推理和理解,扩大认知的范围。例如,ANGER IS A HOT FLUID IN A CONTAINER 就是"愤怒"这个抽象概念的隐喻模型。转喻模型的特点是以偏概全的蕴含关系,在同一认知域中用较易感知的部分来理解整体或整体中的另一部分,常以一个范畴中的典型成员来代表范畴整体,例如用"麻雀"来代表整个鸟类类别。ICM 充分考虑到人类的语义与客观世界、身体结构功能、认知能力和方式、文化信仰、主观因素等密不可分,其四个模型中,只有命题模型是客观模型,其余三个都是主观模型,命题模型和意象图式模型是内容和基础,隐喻模型和转喻模型是认知扩展手段,反映了人类思维的创造力和想象力。可见,ICM 在解释力方面超越了多数 CM,它与人们的生活和文化关系密切,并在人们的认知过程中不断整合,这种复杂的完形结构在认知语言学中也被称为文化模型,在语言的认知研究中,ICM 理论是最为广泛熟知和研究的一种文化模型。实际上,尽管 Lakoff 的理想化认知模型理论并没有明确研究文化模型,但这些理想化认知模型的任何文化导向理论都体现了文化模型所采用的感知模式的全部特点。(Shore, 1996) Lakoff 的理想化认知模型就是文化模型,只是不同研究者称呼不同而已。(Kövecses, 2000)我们认为,在一定程度上,理想化认知模型也可理解为文化认知模型。

在语义学、语用学、翻译、语言习得和教学等认知语言学相关的研究领域都有文化认知模型的研究视角,主要涉及隐喻、原型、范畴化、概念化和概念整合等。

以隐喻、文化与翻译方面的研究为例。隐喻解释对文化模型的依赖,被视为存在于母语人士头脑中的无意识知识,这给翻译带来一个需要解决的基本问题:当隐喻本身与文化模型密不可分时,在翻译中译者如何可能在隐喻层面建立对等? Tabakowska(1993)提供的答案是,将翻译视为一种认知解释或识解，并提出了翻译的"经验等效性"概念。也就是说，应该从认知经验和概念化的角度来理解所谓的翻译最终目标"对等"，而不是仅仅关注语言表达的结果。因此，如果源文本和目标文本表征出两组等效的概念化过程，则两个文本被认为是等效的。换言之，译者应该超越语言表达，通过在译文中重构原文的概念结构来实现对等。这意味着译者应该引导译文读者在概念化层面将其作为源文本来体验。值得强调的是，Tabakowska（1993：128）将"体验视为一个连续统一体"，一端代表特殊的个体实例，另一端反映普遍的（基本的，主要是身体的）案例。然而，这个连续统一体的中间部分被各种文化特定的体验所占据。这意味着基于不同文化中不同概念系统的文化模型会导致不对等，从而可能导致所谓的不可译性，当然在某些情况下，所谓的不对等、不可译可能只是源于译者缺乏理解或误解。

但不可否认，文化认知模式对翻译有重要影响。翻译的认知基础是体验认知，本质上具有原型范畴属性，是一项以范畴转换为基础的认知活动，识解、隐喻、转喻及象似性等是其认知机制，该过程以原型范畴和理想化认知模型为参照，是从源语范畴到目的语范畴的动态转换过程；翻译也被视为一个受文化制约的、具有创造性的、解释性的隐喻化过程，翻译过程中译者的翻译活动就是一种跨语言、跨文化映射活动，根据类比和相似性，译者通过映射的方式将始源域里的译入语文本映射到目标域的译出语文本，使读者通过译文中的文化概念范畴理解原文中的文化概念范畴；而且翻译的隐喻化过程具有解释性和创新性。"翻译本身也是一种隐喻，用一国语言去表达另一国的语言，或用新的隐喻来适配原来的隐喻。"（王寅，2021a：353）

谭业升（2022）认为，文化模式具有实践文化的功能，可以被用来实施各种认知任务，并指导个体翻译实践。研究者应该关注译者实施文化翻译任务时所涉及的文化模式、域、图式或框架等内容。研究者可以"利用认知范畴对于离散的语言文化现象的统合性，寻找两种语言文化在翻译过程中在不同语言层面上体现的认知差异，用包括图式、范畴、隐喻和脚本等概念化经验的认知工具，系统描述和解释这些差异以及翻译转换过程"（谭业升，2020：180-181）。

翻译研究的"文化转向"使"一切声称和翻译有关的内容都成为翻译研究对象"（Bassnett & Lefevere，2000：1），但是如果翻译研究因为翻译活动的跨文化属性而泛化成文化研究，那么翻译学就失去了作为独立学科存在的基础和意义，因此翻译研究要回归本体，"作为在翻译研究中与文化直接相关的一个专题,在翻译研究面临'泛文化'的大背景下,文化翻译更应该坚持翻译学的基本立足点"(刘宓庆,2019:040)。

文化翻译是翻译研究中与文化直接相关的重要分支,在翻译研究"泛文化"的大环境中,研究者更应该坚持以翻译学为基准。当下,文化翻译认知研究是认知翻译学一个重要的拓展领域。例如,谭业升(2022)从认知翻译学视角将翻译中的文化看作译写者在心智中构建的个体心理认知表征,提出将"截显"作为中医文化翻译研究的核心构念,探讨译者如何评估不同层级的中医文化框架,在中医语言表达激活的文化概念化基底上,意图性地截显某些侧面,从而融通差异。张艳和郭印(2021)基于认知语言学中的识解理论,探讨在异语创作无本回译过程中译者对文化概念的互动体验、认知识解和概念复现过程。研究发现,受辖域、背景、视角、突显、详略度等识解因素的影响,不同译者对同一语言表达式的认知风格有所不同;虽然译文在风格、语言结构、概念框架方面都有差异,但最大程度复现原文本的中国文化概念和意义是中国题材异语创作无本回译的共性追求。

语言、文化与认知是认知翻译研究的核心内容,在翻译的文化认知观视野下,认知语言学理论中的众多认知机制可以应用于翻译实践研究,毕竟理论应用于实践才能实现其价值,并可以通过实践不断完善自身。从宏观层面来看,翻译实践本身就是一种认知过程,译者通过语言体验源语文本,识解文本中的意象,通过意象图式得出概念范畴,进而得出概念和意义,构建文化认知模式,最终借助范畴转换、隐喻、转喻、象似性等认知手段及语言转换,用译文映射原文,传递映射概念和意义,努力使译文读者获得与原文读者对等的认知感受和体验效果。从微观层面看,译者在处理源语文本中的具体内容时也经历了类似的认知过程。同时,为了使读者获得尽量对等的认知感受和体验效果,在整个翻译过程中,译者的认知翻译活动既受到源语和目的语两种语言的宏观文化的影响,又受到与具体表达式相关联的微观文化素的制约,既要忠实原文、原作者、原文化、原意图,又要发挥译者主体性,在有限的范围内做适当的调变。

7.3　文化回译的认知识解研究

自20世纪70年代以来,翻译研究出现两大倾向:文化翻译与认知翻译。20世纪末,文化翻译学派代表 Susan Bassnett 和 André Lefevere(1990)提出了文化翻译研究的宏观视角,认为翻译研究实际上就是文化互动的研究。我们认为,语言是翻译操作的工具和对象，是文化的载体和表征手段，因此文化翻译研究仍然有必要以语言研究为立足点，"把握住语言，就可以从主体上、大体上把握住其中蕴含的文化内涵"（刘宓庆，2019：3）。

21世纪初，受认知语言学（CL）影响，认知语言学家 Martín（2010：169）首先提出认知翻译学这一术语。此后，翻译研究的认知倾向越来越突显。学界意识到，译出语和译入语形成的"互动体验＋认知加工"机制适用于翻译过程研究（王寅，2013：53），认知语言学的核心理论识解理论（Langacker，1987）也开始在认知翻译研究中得到应用（如张艳，郭印，2019）。识解是人类的认知能力之一，在语言产出和语言理解中扮演着重要角色。对同一物象或情景的不同识解反映出被突显的不同成分、成分之间的关系及时空顺序。人们在翻译中需透过丰富多彩的语言表层，探寻其深层的真正意义，努力寻求译文与原文的意义对等。认知识解理论对翻译产生了重要的影响。作者、译者、读者在识解概念、探寻意义的过程中，由于识解方式的差异而带来不同的识解结果以及语言表达，这为误译、译者主观性、译者风格差异、归化异化等翻译策略、读者阅读效果等与翻译有关的问题提供了认知解读的可能。据此，我们尝试在认知识解的概念理论框架下开展相关翻译研究。

文化认知翻译观既涵盖宏观层面文化范畴的翻译研究，如中医文化的翻译研究，也涉及微观层面的文化素翻译研究，如文学翻译中的文化负载项或文化意象等的翻译研究。本章将依据认知语言学中的认知识解理论，对微观层面的文化翻译展开认知视角研究。

不管翻译研究采取文化路径还是认知路径，译者都是成功翻译的主导因素，研究译者对双语文化概念的互动体验和认知加工，特别是通过语言转述推衍文化概念的识解和复现过程，是翻译研究的一项重要任务。

7.3.1 异语创作与无本回译

异语创作是指用外族语（异语）创作有关本族语文化题材的作品，而用本族语将异语创作的作品翻译回来，可称为无本回译（王宏印，2012，2015）。异语创作的作品特点和文化传播风格可为促进中华文化"走出去"、提升中国文化国际传播能力提供宝贵经验，其回译可丰富我国本土文化，深化中西交流融通，实现文化归根反哺。（张艳，2022）

因为缺少原文本而只有源文化做参照，无本回译的本质是文化的返映和反哺,是向源语主体文化无限靠近的过程。因此无本回译不仅与语言的转换直接相关,更涉及语言背后的文化及译者的主观因素。中国题材的异语创作和无本回译是既特殊而又常见的文学创作及翻译现象,在侨民作家张爱玲、林语堂,华裔作家谭恩美、张纯如,汉学家赛珍珠、高罗佩等的英文作品及其汉译中都有体现。其中林语堂于 1938 年用英文创作的小说 *Moment in Peking*(下文以汉语简称《京》代指)及其汉语回译是典型代表,本研究主要依托张振玉译本《京华烟云》和郁飞译本《瞬息京华》。

　　近年来关于《京》的翻译批评研究主要涵盖语言、文化、认知三个视角,多聚焦于语言表层形式翻译技巧及译者批评。冯全功(2017)、江慧敏(2014)等从语言视角围绕异化、归化的翻译策略和意译、直译、音译的翻译技巧展开研究。任东升、卞建华(2014)等从文化视角应用文化派理论进行翻译研究。尽管认知视角的翻译研究逐渐增长,但利用这种新范式对《京》的研究极少(如陈胤谷、姬广礼,2010),尤其未见从认知角度切入无本回译的研究。本研究以《京》文化回译为研究对象,以认知识解为理论框架,利用双语语料库进行描述性研究,对比分析译者在回译过程中认知翻译策略的差异,解释特殊翻译现象的原因,分析回译的主客观性,旨在为中国题材异语创作无本回译提供翻译研究新视角。

7.3.2 《京华烟云》无本回译的识解研究

　　Langacker(1987,1991,2000)提出了人类认知的主要方式识解(Construal),指"人们用不同方式来理解描述同一场景的能力",主要包括辖域、背景、视角、突显、详略度等要素,用以解释人们在相同场景中产生不同语言表述的原因。王寅(2013:54)认为,识解机制不仅可用于分析语言层面的表达,更重要的意义在于它为解释人类主观性提出了一个可行的分析方案,适用于研究翻译的认知过程。Langacker(2008:55)指出:"一个语言表达式的意义不只是它激发的概念内容,内容被如何识解也同等重要。"也就是说,语言表达式的意义取决于语义内容和人的识解的共同作用。语义内容由一系列认知域提供,人作为认知主体可以强调不同的认知域,即以不同的方式识解这些认知域,因此,同样的客观事实可能有不同的语义表达。我们认为,"同一场景"在翻译过程中可被视作译出语中的"同一语言表达式",不同译者对同一语言表达式有不同的理解和认知,从而产出不同的译文,而识解要素也可用于对其差异进行解释。因此我们尝试根据上述五个主要识解要素分析《京》的汉译，探讨无本回译中译者的认知风格，从认知角度关注翻译的人本性。

　　无本回译比一般翻译和回译要求更高，具体表现在语言、文体、文化三方面，因缺乏本族语原文本的验证，所以存在"何为忠实""如何忠实""忠实程度"等诸多挑战。译者在尽量保持中立的前提下，在原作者、原作品、原意图的控制范围内会进行适度调整，至于如何调整以及调整的内容，我们可尝试依据识解理论对其进行统一解释。

7.3.2.1　辖域与无本回译

　　根据 Langacker（2008：62）的观点，表达式所激发的认知域组成认知域阵（Matrix），用作意义的基体。表达式在域阵中所覆盖的认知域范围就是辖域（Scope），指人们在对某一实体进行描述的过程中被激发的概念内容的范畴，至少包括基体（Base，即参照的辖域基础）和侧显（Profile，即突显的某一部分）。

　　从经验上看，我们的视框（Viewing Frame）和视域（Viewing Field）有限，所以辖域在任何维度都是有边界的。我们需要区分表达式的最大辖域（Maximal Scope）和直接辖域（Immediate Scope），前者指覆盖的最大面，后者指最相关的部分。相对于最大辖域，直接辖域通常被前景化（Foregrounding），置于注意力聚焦的区域（突显的位置），其他辖域则被后景化（Backgrounding），各辖域之间呈现为层级化的连续统，例如：身体＞四肢＞腿＞脚＞趾头，每一层级都是下一层级的直接辖域，层层包裹，包裹的程度与前景化和心理接触（Mental Access）距离相关。辖域层级化有各种语言表现形式，可以通过复合词加以表现，如"eyebrow、toenail、bellybutton、doorknob"。辖域这一识解因素在《京》饮食文化的回译上有所体现：

（1）Mulan knew from visits with her sister that Lifu loved chicken gizzards.（Lin Yutang，1939：684）

（郁译）木兰因为几次同妹妹出门，便知道了立夫爱吃鸡肫。（林语堂，1991：646）

（张译）木兰由于妹妹和立夫这次来，她知道了立夫爱吃鸡。（林语堂，2016：622）

　　表达式"chicken gizzard"激活的认知域阵可能包括"动物、禽类、鸡、内脏、胃"，或是"食物、禽类、禽类内脏、鸡内脏、肫"等，译者通过语境和客观文化体验可以判断，表达式覆盖的认知域是食物，因此，"食物"是其最大辖域，而"chicken"实指鸡内脏,与"gizzard"心理接触距离最近,属于直接辖域并被前景化,起到限定概念核心"gizzard"的作用。在脱离语境的情况下,"chicken gizzard"译成"鸡胃"没有问题,但依据客观世界文化体验,"鸡胃"的辖域并不包括鸡作为食物的熟食概念,与原文本的概念域不一致,因此,译为"鸡肫"(郁译)、"鸡胗"均可,通过转喻译为"鸡"(张译)亦可,但张译只译出了直接辖域"chicken"义,未译出"gizzard"概念核心,意义有所偏离。根据小说《京》所依托的中国北方饮食文化背景,译为"鸡胗"更符合读者的认知体验。

(2)She immediately ordered chicken noodle for him.(Lin Yutang,1939:264)

(郁译)她立即吩咐端上鸡汁面。(林语堂,1991:248)

(张译)立刻叫把炖鸡汤煮的面端来。(林语堂,2016:243)

在表达式"chicken noodle"中,"noodle"为概念核心,"chicken"是其前景化直接辖域。两译者都选择了食物概念的认知域,郁译为"鸡汁面","chicken"被译为"鸡汁"而非"鸡","鸡汁"作为定语修饰限定核心概念"面",体现出译者根据客观世界体验对概念的精准选择,译文与原文形式意义都十分匹配,也符合读者对中国饮食文化的认知经验和汉语表达习惯。张振玉将"chicken"详译为"炖鸡汤煮的",虽然也以"noodle"为概念核心,以"chicken"为前景化直接辖域,但是"炖""煮"都是隐含在后景中的一部分,译文一般不会将其纳入前景认知而概念化,既有画蛇添足之嫌,也不符合目的语读者的语言表达习惯。

(3)boiled chicken gizzard in plain soya-bean sauce(Lin Yutang,1939:274)

(郁译)酱油拌鸡杂碎(林语堂,1991:258)

(张译)清拌肚丝儿(林语堂,2016:252)

如果译文激活了原文所要表达的最大辖域,那么译文就可能是意译或归化译法。如果超过了最大辖域,译文则会成为错译、误译(文旭等,2019)。例(3)两译文差异迥然。在中国饮食文化中,"杂碎"包括心、肝、胃等多种内脏,"鸡杂碎"可视作"鸡肫"的直接辖域,也可视为"肫"的最大辖域,意译为"杂碎"较贴近读者的饮食认知经验;"肚丝儿"的主材一般为猪、牛、羊的胃,而非禽类的胃,已超出"chicken gizzard"的最大辖域,当属误译。

可见,译者在无本回译过程中,首先根据语境及客观世界体验识解翻译对象的概念,选择其认知域,即表达式的辖域,然后区分最大辖域和直接辖域,确定突显的部分,最后进行正确的译出语和译入语转换。但译者对某个概念客观世界体验的缺失会导致主观判断失误,因逾越最大辖域而导致误译。

7.3.2.2 背景与无本回译

根据王寅的观点(2008),理解表达式的概念和意义需要相关经验,也需要另外一个或多个表达式的概念和意义作为背景(Background),这与我们常说的百科背景知识有关。语言与一个民族的文化、历史等息息相关,翻译是对概念的复现,势必需要考虑概念依存的这些百科背景知识。现以《京》中有关宗教和民俗文化的回译例析如下。

(4) Strange to say, three times the wooden blocks were tossed before the god and three times they turned out favorable.(Lin Yutang, 1939:31)

(郁译) 说来也怪,神明面前求了三档签,三档都是上上。(林语堂, 1991:34)

(张译) 说也怪,两个杯筊,在神前扔了三次,都是大吉。(林语堂, 2016:37)

表达式"the wooden blocks"的语言表征意义是"小木片、小木块",其使用背景为"tossed before the god"(在神佛像前抛出),并且"turned out favorable"(结果很好),结合前文交代事件的发生地点"the City God's Temple"(城隍庙),可识解其为宗教场所用于算命或占卜的器物。张振玉初译为"木鱼"确属缺乏背景知识所致误译,但后译成"杯筊"仍欠妥当,因为杯筊是道教卦象占卜活动中用于"打卦"的一对半月形法器,流行于我国南方,很多普通人家都有杯筊,凡是道教庙宇在神像前几乎都有一到数对杯筊,而我国北方很少用打卦法占卜,也很少使用杯筊。《京》以北京为地域背景,张译"杯筊"显然与北方宗教文化背景相冲突,而郁译"签"更符合北方"求签占卜"的宗教文化背景。

(5) and he was now holding in his mouth a pipe two feet long.(Lin Yutang, 1939:158)

(郁译)手捧嘴上一根两尺来长的烟管。(林语堂, 1991:151)

(张译)现在嘴里抽着旱烟袋,有二尺长。(林语堂, 2016:148)

(6) Afei was just under forty, but he took care to dress as a businessman, wear old-fashioned spectacles, carry a water pipe, and look as old as possible, with the help of a little unshaven beard.(Lin Yutang, 1939:772)

(郁译)阿非四十不到,但他细心改扮为商人,戴副老式眼镜,捧一副水烟烟具,又留起胡须,让人看来尽可能老些。(林语堂, 1991:720)

(张译)阿非在四十以下,他特别小心,改做商人模样,戴上旧式眼镜,

拿着旱烟袋,胡子故意不剃,尽量看来岁数大。(林语堂,2016:701)

"a pipe"(旱烟袋)与"a water pipe"(水烟袋)是中国旧时传统民俗中的吸烟工具,张振玉将 a water pipe 译为"旱烟袋"或有两种解释:一是为了表现阿非的假装老成而有意转译;二是错译,他或许忽略了一个历史民俗文化背景,在当时的北平,水烟袋因其高雅卫生、闲情逸致而备受达官贵人的青睐,抽水烟同样可以衬托阿非假扮的富有商贾形象。

可以看出,无本回译过程中两译者对表达式不同的识解方式和概念选择都是基于他们对客观世界不同的体验经验,以及与表达式相关的百科背景知识,译者的成长背景和生活环境对译者识解回译中国文化的策略具有一定的影响。

7.3.2.3　视角与无本回译

确定描述辖域和背景之后,就当考虑观察视角的问题。视角(Perspective)指人们观察场景的角度,会影响参与者的突显程度。(Langacker,1987)Talmy(2000:68)认为:"视角就是在心理上观察某一事物或场景的位置,涉及诸如位置、距离和方式等因素。"因此,视角涉及我们观察认识事物的时空角度和立场态度、价值取向等心理情感因素,同时,我们的视角选取决定了语言的表达方式。"视角一般包括图形和背景、视点、指示、识解的主观性和客观性。"(Langacker,1987:121)现举例说明这一识解要素在《京》中的体现。

(7) But the Dog-Meat General had come to stamp out communists. (Lin Yutang,1939:619)

(郁译)但狗肉将军是来消灭共产党的。(林语堂,1991:582)

(张译)不过狗肉将军是来北京"消灭共匪"的。(林语堂,2016:562)

例(7)的语境是对张宗昌的描述,这些描述可被视为背景,张宗昌本人可被视为背景上突显的图形,原文语境场景中除他本人之外没有其他事件参与者,我们可以把作者、译者和读者看作识解过程中的另外三个事件参与者。两译者对表达式"stamp out communists"进行识解翻译时选取了不同的视点,包括观察位置和观察方向。郁飞以作者、译者或读者为观察位置,以他们的观察方向识解表达式,使他们参与到事件当中,表明他们的立场态度和价值取向,体现了识解的主观性;张振玉选取张宗昌为观察位置,以他的观察方向识解表达式的意义,将"communists"译为"共匪",突显了"狗肉将军"张宗昌的反动政治立场态度和价值取向。此时,作者、译者和读者都不参与事件,体现了识解过程的客观性;但是值得注意的是,张振玉运用了双引号暗喻作者、译者和读者对此表达式译文的意义并不认可,也体现出译者的主观性。

（8）The driver said it was unwell and would die if they didn't go slow.（Lin Yutang, 1939:23）

（郁译）车夫说这头骡病了,若不慢走会倒毙的。（林语堂,1991:26）

（张译）车夫说那骡子出了毛病,若不慢走,恐怕要没命。（林语堂,2016:30）

（9）The driver told them the women were the socalled "Red Lantern Shades" and "Black Lantern Shades."（Lin Yutang, 1939:19）

（郁译）车夫告诉她们,那些女的叫红灯照或者蓝灯照。（林语堂,1991:22）

（张译）车夫告诉她们这些女义和团员叫做"红灯照"和"黑灯照"。（林语堂,2016:26）

在单个词项层面,许多表达式都是非指示性的,然而大多数语言在实际运用中出现的限定性表达式都具有某种程度上的指示性。如例（8）中的代词"it",若脱离言语情景并不能显示视角,也不具备指示性,但在此句中"it"就是一个指示表达式,指代小说上文提到的"骡子"。在单个词项层面,"骡子"是非指示性的,但"这头骡子""那骡子"具有指示性,指明了骡子和车夫之间的空间或心理距离关系,因为指示代词"这""那"表明述义是有定的,说话人和听话人可以识别出来,但"这"表明骡子与车夫之间的空间或心理距离更近,"这头骡子"比"那骡子"突显程度更高。例（9）中的"the women"由于定冠词"the"的限定性而具有指示性,"the"分别被译为指示代词"那些""这些"。例（8）例（9）都是由多个参与者组成的复杂场景,包括车夫、听话人、骡子或女义和团员,两译者都选择了同样的视点,即从车夫的视角观察场景,选用了不同的指示代词,说明译者对事件参与者之间距离的远近识解不同,而且这个距离可能是空间距离,也可能是心理距离,因此译文对参与者的突显程度也不同。

可见,译者在无本回译过程中从不同的角度观察同一场景,对表达式进行概念识解。观察位置和观察方向会影响译者对原文的理解与翻译,带来不同的认知突显。观察一个由多个参与者组成的复杂场景时,译者根据参与者所在的不同位置进行观察,直接导致译文中参与者的远近和显著度上出现差异。不同的译文体现事件参与者之间不同的空间或心理距离、立场态度等因素,也体现出译者识解过程的主、客观性。

7.3.2.4　突显与无本回译

我们在认知过程中确定注意力的方向和焦点,对场景中某一实体感兴趣或最感兴趣的部分进行突出描述,这就是突显(Prominence)。突显有多种维度,本节主要从侧显 / 基体(Profile/Base)、射体 / 界标(Trajector/Landmark)两方面加以论述。Langacker(2008:66)认为:"一个表达式所选择的概念内容是其概念基体,广义上可识解为其认知域阵中的最大辖域,狭义上可识解为其认知域阵中的直接辖域,即被前景化的部分,其中被集中聚焦的某部分被称作侧显。"一个词语的基体就是它能在相关的认知域中所覆盖的范围,这是意义形成和理解的基础;与其相对的是侧显,是基体内被最大突显的某一部分。Langacker(2008)将射体定义为关系性突显中的最大突显部分,可称作主要焦点,界标则充当射体的背衬角色,可称作次要焦点。"射体是最突显的参与者,标示了关系述义中被聚焦的一个实体,处于一对或一组关系中最突显的位置;界标则标示了关系述义中其他被次要突显的实体,为射体的定位提供参照点。"(王寅,2011b:94)现示例如下。

（10）His wife, probably the greatest woman who ever lived in China, was by his side.（Lin Yutang, 1939:601）

（郁译）中国最伟大的女性孙夫人随侍在侧。（林语堂, 1991:566）

（张译）夫人宋庆龄侍奉在侧,宋女士也许可称得上中国妇女中最优秀的人才。（林语堂, 2016:546）

在此场景中,"His wife"和"his side"是以丈夫孙中山为参照点,对妻子宋庆龄的指称和位置描述。两位政治人物的身份和关系是认知背景,即该表达式概念识解的基体,但原文并未明确标示宋庆龄的姓名,因为原作 *Moment in Peking* 的目标读者是英语母语人群,他们对中国政治人物缺乏认知经验基础,故作者林语堂没有突显姓名,而是将其隐藏在文本之外。与基体相对的侧显是主语"His wife",也是最突显的部分,即焦点。同位语"the greatest woman who ever lived in China"是对主语"His wife"的补充说明,起到对英语读者补充认知经验的作用,是次要突显的部分,即次焦点。郁译将次焦点最大突显,置于焦点之前,而张译遵循原文句子结构,最大化突显了焦点"His wife",并将隐藏在中国读者认知百科背景知识中的人物名称译出,增加了此焦点的突显程度,虽然他对次焦点也进行了突显,但突显程度降低。此外,对于表达式"His wife"的翻译也体现出突显这一识解要素。原作读者是英语读者,英语往往只言姓不言名,而汉语表达有所不同,张振玉在回译过程中将人物信息补充为"夫人宋庆龄",突显其身份,满足中国读者的需求,拉近读者与译作的距离,实现了中国文化概念的复现。

（11）Now they were above the clouds.（Lin Yutang,1939:493）

（郁译）现在云彩在他们脚下了。（林语堂,1991:461）

（张译）现在他们是在云层之上。（林语堂,2016:450）

虽基于同样的空间场景,但是译者在翻译过程中对射体和界标的不同识解会产出不同的语言表征,如"A is above B"和"B is below A"。例（11）就体现了这样的关系性突显组合,呈现出不同的突显对象和突显程度。作者以介词"above"吸引读者注意纵向坐标中位置高的参与者"they",以突出标示其位置,故"they"是射体;"clouds"作为单独的词素没有突显意义,但是加上定冠词"the"则突显了言语情境视域中的云,再加上借词"above"则突显了上下位置关系,帮助定位"they"的位置,故为界标。"they"和"clouds"构成一种射体和界标的认知组合,"they"为最突显的部分,位置在"clouds"之上,"clouds"作为空间界标衬托焦点"they"的位置,是次要突显的部分。张译还原了"他们"和"云"这一射体／界标关系性突显组合。郁译"在……之下"将焦点聚集在纵向坐标中位置低的实体,因此"云"作为射体被最大突显,而"他们"作为定位"云"的参照物,是被次要突显的界标,因此郁译更适合用于"Now the clouds were below them"。

可见,译者在无本回译过程中会考虑目标读者的需要,将隐藏在文本之外的中国文化概念突显译出。一个语言表达式虽然反映了相同的客观内容,侧重了同样的物理关系,但因译者在翻译过程中选择不同的射体和界标关系突显组合而意义有别,译者对射体和界标的不同识解产出了不同的译文,表达了不同的意义。

7.3.2.5　详略度与无本回译

详略度（Specificity）指"对一个场景描述的精确和详细水平"（Langacker,2008:55）,义同"解析度"。详细度高的表达式以精微的细节描述场景,解析度高,与翻译技巧"词量增添、重复"等相关;详细度低的表达式粗略描述场景,解析度低,只标示整体特征和构架,与翻译技巧"词量删减"等相关。因此在翻译过程中,"详"指对译文进行细化处理,如添加词语、添加注释;"略"指对较复杂的原文进行简化处理,如省略部分词语。

现以《京》第 33 章"红玉自溺于荷池前与父母绝命书"为例加以说明。原作交代绝命书的文体为"the classical, balanced style",郁飞和张振玉与作者林语堂有共同的中国文化背景,分别将此文化概念回译复原为"四六体古文"和"文言骈体",并使译文尽量符合古文的文体特色,但二人在识解详略度上有所差异。

（12）Also due to Uncle and Aunt's love, I have been treated like their own child and surrounded with luxury and comfort.（Lin Yutang, 1939:539）

（郁译）又赖姑父姑母至爱,视如己出,备享荣华。（林语堂,1991:507）

（张译）姑母姑丈钟爱至深,视如己出。起居务尽其豪奢,衣物力求其舒适。（林语堂,2016:494）

郁译对"surrounded with luxury and comfort"进行了简化翻译,从"略",译出"luxury"（荣华)而省略"comfort"（舒适）,使"备享荣华"与"视如己出"对仗,体现四六体古文的文体特色。张译进行了细化处理,从"详",添加了词语如"起居""衣物",甚至将"luxury"和"comfort"的语义扩展翻译为两个独立的句子,详细阐述了其词表语义和扩展语义,既体现此书信"文言骈体"的文体风格,又在语用层面使读者感受到红玉的文采斐然,触发读者对其香消玉殒的惋惜之情。

（13）Although I wish to continue to live to serve you, I shall only be an obstacle to another's future.（Lin Yutang, 1939:539）

（郁译）虽欲奉养,终为人累。（林语堂,1991:507）

（张译）虽欲侍双亲于百年,恐终累人于晨夕。（林语堂,2016:494）

为了对仗工整的古文翻译效果,郁译对"continue to live"省略不译,而张译为了文体效果增添词量,详细译出两时间状语的意义。

（14）Your unfortunate daughter,

Redjade（Lin Yutang, 1939:539）

（郁译）"薄命女"（林语堂,1991:507）

（张译）"薄命女 红玉绝笔敬叩"（林语堂,2016:494）

此信结束语符合英文书信文体,简单明了,如仅省略译成"薄命女",四六体古文风格戛然而止,似未能尽意;而详细译成"薄命女 红玉绝笔敬叩"则与书信的文体风格浑然一体,衔接自然,属龙珠之笔,而无蛇足之弊。

由此可见,在书信的文化回译过程中,针对同一语篇,两位译者对文化概念的认知解读大体相同,译文都最大程度地回归古文文体,但在"详略度"的问题上,郁飞更注重语言层面的忠实,为保持古文风格删减词量,意在取"略";而张振玉更注重文化层面的忠实,在体认作者原意图的基础上增添词量,意在取"详"。

7.3.3　结语

我们可以基于认知识解理论视角,研究异语创作无本回译过程中译者对文化概念的互动体验、认知识解和概念复现过程。在中国题材异语作品的无本回译过程中,译者对原文本各表达式进行认知识解,首先判断其覆盖的认知域,区分最大辖域和直接辖域,确定最大突显及次要突显的部分,然后选择观察的视角,基于观察位置和方向识解突显的实体或关系,根据原文本语言框架和文体风格进行详细或简略的描述,并根据中国文化的百科背景知识和作者、译者、读者的认知体验经验对译文进行适度调整,最终通过语言转述复现中国文化概念框架及意义。研究发现,受辖域、背景、视角、突显、详略度等识解要素的影响,不同译者对同一语言表达式认知风格不同,从而产出不同的译文;译文在翻译风格、语义理解、语言表达、概念框架方面都有差异,但是最大程度忠实并复现原文本的中国文化概念和意义是中国题材异语创作无本回译的共性追求。

7.4　小结

语言与文化密不可分,语言转换过程中不能避开相关的文化问题,这是任何视角的翻译研究都不能忽略的问题。普遍意义上的翻译定义不再是单一的语言维度,而是已经涵盖了语言维度和文化维度。从文化视角展开翻译研究已经成为翻译研究的重要分支。因此,文化翻译研究可以融合语言学派与文化学派对文化翻译的研究视角和研究方法,促进多元发展。

文化认知翻译研究是认知翻译学的重要拓展领域,可利用文化人类学和认知语言学的理论概念和分析工具,探索文化、语言与翻译本质的关系,提供了重新认识文化翻译的理论和分析范畴,使研究者可以重新审视人类的认知模式、社会中的文化模式和语义之间的关系。

文化认知翻译观兼顾社会学、文化学等的宏观视角和语言学、心理学等的微观视角,认知模型和文化模型是翻译过程中的核心要素,构成一个复杂的结构整体——文化认知模型。在一定程度上,"理想化认知模型"可理解为"文化认知模型"。语义学、语用学、翻译、语言习得和教学等认知语言学相关领域都有文化认知模型的研究视角,主要涉及隐喻、原型、范畴化、概念化和概念整合等。语言、文化与认知是认知翻译研究的核心内容,文化认知观视野下,认知语言学理论中的认知机制可以应用于文化翻译实践研究,文化认知模式的可操作性可以避免具体研究中的过度概括和过度简化。

总的来说,认知识解作为一种认知方式在文学创作、外译和回译中发挥重要作用,将识解机制用作认知翻译研究工具来论述翻译过程,包括检验译文是可行的。识解机制中的各层级维度相互呼应和补充,可用于对文本、译者进行研究,例如探究作者的创作意图,解释译者在翻译活动中的认知过程,探究译者如何识解原文的意象和意境,用什么策略传递概念、意义及情感,如何以语言符号转换和认知机制力求译文与原文意义对等,帮助读者提高阅读效果等。识解机制的不同维度也可为译者行为、翻译风格、翻译差异、翻译的主观性等现象提供认知理据,为翻译研究提供了新的实践和研究视角。

本书从文化与认知视角探讨了认知翻译理论与实践相关问题,尝试提出文化认知翻译观,认为文化认知翻译研究兼顾社会学、文化学等宏观视角和语言学、心理学等微观视角,是认知翻译学的重要拓展领域,希望后续研究能够基于多语域跨语言翻译实践,融合语料库、机器翻译和人工智能等领域的研究成果,进一步验证并推进认知翻译学理论层面的研究。

主要参考文献

Al-Hasnawi, Ali. A Cognitive Approach to Translating Metaphor[J]. *Translation Journal*, 2007, *11*(3): 11-15.

Baker, Mona. *In Other Words, A Coursebook on Translation Series*[M]. London: Routledge, 1992.

Baker, Mona. "Corpus-Based Translation Studies in the Academy" [C]//Heidrun Gerzymisch Arbogast, Eva Hajicová, Petr Sgall, Zuzana Jetmarová, Annety Rothkegel & Dorothee Rothfuß-Bastian (eds.). Textologie und Translation: Jahrbuch Übersetzen und Dolmetschen. Tübingen, Germany: Gunter Narr, 4/11, 2003: 7-15.

Baker, Mona. A Corpus-Based View of Similarity and Difference in Translation[J]. *International Journal of Corpus Linguistics*, 2004, *9*(2): 167-193.

Barcelona, Antonio (ed.) Metaphor and Metonymy at the Crossroads: A Cognitive Perspective[C]. Berlin and Boston: Mouton de Gruyter, 2003.

Barlow, Michael & Suzanne Kemmer (eds.). *Usage-Based Models of Language*[C]. Cambridge: Cambridge University Press, 2000.

Bassnett, S. *Comparative Literature. A Critical Introduction*[M]. Oxford, Blackwell, 1993.

Bassnett, Susan. *Translation*[M]. London and New York: Routledge, 2014.

Bassnett, Susan & Lefevere, André. *Translation, History and Culture*[M]. London: Pinter Publishers, 1990.

Bassnett, Susan & Lefevere, André. *Translation /History/ Culture: A Sourcebook*[M]. London and New York: Routledge, 1992.

Bassnett, Susan & Lefevere, André (eds.). *Constructing Cultures: Essays on Literary Translation*[C]. Clevedon: Multilingual Matters, 1998.

Bassnett, Susan & Bush, Peter (eds.). *The Translator as Writer*[C]. London: Continuum, 2006.

Berlin, Brent & Kay, Paul. *Basic Color Terms: Their Universality and Evolution*[M]. Berkeley, Los Angeles: University of California Press, 1969.

Berlin, Brent, Breedlove, Dennis & Raven, Peter. *Principles of Tzeltal Plant Classification* [M]. New York: Academic, 1974.

Bernárdez, Enrique. "A Cognitive View on the Role of Culture in Translation" [C]//Ana Rojo & Iraide Ibarretxe-Antuñano (eds.). *Cognitive Linguistics and Translation: Advances in Some Theoretical Models and Applications*. Berlin and Boston: De Gruyter Mouton, 2013: 313-338.

Bielsa, Esperanca and Bassnett, Susan. *Translation in Global News*[M]. London: Routledge, 2008.

Boas. Hans C. (ed.) *Contrastive Studies in Construction Grammar*[C]. Amsterdam: John Benjamins Publishing Company, 2010.

Bradd Shore. *Culture in Mind: Cognition, Culture, and the Problem of Meaning*[M]. New York: Oxford University Press, 1996.

Bybee, J. *Language, Usage and Cognition*[M]. Cambridge: Cambridge University Press, 2010.

Carl, M. A Computational Framework for a Cognitive Model of Human Translation Processes [J]. Proceedings of the 32nd International Conference on Translating and the Computer, 2010: 18-19 November 2010, London. Available at www. mt-archive.info/10/Aslib-2010-Carl.pdf

Carl, M. "A computational Cognitive Model of Human Translation Processes"[C]. //S. Bandyopadhyay, S. K. Naskar, & A. Ekbar (eds.). *Emerging Applications of Natural Language Processing: Concepts and New Research*. Hershey: IGI Publishing, 2013: 110-128.

Catford，J. C. *A Linguistic Theory of Translation*[M]. London：Oxford University Press，1965.

Charteris-Black. Johnatan & Timothy Ennis. A Comparative Study of Metaphor in Spanish and English Financial Reporting[J]. *English for Specific Purposes：An International Journal*，2001，*20*(3)：249-266.

Chesterman A. Proposal for a Hieronymic Oath[J]. *The Translator*，2001，*7*(2)：139-154.

Croft，W. & A. Cruse. *Cognitive Linguistics*[M]. Cambridge：Cambridge University Press，2004.

Dagut，Menachem B. Can "Metaphor" Be Translated? [J]. *Babel：International Journal of Translation*，1976，*22*(1)：21-33.

Dagut，Menachem B. More about the Translatability of Metaphor[J]. *Babel：International Journal of Translation*，1987，*33*(2)：77-83.

Danks，J. G. Shreve，S. Fountain & M. Mcbeath. *Cognitive Process in Translation and Interpreting*[M]. London：SAGE Publications，1997.

De Waard，J. & Nida，E. A. *From One Language to Another：Functional Equivalence in Bible Translation*[M]. Edinburgh：Thomas Nelson Inc.，1986.

Delabastita，Dirk. Translation and Mass Communication：Film and TV Translation as Evidence of Cultural Dynamics[J]. *Babel：International Journal of Translation*，1989，*35*(4)：193-218.

Ericsson，K. A. & Simon，H. A. Verbal Reports as Data[J]. *Psychological Review*，1980，*87*(3)：215-251.

Evans，Vyvian & Melanie Green. *Cognitive linguistics：An Introduction*[M]. Edinburgh：Edinburgh University Press，2006.

Fauconnier，Gilles. *Mental Spaces*[M]. Cambridge：Cambridge University Press，1994.

Fauconnier. Gilles. *Mappings in Thought and Language*[M]. Cambridge：Cambridge University Press，1997.

Feist，Michele I. On In and On：An Investigation into the Linguistic Encoding of Spatial Scenes[D]. PhD dissertation，Department of Linguistics，Northwestern University，Evanston，IL，2000.

Feist，Michele I. Space Between Languages[J]. *Cognitive Science*，2008，*32*（7）：1177–1199.

Fillmore，Charles. "Frame Semantics" [C]//Linguistics Society of Korea（ed.）. *Linguistics in the Morning Calm*. Seoul：Hanshin Publishing，1982：111–137.

Fillmore，Charles. Frames and the Semantics of Understanding[J]. *Quaderni di Semantica*，1985（6）：222–254.

García，Yebra. *Valentín Teoría y práctica de la traducción*[M]. Madrid：Gredos，1982.

Geeraerts，Dirk & Hubert Cuyckens（eds.）. *The Oxford Handbook of Cognitive Linguistics*[C]. Oxford：Oxford University Press，2007.

Gentzler，E. "Foreword" [C]//Susan Bassnett & André Lefevere（eds.）. *Constructing Cultures：Essays on Literary Translation*. 上海：上海外语教育出版社，2001：ix–xxii.

Gibbs，R. "Taking Metaphor out of Our Heads and Putting it into the Cultural World" [C]//Gibbs，Raymond W. & Gerard Steen（eds.）. *Metaphor in Cognitive Linguistics：Selected Papers from the Fifth International Cognitive Linguistics Conference，Amsterdam，1997*. Amesterdam/Philadelphia：John Benjamins Publishing，1999：145–167.

Goldberg，Adele E. *Constructions：A Construction Grammar Approach to Argument Structure*[M]. Chicago：University of Chicago Press，1995.

Goldber，Adele E. *Constructions at Work：The Nature of Generalization in Nature*[M]. Oxford：Oxford University Press，2006.

Goossens，Louis. Metaphtonymy：The Interaction of Metaphor and Metonymy in Expressions for Linguistic Action[J]. *Cognitive Linguistics*，1990，*1*（3）：323–342.

Gutt，Ernst-August. *Translation and Relevance：Cognition and Context*[M]. Oxford：Blackwell，1991.

Hale，S. & Napier，J. *Research Methods in Interpreting：A Practical Resource*[M]. London：A & C Black，2013.

Hansen，Gyde，Andrew Chesterman & Heidrun Gerzymisch-Arbogast. *Efforts and Models in Interpreting and Translation Research：A Tribute to Daniel Gile*[C]. Amsterdam：John Benjamins，2009.

Hatim. Basil & Ian Mason. *Discourse and the Translator*[M]. London: Longman, 1990.

Hatim. Basil & Ian Mason. *The Translator as Communicator*[M]. London: Routledge, 1997.

Hatim, Basil. *Teaching and Researching Translation*[M]. Harlow: Pearson Education, 2001.

Hermans. Theo (ed.) *The Manipulation of Literature: Studies in Literary Translation*[C]. London: Croom Helm, 1985.

Hervais-Adelman, A. G., Moser-Mercer, B., Michel, C. M. & Golestani, N. The Neuroscience of Simultaneous Interpretation[J]. *In Other Words: The Journal for Literary Translators*, 2014(6): 60-63.

Holland, Dorothy, & Naomi, Quinn (eds.). *Cultural Models in Language and Thought*[C]. Cambridge: Cambridge University Press, 1987.

Holmes, James S. *Translated! Papers on Literary Translation and Translation Studies*[M]. Amsterdam: Rodopi, 1988.

Holz-Mänttäri, Justa. *Translatorisches Handeln. Theorie und Methode*[M]. Helsinki: Suomalainen Tiedeakatemia, 1984.

House. Juliane. *Translation Quality Assessment. A Model Revisited*[M]. Tübingen: Gunter Narr, 1977.

House, J. "Towards a New Linguistic-Cognitive Orientation in Translation Studies" [C]//M. Ehrensherger-Dow, S. Gopferich & S. O'Brien (eds.). *Interdisciplinarity in Translation and Interpreting Process Research*. Amsterdam and Philadelphia: John Benjamins Publishing Company, 2015: 49-62.

Hunn, Eugene S. *Tzeltal Folk Zoology: The Classification of Discontinuities in Nature*[M]. New York: Academic Press, 1977.

Ibarretxe-Antunano, Iraide & Javier Valenzuela. "Lingüística Cognitiva: Origen, Principiosy Tendencias" [C]//Iraide Ibarretxe-Antunano & Javier Valenzuela (eds.). *Lingüística Cognitive*. Barcelona: Anthropos, 2012: 13-38.

Jakobsen A. "Tracking Translators' Keystrokes and Eye Movements with Translog" [C]//Alvstad, C. Hild, A.& Tiselius, E. (eds). *Methods and Strategies of Process Research: Integrative Approaches in Translation Studies*. Amsterdam: John Benjamins, 2011: 37-55.

Jakobson, Roman. *On Linguistic Aspects of Translation*[M]. London: Harvard University Press, 1959: 232-239.

Johnson, Mark. *The Body in the Mind: The Bodily Basis of Meaning, Imagination, and Reason*[M]. Chicago: University of Chicago Press, 1987.

Köshinen, K. & N. K. Pokorn. *The Routledge Handbook of Translation and Ethics*[C]. London and New York: Routledge, 2021.

Kövecses, Zoltan & Gunter Radden. Metonymy: Developing a Cognitive Linguistic Approach[J]. *Cognitive Linguistics*, 1998, 9(1): 37-77.

Kövecses, Z. *Metaphor and Emotion: Language, Culture, and Body in Human Feeling*[M]. Cambridge: Cambridge University Press, 2000.

Kövecses, Zoltán. *Metaphor: A Practical Introduction*[M]. New York: Oxford University Press Inc, 2002.

Kövecses, Z. *Metaphor in Culture, Universality and Variation*[M]. Oxford and New York: Oxford University Press, 2005.

Kussmaul, Paul. *Training the Translator*[M]. Amsterdam: John Benjamins, 1995.

Lakoff, G., & Johnson, M. *Metaphors We Live By*[M]. Chicago: University of Chicago Press, 1980.

Lakoff, George. *Women, Fire. and Dangerous Things: What Categories Reveal about the Mind*[M]. Chicago: University of Chicago Press, 1987.

Lakoff, G., & Turner, M. *More Than Cool Reason: A Field Guide to Poetic Metaphor*[M]. Chicago and London: University of Chicago Press, 1989.

Lakoff, George. The Invariance Hypothesis: Is Abstract Reason Based on Image-Schemas? [J]. *Cognitive Linguistics*, 1990, 1(1): 39-74.

Lakoff, George. "The Contemporary Theory of Metaphor." [C]//Andrew Ortony (ed.). *Metaphor and Thought*. Cambridge: Cambridge University Press, 1993: 202-251.

Lambert, Jose & Hendrik van Gorp. "On Describing Translations." [C]// Theo Hermans (ed.). *The Manipulation of Literature: Studies in Literary Translation*. London: Croom Helm, 1985: 45-53.

Langacker, R. W. *Foundations of Cognitive Grammar. Vol.I: Theoretical Prerequisites*[M]. Stanford: Stanford University Press, 1987.

Langacker, R. W. *Foundations of Cognitive Grammar. Vol.II： Descriptive Application*[M]. Stanford： Stanford University Press, 1991.

Langacker, R. W. *Grammar and Conceptualization*[M]. Berlin： Mouton de Gruyter, 2000.

Langacker, R. W. *Cognitive Grammar： A Basic Introduction*[M]. Oxford： Oxford University Press, 2008.

Langacker, R. W. "Construal" [C]//E. Dąbrowska & D. Divjak (eds.). *Cognitive Linguistics： Foundations of Language*. Berlin： Mouton de Gruyte, 2019： 140–166.

Lefevere, A. *Translating Literature： Practice and Theory in a Comparative Literature Context*[M]. New York： The Modern Language Association of America, 1993.

Lefevere, André. *Translation, Rewriting, and the Manipulation of Literary Fame*[M]. Shanghai： Shanghai Foreign Language Education Press, 2004.

Leuven-Zwart, Kitty M. van. Translation and Original： Similarities and Dissimilarities, I. [J]. *Target*, 1989(1)： 151–182.

Leuven-Zwart, Kitty M. van. Translation and Original： Similarities and Dissimilarities, II. [J]. *Target*, 1990(2)： 69–96.

Leuven-Zwart, Kitty M. van. & Ton Naaijkens (eds.). *Translation Studies: The State of the Art*[C]. Amsterdam： Rodopi, 1991.

Lin, Yutang. *Moment in Peking*[M]. New York： The John Day Company, 1939.

Lörscher, Wolfgang. T "Thinking-Aloud as a Method for Collecting Data on Translation Processes" [C]//Sonja Tirkkonen-Condit (ed.). *Empirical Research in Translation and Intercultural Studies*. Tübingen, Germany： Gunter Narr, 1991a： 67–78.

Lörscher, Wolfgang. *Translation Performance, Translation Process, and Translation Strategies*[M]. Tübingen： Gunter Narr, 1991b.

Martín, R. "On Paradigms and Cognitive Translatology" [C]//G. Shreve, & E. Angelone (eds). *Translation and Cognition*. Amsterdam： John Benjamins, 2010： 169–187.

Mervis，Carolyn B. & Eleanor Rosch. Categorization of Natural Objects[J]. *Annual Review of Psychology*，1981（32）：89-115.

Mompeán，José Antonio（ed.）. Cognitive Phonology in Cognitive Linguistics[J]. *Special issue. International Journal of English Studies*，2006，6（2）：vii.

Mona，Baker. *Routledge Encyclopedia of Translation Studies*[M].上海：上海外语教育出版社，2004.

Muñoz Martín，R. "On Paradigms and Cognitive Translatology" [C]//G. Shreve & E. Angelone（eds.）. *Translation and Cognition*. Amsterdam：John Benjamins，2010：169-187.

Muñoz Martín，R. "More than a Way with Words：The Interface Between Cognitive Linguistics and Cognitive Translatology" [C]//A. Rojo & I.Ibarretxe-Antunano（eds.）. *Cognitive Linguistics and Translation*：*Advances in Some Theoretical Models and Applications*. Berlin/Boston：Mouton de Gruyter，2013：75-98.

Muñoz Martín，R. Of Minds and Men—Computers and Translators [J]. *Poznan Studies in Contemporary Linguistics*，2016，52（2）：351-381.

Muñoz Martín，R. "Looking Toward the Future of Cognitive Translation Studies" [C]//J. W. Schwieter & A. Ferreira（eds.）. *The Handbook of Translation and Cognition*. Hoboken：Wiley Blackwell，2017：555-571.

Nathan，Geoffrey S. *Phonology A Cognitive Grammar Introduction*[M]. Amsterdam：John Benjamins，2008.

Neubert，Albrecht. *Text and Translation*[M]. Leipzig：VEB Verlag Enzyklopädie，1985.

Neubert，Albrecht & Gregory M. *Shreve Translation as Text*[M]. Kent：Kent State University Press，1992.

Newmark，P. *Approaches to Translation*[M]. Oxford and New York：Pergamon Press，1981.

Newmark，P. *A Text Book of Translation*[M]. London：Prentice Hall，1988.

Newmark，P. *About Translation*[M]. Hertfordshire：Multilingual Matters，1991.

Nida，E. A. Linguistics and Ethnology in Translation-Problems[J]. *Word*，1945，*1*（2）：194-208.

Nida, E. A. *Towards a Science of Translating*: *With Special Reference to Principles and Procedures Involved in Bible Translating*[M]. Leiden: E. J. Brill, 1964.

Nida, E. A. & Taber, C. R. *The Theory and Practice of Translation*[M]. Leiden: E. J. Brill, 1969.

Nida, E. A. Establishing Translation Principles and Procedures[J]. *The Bible Translator*, 1982, *33*(2): 208-213.

Nida, E. A. Language, *Culture and Translating*[M]. Shanghai: Shanghai Foreign Language Education Press, 1993.

Nord, Christiane. *Text Analysis in Translation*: *Theory*, *Methodology*, *and Didactic Application of a Model for Translation-Oriented Text Analysis*[M]. Translated into English by Christiane Nord and Penelope Sparrow. Amsterdam: Rodopi, 1991.

Nord, Christiane. *Translating as a Purposeful Activity*: *Functionalist Approaches Explained*[M]. Manchester: St. Jerome, 1997.

Olohan, Maeve. *Introducing Corpora in Translation Studies*[M]. London: Routledge, 2004.

Palmer, G. B. *Toward a Theory of Cultural Linguistics*[M]. Austin: University of Texas Press, 1996.

Palmer, G. B. & F. Sharifian. Applied Cultural Linguistics: An Emerging Paradigm[C]//F. Sharifian & G. B. Palmer (eds.). *Applied Cultural Linguistics*: *Implications for Second Language Learning and Intercultural Communication*. Amsterdam/Philadelphia: John Benjamins, 2007: 1-14.

Panther, Klaus-Uwe, Linda Thornburg & Antonio Barcelona (eds.). *Metonymy in Grammar*[M]. Amsterdam: John Benjamins, 2009.

Peirsman, Y. & Geraeerts, D. Metonymy as a Prototypical Category[J]. *Cognitive Linguistics*, 2006, *17*(3): 269-316.

Pym, Anthony. Propositions on Cross-Cultural Communication and Translation [J]. *Target*, 2004, *16*(1): 1-28.

Pym, Anthony, Miriam Schlesinger & David Simeoni (eds.). *Beyond Descriptive Translation Studies*: *Investigations in Homage to Gideon Toury*[C]. Amsterdam: John Benjamins, 2008.

Quinn，N. & Holland，D. "Culture and Cognition" [C]//N. Quinn，& D. Holland. *Cultural Model in Language and Thought*. Cambridge and New York：Cambridge University press，1987：3-42.

Rabadán，Rosa. *Equivalencia y traducción. Problemática de la equivalencia translémica Inglés-espanol* [M]. *León*：Universidad de León，Secretariado de Publicaciones，1991.

Ricardo Muñoz Martín & César Andrés González Fernández. "Cognitive Translatology：A Primer，Revisited" [C]//Wen Xu（ed.）. 语言、翻译与认知 [*Studies in Language，Communication & Cognition*]. Beijing：Foreign Language Teaching and Research Press，2021，*1*（1）：131-165.

Risku，H. & R. Rogl. "Translation and Situated，Embodied，Distributed，Embedded and Extended Cognition" [C]//F. Alves & A.L. Jakobsen（eds.）. *The Routledge Handbook of Translation and Cognition*. Abingdon：Routledge，2020：478-499.

Rojo，Ana. Applying Frame Semantics to Translation [J]. *Meta*，2002a（47）：311-350.

Rojo，Ana. Frame Semantics and the Translation of Humor [J]. *Babel：International Journal of Translation*，2002b（48）：34-77.

Rojo，Ana. A Cognitive Approach to the Translation of Metonymy-Based Humor [J]. *Across Languages and Cultures*，2009，*10*（1）：63-83.

Rosch，Eleanor. Natural Categories [J]. *Cognitive Psychology*，1973（4）：328-350.

Rosch，Eleanor et al. Basic Objects in Natural Categories [J]. *Cognitive Psychology*，1976，*8*（3）：382-439.

Rosch，Eleanor. "Human Categorization" [C]//Neil Warren（ed.）. *Studies in Cross-Cultural Psychology*. London：Academic Press，1977：1-49.

Rosch，Eleanor. "Principles of Categorization" [C]//Eleanor Rosch & B. B. Lloyd（eds）. *Cognition and Categorization*. Hillsdale：Erlbaum，1978：27-48.

Rosch，Eleanor. "Prototype Classification and Logical Classification" [C]//Ellin Scholnik（ed.）. *New Trends in Cognitive Representation，Challenges to Piaget's Theory*. Hillsdale：Erlbaum，1983：73-86.

Samaniego Femández, Eva. "El Impacto de la Lingüística Cognitiva en los Estudios de Traducción" [C]//Pedro Fuertes Olivera (ed.). *Problemas lingüísticos en la traducción especializada*. Valladolid: Servicio de Publicaciones, 2007: 119–154.

Saussure, F. *Course in General Linguistics* [M]. London: Duckworth, 1916/1983.

Schäffner, Christina. The Concept of Norms in Translation Studies [J]. *Current Issues in Language and Society*, 1998, 5(1–2): 1–9.

Schäfner, Christina. Metaphor and Translation: Some Implications of a Cognitive Approach [J]. *Journal of Pragmatics*, 2004, 36(7): 1253–1269.

Seeber, K. G. & Kerzel, D. Cognitive Load in Simultaneous Interpreting: Model Meets Data [J]. *Special Issue of the International Journal of Bilingualism*, 2011, 16(2): 228–242.

Séguinot, Candance (ed.). *The Translation Process* [M]. Toronto: School of Translation, York University, 1989.

Séguinot, Candance. "A Study of Student Translation Strategies" [C]//Sonja Tirkkonen-Condit (ed.). *Empirical Research in Translation and Intercultural Studies*. Tübingen: Gunter Narr, 1991: 79–88.

Sharifian, F. & G. B. Palmer. *Applied Cultural Linguistics: Implications for Second Language Learning and Intercultural Communication* [M]. Amsterdam/Philadelphia: John Benjamins, 2007.

Shreve, G & E. Angelone (eds.). *Translation and Cognition* [C]. Amsterdam: John Benjamins. 2010.

Snell-Hornby, M. *Translation Studies: An Integrated Approach (revised edition)* [M]. Amsterdam/Philadelphia: John Benjamins Publishing Company, 1995.

Snell-Hornby, M. *The Turns of Translation Studies: New Paradigm or Shifting Viewpoints?* [M]. Amsterdam: John Benjamins Publishing Co., 2006.

Sperber, Dan & Deidre Wilson. *Relevance: Communication and Cognition* [M]. Oxford: Blacheeil, 1995.

Stefanowitsch, Anatol. "HAPPINESS in English and German: A Metaphorical-Pattern Analysis" [C]//Michel Achard & Suzanne Kemmer (eds.). *Language, Culture, and Mind*. Stanford: CSU, 2004: 137–149.

Sullivan, Kirk P. H. & Eva Lindgren. *Computer Keystroke Logging and Writing*[M]. Amsterdam: Elsevier, 2006.

Tabakowska. *Elzbieta Cognitive Linguistics and Poetics of Translation*[M]. Tübingen: Gunter Narr, 1993.

Talmy, L. "Rubber Sheet Cognition in Language"[C]//Woodford A. Beach et al.(ed.). Papers from the Thirteenth Regional Meeting, Chicago Linguistic Society. Chicago: Chicago Linguistic Society, 1977: 612–28.

Talmy, L. "The Relation of Grammar to Cognition: A Synopsis"[C]//David Waltz(ed.). Proceedings of TINLAP-2: Theoretical Issues in Natural Language Processing. Urbana: University of Illinois Coordinated Science Laboratory, 1978: 14–24.

Talmy, L. "The Relation of Grammar to Cognition"[C]//Brygida Rudzka-Ostyn(ed.).Topics in Cognitive Linguistics. Amsterdam: John Benjamins, 1988a: 165–205.

Talmy, L. Force Dynamics in Language and Cognition[J]. *Cognitive Science*, 1988b(12): 49–100.

Talmy, L. *Toward a Cognitive Semantics. 2 Vols.*[M]. Cambridge, Mass: MIT Press, 2000.

Tanehashi, Nanako. Cross-Linguistic Differences and the Second Language Acquisition of Spatial Terms: The Case of English "in" and "on"[D]. Master's thesis, Nagoya Gakuin University, Nagoya, Japan, 2005.

Taylor, John. *Linguistic Categorization*[M]. Oxford: Oxford University Press, 2003.

Tirkkonen-Condit, Sonja (ed.). *Empirical Research in Translation and Intercultural Studies*[C]. Tübingen: Gunter Narr, 1991.

Toury, Gideon. *In Search of a Theory of Translation*[M]. Tel Aviv: The Porter Institute for Poetics and Semiotics, Tel Aviv University, 1980.

Toury, Gideon. "A Rationale for Descriptive Translation Studies"[C]// Theo Hermans (ed.). *The Manipulation or Literature: Studies in Literary Translation*. London: Croom Helm, 1985:16–41.

Toury，Gideon. "Experimentation in Translation Studies: Achievements，Prospects and Some Pitfalls" [C] //Sonja Tirkkonen-Condit（ed.）. *Empirical Research in Translation and Intercultural Studies*. Tübingen: Gunter Narr，1991: 45-66.

Tversky，B. & K. Hemenway. Objects，Parts，and Categories[J]. *Journal of Experimental Psychology*: *Generai*，1984（113）: 169-193.

Tymoczko，Maria. *Enlarging Translation，Empowering Translators*[M]. Manchester: St. Jerome，2007.

Ungerer，F. & Schmid，H.-J. *An Introduction to Cognitive Linguistics*[M]. Beijing: Foreign Language Teaching and Research Press，2006/2008.

Valenzuela，Javier，Iraide Ibarretxe-Antunano & Joseph Hilferty. "La Semántica Cognitive" [C] //Iraide Ibarretxe-Antunano & Javier Valenzuela（eds.）. *Lingüistica Cognitiva*. Barcelona: Anthropos，2012: 41-68.

van den Broeck，Raymond & André Lefevere. *Uitnodiging tot de Vertaalwetenschap*[M]. Muiderberg: Coutinho，1979.

Vázquez-Ayora，Gerardo. *Introducción a la Traductología*[M]. Washington: Georgetown University Press，1977.

Venuti，Lawrence. *Translation Changes Everything*[M]. London and New York: Routledge，2013.

Vermeer，Hans J. "Skopos and Commission in Translational Action" [C]. （Translated by Andrew Chesterman）. //Andrew Chesterman（ed.）. *Readings on Translation Theory*. Helsinki: Oi Finn Lectura，1989: 173-187.

Vinay，Jean Paul & Jean Darbelnet. *Stylistique Comparée du Francais et de L'anglais*: *Méthode de Traduction*[M]. Paris: Didier，1958.

Wilss，Wolfram. *The Science of Translation*: *Problems and Methods*[M]. Tübingen: Gunter Nan，1982.

Yu，N. *The Contemporary Theory of Metaphor*: *A Perspective from Chinese*[M]. Amsterdam/Philadelphia: John Benjamins Publishing Company，1998.

Zanettin，Federico，Silvia Bernardini & Dominic Stewart（eds.）. *Corpora in Translation Education*[C]. Manchester: St Jerome，2003.

查明建,田雨.论译者的主体性——从译者文化地位的边缘化谈起[J].中国翻译,2003,24(1):19-24.

陈定安.文化与翻译[J].深圳大学学报:人文社会科学版,1989(1):49-55.

陈胤谷,姬广礼.认知视角下《京华烟云》的显化翻译分析[J].语文学刊(外语教育与教学),2010(8):77-79.

邓海涛.翻译目的论视域下的译者主体性研究[J].沈阳师范大学学报:社会科学版,2019,43(6):135-139.

杜石然.中国科学技术史稿[M].北京:科学出版社,1982:251.

范祥涛,李耀.认知语言学视角下英汉学术翻译意义转移的性质研究——以《盖娅时代》翻译为例[J].外国语(上海外国语大学学报),2022,45(4):81-88.

方梦之,毛忠明.英汉-汉英应用翻译综合教程[M].上海:上海外语教育出版社,2008.

冯全功.文学翻译中的修辞认知转换模式研究[J].解放军外国语学院学报,2017,40(5):127-134.

冯全功.翻译是一种符号转换活动——关于翻译定义的若干思考[J].中国翻译,2022,43(3):11-19,191.

高一波.文化翻译理论视角下的陕北民俗文化翻译策略研究[J].榆林学院学报,2020,30(5):82-87.

郭建中.翻译中的文化因素:异化与归化[J].外国语(上海外国语大学学报),1998(2):12-19.

郭延礼.中国近代翻译文学概论[M].武汉:湖北教育出版社,1998.

何文斐.认知识解视角下的汉诗文化意象英译重构[J].合肥学院学报,2014,31(3):59-61.

赫胥黎.天演论•严译名著丛:1[M].严复,译.北京:商务印书馆,1981.

胡安江,彭红艳.美国诗人Peter Stambler寒山诗英译的"体认"考察[J].外语教学与研究,2022,54(2):298-307,321.

胡庚申.若干生态翻译学视角的应用翻译研究[J].上海翻译,2017,136(5):1-6,95.

胡开宝,李晓倩.语料库翻译学与翻译认知研究:共性与融合[J].山东社会科学,2016(10):39-44.

胡开宝.对话与多元——试析许钧翻译文化观点的特征、内涵与意义[J].中国翻译，2021，42（6）：68-73.

江慧敏.Moment in Peking 中异国形象之汉译[J].中国翻译，2014，35（2）：87-91.

金炳华等.哲学大辞典（修订本）（上、下册）[M].上海：上海辞书出版社，2001：244.

金胜昔，林正军.认知翻译模型构拟[J].外语学刊，2015（6）：100-104.

金岳霖.形式逻辑[M].北京：人民出版社，2005.

科米萨诺夫.当代翻译学[M].汪嘉斐，等译.北京：外语教学与研究出版社，2006.

蓝纯.认知语言学与隐喻研究[M].北京：外语教学与研究出版社，2005：12.

黎昌抱.王佐良翻译风格研究[D].上海：上海外国语大学，2008.

李德凤.翻译认知过程研究之沿革与方法述要[J].中国外语，2017，14（4）：1，11-13.

李奉栖.人工智能时代人机英汉翻译质量对比研究[J].外语界，2022（4）：72-79.

李富鹏.改造"律例"——晚清法律翻译的语言、观念与知识范式的近代转化[J].政法论坛，2019，37（6）：87-99.

李国林.汉译外：传播中国文化的媒介——浅谈杨译《儒林外史》英文本对文化词语的翻译[J].中国翻译，1997（2）：35-37.

李海侠.翻译目的论指导下的外宣文化翻译策略探究[J].文化学刊，2021（8）：68-71.

李建中，雷冠群.明末清初科技翻译与清末民初西学翻译的对比研究[J].长春理工大学学报，2011，6（7）：84-86.

李泰然.翻译——文化的移植[J].中国翻译，1988（2）：28-30.

李伟.中国近代翻译史[M].济南：齐鲁书社，2005.

李文革.西方翻译理论流派研究[M].北京：中国社会科学出版社，2004：220.

李懿.识解理论与《十九大报告》创造性翻译[J].文教资料，2018（8）：26-27.

李永兰，陈艳红.近代中国翻译事业的发展演变[J].理论月刊，2020（12）：140-147.

梁志芳 . "文化回译"研究——以赛珍珠中国题材小说《大地》的中译为例 [J].
　　当代外语研究，2013（8）：51-55.

狄更斯 . 块肉余生述 [M]. 林纾，魏易，译 . 北京：商务印书馆，1981.

林语堂 . 瞬息京华 [M]. 郁飞，译 . 长沙：湖南文艺出版社，1991.

林语堂 . 林语堂名著全集（第 19 卷《语言学论丛》）[C]. 长春：东北师范大学出
　　版社，1994：304-321.

林语堂 . 京华烟云 [M]. 张振玉，译 . 长沙：湖南文艺出版社，2016.

刘军军，韩江洪 . 林纾真的是"翻译家"？——"译者"身份与林纾研究 [J]. 当
　　代外语研究，2012（5）：52-56.

刘军平 . 西方翻译理论通识 [M]. 武汉：武汉大学出版社，2009.

刘军平 . 生态翻译学之三大哲学价值功能 [J]. 上海翻译，2022（1）：1-8.

刘宓庆 . 文化翻译论纲 [M]. 武汉：湖北教育出版社，1999.

刘宓庆 . 新编当代翻译理论 [M]. 北京：中国对外翻译出版有限公司，2012.

刘宓庆 . 文化翻译论纲 [M]. 北京：中译出版社，2019.

刘山 . 翻译与文化 [J]. 中国翻译，1982（5）：5-8.

刘士聪，谷启楠 . 论《红楼梦》文化内容的翻译 [J]. 中国翻译，1997（1）：16-
　　19.

刘书梅，戴媛 . 从翻译伦理析傅东华《飘》汉译本的误译 [J]. 沈阳农业大学学
　　报：社会科学版，2016，18（6）：759-762.

刘先刚 . 文化翻译与语用学 [J]. 山东外语教学，1989（4）：51-54.

刘艳春，胡显耀 . 国外翻译过程研究 30 年——翻译过程研究的理论模型回顾
　　与展望 [J]. 外语电化教学，2022（1）：75-80，112.

卢卫中，王福祥 . 翻译研究的新范式——认知翻译学研究综述 [J]. 外语教学与
　　研究，2013，45（4）：606-616.

卢卫中 . 论识解理论对翻译过程的解释力——以公示语翻译为例 [J]. 外语教
　　学，2022，43（6）：83-88.

卢植，郑有耀 . 论翻译认知过程研究实验范式与情境范式的融合与整合 [J]. 中
　　国翻译，2022，43（3）：20-28.

卢植 . 认知翻译学视阈中的隐喻翻译过程与翻译策略 [J]. 英语研究，
　　2020（1）：116-127.

吕新宾.认知识解视角下《庄子》句子英译探析[J].河北软件职业技术学院学报，2016，18（1）：5.

马涛.阿拉伯文学汉译史中的译者主体性研究[D].上海：上海外国语大学，2019.

茅盾.为发展文学翻译事业和提高翻译质量而奋斗[C]//罗新璋.翻译论集.北京：商务印书馆，1984.

梅阳春.翻译的承诺伦理——传统翻译伦理的逾越[J].北京航空航天大学学报：社会科学版，2011，24（6）：97-101.

孟庆升.新编英汉翻译教程[M].沈阳：辽宁大学出版社，2003.

宁静，李德凤，李丽青.国际翻译认知研究新进展——第七届翻译认知研究国际研讨会综述[J].中国科技翻译，2021，34（4）：28-31.

彭桂芝，何世杰.中外翻译史解读[M].武汉：武汉大学出版社，2016.

彭萍.翻译伦理学[M].北京：中央编译出版社，2013.

钱念孙.文化冲突与文学翻译[J].学术界，1988（3）：74-78，83.

钱锺书.林纾的翻译[A]//七缀集.上海：上海古籍出版社，1985.

任东升，卞建华.林语堂英文创作中的翻译现象[J].外语教学，2014，35（6）：95-99.

Ricardo Mouñoz Martin.翻译认知研究的未来展望[J].翻译界，2022（1）：1-25.

申联云.翻译伦理模式研究中的操控论与投降论[J].外国语，2016，39（2）：78-88.

沈德潜.唐诗别裁集[M].上海：上海古籍出版社，1979.

沈洁，王宏.意识形态影响机制下的译者主体性[J].上海翻译，2019（4）：18-22.

束定芳，张立飞.后"经典"认知语言学：社会转向和实证转向[J].现代外语，2021，44（3）：420-429.

苏雯超，李德凤，曹洪文.论口译认知负荷的眼动研究[J].外语学刊，2021（3）：109-114.

孙凤兰.识解理论视角下的《黄帝内经》医学术语翻译[J].外语学刊，2016（3）：107-111.

孙建成.《水浒传》英译的语言与文化——一个中西文化交流的视角[D].天津：南开大学，2007.

孙致礼.翻译:理论与实践探索[M].南京:译林出版社,1999.

孙致礼.译者的职责[J].中国翻译,2007(4):14-18.

谭业升.跨越语言的识解:翻译的认知语言学探索[M].上海外语教育出版社,2009.

谭业升.表情力与认知增量——翻译认知文体学再探[J].外语教学,2012(5):94-99.

谭业升.新时期的翻译活动变化:认知翻译学透视[J].东方翻译,2016(4):20-23.

谭业升.翻译认知过程研究[M].北京:外语教学与研究出版社,2020.

谭业升.认知翻译学对翻译研究的重新定位[J].中国外语,2021,18(3):79-87.

谭业升.试论中医跨文化译写的认知研究[J].英语研究,2022(1):69-84.

谭载喜.文化对比与翻译[J].中国翻译,1986(5):7-9.

谭载喜.西方翻译简史[M].北京:商务印书馆,1991.

谭载喜.新编奈达论翻译[M].北京:中国对外翻译出版公司,1999.

汤君.翻译伦理的理论审视[J].外国语,2007(4):57-64.

陶丽霞.文化观与翻译观——鲁迅、林语堂文化翻译对比研究[D].上海:上海外国语大学,2007.

滕梅,宋醒.从电影《翻译家》看伦理视角下译者的责任选择[J].燕山大学学报:哲学社会科学版,2022,23(3):38-43.

王秉钦.文化翻译学[J].中国俄语教学,1998(4):41-41.

王秉钦.20世纪中国翻译思想史[M].天津:南开大学出版社,2004:222.

王大智.翻译与翻译伦理:基于中国传统翻译伦理思想的思考[M].北京:北京大学出版社,2012.

王宏印,江慧敏.京华旧事,译坛烟云——Moment in Peking 的异语创作与无根回译[J].外语与外语教学,2012(2):65-69.

王宏印.从"异语写作"到"无本回译"——关于创作与翻译的理论思考[J].上海翻译,2015(3):1-9.

王金波,王燕.论《红楼梦》地名人名双关语的翻译[J].外语教学,2004,25(4):53-57.

王均松，穆尼兹．翻译认知研究路线图——里卡多•穆尼兹•马丁教授访谈录 [J]．外语研究，2021，38(1)：97-100，108．

王克非．论翻译文化史研究 [J]．外语教学与研究，1994(4)：57-61．

王克非．论翻译研究之分类 [J]．中国翻译，1997(1)：10-12．

王克非．翻译文化史论 [M]．上海：上海外语教育出版社，1997．

王克非．关于翻译理论及其发展史研究 [J]．上海翻译，2021(6)：13-16．

王明树．翻译中的"主观性识解"——反思中国传统译论意义观 [J]．重庆大学学报：社会科学版，2009，15(4)：143-147．

王明树．论诗歌翻译的详略度——以李白三首诗歌英译为例 [J]．重庆大学学报：社会科学版，2011，17(4)：159-163．

王宁．翻译与文化的重新定位 [J]．中国翻译，2013，34(2)：5-11．

王宁．全球化时代的翻译及翻译研究：定义、功能及未来走向 [J]．外语教学，2016，37(3)：88-93．

王宁．全球化时代的文化研究和翻译研究 [J]．中国翻译，2000(1)：10-14．

王少娣．跨文化视角下的林语堂翻译研究——东方主义与东方文化情结的矛盾统一 [D]．上海：上海外国语大学，2007．

王寅．认知语言学的翻译观 [J]．中国翻译，2005(5)：15-20．

王寅．认知语法概论 [M]．上海：上海外语教育出版社，2006．

王寅．认知语言学 [M]．上海：上海外语教育出版社，2007．

王寅．认知语言学的"体验性概念化"对翻译主客观性的解释力——一项基于古诗《枫桥夜泊》40篇英语译文的研究 [J]．外语教学与研究，2008(3)：211-217．

王寅．构式语法研究（上卷）：理论思索 [M]．上海：上海外语教育出版社，2011a．

王寅．什么是认知语言学 [M]．上海：上海外语教育出版社，2011b．

王寅．认知翻译研究 [J]．中国翻译，2012，33(4)：17-23，127．

王寅．认知翻译学与识解机制 [J]．语言教育，2013，1(1)：52-57．

王寅．后现代哲学视野下的体认语言学 [J]．外国语文，2014，30(6)：61-67．

王寅．基于认知语言学的翻译过程新观 [J]．中国翻译，2017，38(6)：5-10，17，129．

王寅.体认翻译学视野下的"映射"与"创仿"[J].中国外语,2020a,17(5):37-44.

王寅.概念整合理论的修补与翻译的体认过程研究[J].外语教学与研究,2020b,52(5):749-760,801.

王寅.体认翻译学[M].北京:北京大学出版社,2021a.

王寅.体认翻译学的理论建构与实践应用[J].中国翻译,2021b,42(3):43-49,191.

王寅.基于体认翻译学重新解读直译与意译[J].翻译研究与教学,2021c(1):1-6.

王佐良.翻译中的文化比较[J].中国翻译,1984(1):2-6.

王佐良.翻译与文化繁荣[J].中国翻译,1985(1):3-7.

王佐良.翻译:思考与试笔[M].北京:外语教学与研究出版社,1997.

温育仙.论傅雷的翻译思想及其翻译艺术[J].名作欣赏,2017(9):148-150.

文旭.语言的认知基础[M].北京:科学出版社,2014.

文旭,肖开荣.认知翻译学[M].北京:北京大学出版社,2019.

文旭,余平,司卫国.翻译的范畴转换及其认知阐释[J].中国翻译,2019,40(3):33-43,188.

文旭,司卫国.具身认知、象似性与翻译的范畴转换[J].上海翻译,2020(3):1-6,95.

吴赟.中国当代文学译介伦理探讨——以白睿文、陈毓贤英译《长恨歌》为例[J].中国翻译,2012,33(3):98-102.

吴泽林.试谈文学翻译的文化交融本质[J].中国翻译,1987(1):22-25,19.

谢天振.翻译研究"文化转向"之后——翻译研究文化转向的比较文学意义[J].中国比较文化,2006,64(3):1-14.

辛红娟,马孝幸,吴迪龙.杨宪益翻译研究[M].南京:南京大学出版社,2017.

幸辉.认知识解视域下许渊冲翻译风格研究——以唐送别诗英译为例[J].通化师范学院学报,2018,39(1):125-130.

徐寒.三寸金莲哪去了?——从林语堂英译本《浮生六记》看意识形态对译者的影响[J].成都大学学报:社科版,2012(6):72-74.

徐然,李德凤.翻译认知过程研究的发展趋势——李德凤教授访谈录[J].东方翻译,2020(1):71-75.

徐泽宗.明清耶稣会士译著提要[M].北京:中华书局,1949.

许崇信.历史·文化·翻译——鲁迅翻译理论的历史意义[J].福建师范大学学报:哲学社会科学版,1984(4):83-90,82.

许崇信.从文化交流和文化冲突看翻译问题(一)[J].福建师范大学学报:哲学社会科学版,1986(2):35-40.

许崇信.从文化交流和文化冲突看翻译问题(二)[J].福建师范大学学报:哲学社会科学版,1986(3):44-49.

许钧.当代法国翻译理论研究评介[J].外语教学与研究,1997(3):58-61.

许钧.翻译研究与翻译文化观[J].南京大学学报:哲学·人文科学·社会科学,2002(3):219-226.

许钧."创造性叛逆"和翻译主体性的确立[J].中国翻译,2003(1):6-11.

许钧.翻译概论[M].北京:外语教学与研究出版社,2009.

许钧.关于新时期翻译与翻译问题的思考[J].中国翻译,2015,36(3):8-9.

许渊冲,陆佩弦,吴钧陶.唐诗三百首新译[M].北京:中国对外翻译出版公司,1988.

许渊冲.唐诗三百首[M].北京:中译出版社,2008.

颜林海.试论翻译认知心理学的研究内容与方法[J].四川师范大学学报:社会科学版,2008(2):96-101.

杨荣广.国内翻译伦理研究:论题、问题与反思[J].天津外国语大学学报,2021,28(6):77-85.

杨仕章.文化翻译策略:概念析出与分类探究[J].外语教学,2019a,40(5):66-71.

杨仕章.文化翻译机制研究[J].中国俄语教学,2019b,38(1):36-43.

杨仕章.我国"文化与翻译"研究述评[J].外语与翻译,2001(1):38-42.

杨仕章.文化翻译学[M].北京:商务印书馆,2020.

杨宪益.杨宪益对话集:从《离骚》开始,翻译整个中国[M].北京:人民日报出版社,2010.

杨永林.文化比较研究与翻译[J].中国翻译,1987(3):8-10.

姚振军.认知翻译学视野下的翻译批评[J].外语与外语教学,2014(2):15-19.

姚振军,冯志伟.艾柯文艺阐释学视角下的认知翻译批评模式研究[J].外语教学,2020,41(2):93-97.

易经.文化研究派对翻译学定位的反思[J].外语教学,2014,35(4):109-112.

袁莉.翻译的文化视界——贝尔曼对德国近代译论的思考[J].外语研究,1996(4):45-51.

袁榕.全球化时代翻译研究的视角、焦点及趋向——王宁教授访谈录[J].外国语,2021,44(4):122-128.

湛明娟,张景华.识解理论视角维度下的诗歌翻译研究[J].当代教育理论与实践,2012,4(9):158-160.

张柏然,辛红娟.西方现代翻译学学派的理论偏向[J].中南大学学报:社会科学版,2005,11(4):501-506.

张美芳,黄国文.语篇语言学与翻译研究[J].中国翻译,2002(3):5-9.

张美芳.英国译学界的名人[J].中国翻译,2003(4):49-54.

张美芳.功能加忠诚——介评克里丝汀·诺德的功能翻译理论[J].外国语(上海外国语大学学报),2005(1):60-65.

张明林.翻译研究中的"泛文化"观点质疑[J].宁波大学学报:人文科学版,2002,15(4):28-32.

张冉冉.从"目的论"看译者主体性的发挥——林译《黑奴吁天录》个案研究[J].新乡学院学报:社会科学版,2011,25(1):116-118.

张艳,郭印.唐诗英译主观性动词的翻译认知识解[J].西安外国语大学学报,2019,27(3):99-103.

张艳,郭印.认知识解视角下的异语创作无本回译研究——以 Moment in Peking 为例[J].西安外国语大学学报,2021,29(2):97-102.

张艳.中国题材异语创作:域外传播与文化反哺[N/OL].中国社会科学报,2022-04-12(1)[2022-04-20].http://sscp.cssn.cn/xkpd/xspl/202204/t20220412_5402980.html.

赵静.后翻译文化研究:论译者的政治意识参与[J].江苏海洋大学学报:人文社会科学版,2021,19(5):92-99.

赵巍.文化学派翻译研究的深化与细化——《翻译研究必备》评析[J].外语与翻译,2016,23(4):92-95.

赵则成.中国古代文学理论词典[M].长春:吉林文史出版社,1985:640.

郑海凌.关于"宁信而不顺"的艺术法则——鲁迅译学思想探索之一 [J].鲁迅
　　研究月刊，2003（9）：80-84.

仲伟合.霍斯论翻译质量之评估 [J].语言与翻译，2001（3）：31-33.

朱光潜."五四"以后的翻译文学 [N].北平日报，1947-05-04.

朱光潜．朱光潜全集（第 4 卷）[M]．合肥：安徽教育出版社，1988：301.

朱光潜．朱光潜全集（第 10 卷）[M]．合肥：安徽教育出版社，1992：437.

朱光潜．朱光潜全集（第 9 卷）[M]．合肥：安徽教育出版社，1992：324.

朱桂成.文化全球化·文化操守·翻译策略 [J].河海大学学报：哲学社会科学版，
　　2002，4（3）：74-76.

朱立元.美学大辞典修订本 [M]．上海：上海辞书出版社，2014：153.